Approches socio-économiques du cinéma et de l'audiovisuel en France

ICCA

Industries culturelles, création, numérique

Philippe Bouquillion & François Moreau

Vol. 14

Laurent Creton, Kira Kitsopanidou,
Olivier Thévenin et Ana Vinuela (dir.)

Approches socio-économiques du cinéma et de l'audiovisuel en France : objets, méthodes, perspectives

PETER LANG
Bruxelles · Berlin · Chennai · Lausanne · New York · Oxford

Information bibliographique de la Deutsche Nationalbibliothek
La Deutsche Nationalbibliothek a répertorié cette publication dans la Deutsche Nationalbibliografie; les données bibliographiques détaillées peuvent être consultées sur Internet à l'adresse https://dnb.dnb.de

La publication de cet ouvrage a bénéficié du financement de l'inIdEX ICCA.

D/2026/5678/40
ISSN 2506-8741
ISBN 978-3-0343-5687-9 (Print)
ISBN 978-3-0343-5688-6 (ePDF)
ISBN 978-3-0343-5689-3 (ePUB)
DOI 10.3726/b23976

Publié par Peter Lang Éditions Scientifiques Internationales - P.I.E., Bruxelles, Belgique

info@peterlang.com

www.peterlang.com

Sommaire

Remerciements

Le travail d'étude et de recherche qui fonde cet ouvrage a été réalisé grâce au concours d'institutions académiques, d'enseignants-chercheurs, de professionnels et de créateurs avec lesquels nous coopérons régulièrement.

Nos remerciements vont en particulier :

- au Conseil scientifique de l'Université Sorbonne Nouvelle
- à l'Institut de recherche sur le cinéma et l'audiovisuel (IRCAV, EA 185)
- à l'école doctorale Arts & Médias de la Sorbonne Nouvelle (ED 267)
- au LabEx Industries Culturelles et Création Artistique (ICCA) pour son soutien à l'organisation du colloque international et à la publication de l'ouvrage collectif qui en est issu
- à Alix Daul, qui a réalisé la captation du colloque et le montage d'une vidéo.
- à Tristan Dominguez et Erwin Haye pour leur contribution à l'organisation du colloque éponyme qui s'est tenu à l'Université Sorbonne Nouvelle les 16 et 17 juin 2022

Laurent Creton, Kira Kitsopanidou, Olivier Thévenin et Ana Vinuela expriment leurs remerciements aux intervenantes et intervenants, professionnels du cinéma et universitaires, qui ont composé les trois tables rondes organisées dans le cadre du colloque :

François Aymé, Président de l'AFCAE
Philippe Bouquillion, Professeur à l'Université Sorbonne Nouvelle
Laurent Cotillon, directeur de la revue *Le Film français*

Claude Forest, Professeur émérite à l'Université de Strasbourg
Laurent Guido, Professeur à l'Université Sorbonne Nouvelle
Jean-Marc Leveratto, Professeur émérite à l'Université Paul Verlaine de Metz
Raphaëlle Moine, Professeure à l'Université Sorbonne Nouvelle
Richard Patry, Président de la FNCF
Katalin Pór, Maîtresse de conférences HDR à l'Université de Lorraine
Alain Rocca, Président d'UniversCiné, directeur de la formation et du conseil à l'INA
Fabrice Rochelandet, Professeur à l'Université Sorbonne Nouvelle
Frédéric Sojcher, Professeur à l'Université Paris 1 Panthéon Sorbonne
Christel Taillibert, Professeure à l'Université Côte d'Azur
Dimitri Vezyroglou, Maître de conférences HDR à l'Université Paris 1 Panthéon Sorbonne

Pour l'hommage rendu à Laurent Creton dans le cadre du colloque international éponyme, réunissant chercheurs et professionnels, qui s'est tenu à l'Université Sorbonne Nouvelle les 16 et 17 juin 2022, merci à Jamil Dakhlia, Suzy Halimi, Roger Odin, Michel Marie, Jean-Pierre Bertin-Maghit, François Thomas et Kira Kitsopanidou.

Approches socio-économiques du cinéma et de l'audiovisuel : les chemins de la pluridisciplinarité

Laurent Creton

Les recherches en socio-économie du cinéma et de l'audiovisuel ont connu un important développement au cours des quarante dernières années en France, mais les travaux engagés, quelles que soient leur ambition et leur qualité, sont loin d'avoir épuisé l'étude d'un champ d'activité soumis à de nombreuses transformations et pouvant être abordé selon une pluralité de perspectives ayant elles-mêmes vocation à se renouveler. Les évolutions et métamorphoses de ce secteur d'activité conduisent à devoir remettre l'ouvrage sur le métier.

Les bouleversements de l'écosystème audiovisuel, la montée en puissance des plateformes de streaming, la concentration industrielle accrue sur une échelle transnationale, les impacts de l'intelligence artificielle générative sur les métiers et les modèles économiques, les outils de prescription sur les réseaux sociaux et l'évolution des pratiques des publics en matière de cinéphilie/sériephilie figurent parmi les grandes questions qui sous-tendent les recherches contemporaines menées dans ce champ.

Alors que les objets d'étude et les problématiques se sont multipliés, les cadres d'analyse se sont enrichis et renouvelés, avec une articulation plus affirmée de l'économie avec d'autres approches disciplinaires, notamment anthropologiques et sociologiques. Le dialogue avec l'économie politique de la communication et les analyses socio-politiques et socio-économiques des médias et des industries culturelles s'est par ailleurs poursuivi sur des problématiques partagées, telles que la globalisation, la plateformisation et les questions de régulation et de politiques publiques, la notion d'indépendance et l'évolution des modèles d'affaires.

Dans un contexte marqué par le renouvellement de la socio-économie du cinéma et de l'audiovisuel, à la fois en termes d'objets et de cadres d'analyse, cet ouvrage revisite les fondamentaux d'une approche française – peut-être une école ? –, avec ses singularités, en termes de méthodes, de concepts, de cadres théoriques et d'objets d'étude, pouvant être mise en perspective avec des travaux relevant d'autres espaces de composition, notamment les *Film Industry Studies* et les *Media Industry Studies*.

A partir de quelles articulations institutionnelles, de quels espaces de recherche et de quelles coopérations avec les acteurs socio-économiques les contours des approches françaises de la socio-économie du cinéma et de l'audiovisuel se sont-ils dessinés et développés ? Considérant la manière de questionner les enjeux liés à la création, la circulation, l'exposition et la réception de l'audiovisuel contemporain, quels paradigmes d'analyse et quelles méthodes semblent être le mieux à même de permettre l'exploration, la compréhension et le déchiffrage de ces nouveaux territoires d'étude ?

Fondé sur les travaux présentés et débattus lors du colloque international éponyme, réunissant chercheurs et professionnels, qui s'est tenu à l'Université Sorbonne Nouvelle les 16 et 17 juin 2022, cet ouvrage a pour visée de présenter les avancées les plus notables des recherches menées en France sur la socio-économie du cinéma et de l'audiovisuel, et de tracer ses principales perspectives.

* * *

La cadre épistémologique de cet ouvrage se définit fondamentalement par la pluridisciplinarité. Une pluridisciplinarité entre plusieurs sciences sociales, l'économie et la sociologie occupant, de fait, une position prévalente dans les recherches et les enseignements de ce type au sein des Études cinématographiques et audiovisuelles en France, la mise en perspective historique étant indispensable pour penser l'évolution des structures, des pratiques et des représentations.

Il est possible de les mobiliser séparément, l'économie et la sociologie étant des disciplines structurées et installées institutionnellement, promouvant et défendant des espaces territoriaux et leur aménagement propre. Chaque discipline est en outre caractérisée par une pluralité de cadres théoriques, à la fois complémentaires et concurrents, certaines tensions pouvant prendre la forme d'antagonismes et de clivages profonds. Chez les sociologues, revendiquer la référence centrale aux travaux de Pierre Bourdieu ou s'en éloigner peut susciter des mésententes qui ne sont pas que de façade. Chez les économistes, entre les positions marxistes et la tradition néo-classique, le divorce est, de longue date, consommé. Pourtant, par-delà les polarisations rituelles, la pluralité de cadres théoriques contribue à sortir du vortex et au renouvellement de la pensée.

Plusieurs décennies d'avancées heuristiques fondées sur l'ouverture vers d'autres cadres disciplinaires et vers d'autres objets d'étude peuvent toutefois trouver leurs limites. Au-delà de certains seuils, variables selon les configurations des collectifs de recherche, les risques de dispersion et de perte de cohérence peuvent apparaître. Si au sein des Études cinématographiques et audiovisuelles les approches plurielles ont eu le vent en poupe pendant plusieurs décennies, ce mouvement de fond se dialectise parfois avec la résurgence de revendications territoriales. Les préjugés, les replis disciplinaires et le manichéisme ordinaire reprennent alors du galon, conduisant à rejouer à nouveaux frais des joutes d'autrefois. Mais en définitive c'est la culture de la coopération entre disciplines qui prévaut nettement, la pratique d'une pluridisciplinarité féconde ayant largement contribué au développement et au succès des Études cinématographiques et audiovisuelles.

Les lieux où il serait possible de mener dans de bonnes conditions les travaux de recherche pluridisciplinaires est d'importance. La doxa qui a structuré depuis plusieurs décennies les « Sciences économiques » sur une échelle internationale a conduit de nombreux chercheurs à s'en écarter et à développer leurs travaux au sein d'espaces de recherche plus ouverts à une pluralité de sciences sociales, cette ouverture étant considérée par beaucoup comme indispensable pour penser en profondeur et avec justesse la vie économique. Dans cette perspective, nombreux sont celles et ceux qui, à l'instar de Bernard Miège, ont rejoint les Sciences de l'information et de la communication pour travailler sur les Industries culturelles.

Articuler « socio » et « économie » dans un même terme est une manière de faire entendre que les approches qui s'en réclament se distinguent fondamentalement de la doxa des sciences économiques pour se placer dans un cadre pluridisciplinaire ouvert. L'étude des industries culturelles et des médias mobilise largement les approches socio-économiques, qui se caractérisent notamment par la prise en compte des cadres institutionnels, du fonctionnement des marchés, des conventions, du jeu des acteurs, des représentations, des logiques de métiers, des instances de régulation, des systèmes d'information, des liens et réseaux sociaux, des systèmes de valeurs et des jeux de pouvoirs.

Quant aux options typographiques, et à ce qu'elles laissent entendre, l'on peut choisir « socio-économie » ou « socioéconomie ». Dans plusieurs chapitres de cet ouvrage, c'est la locution « socioéconomie » qui a été retenue, « orthographiée ici sans trait d'union pour en asseoir la singularité et la non-réductibilité à une juxtaposition des approches sociologique et économique », comme l'explicite Chloé Delaporte au début de son chapitre, les deux formulations correspondant à des options épistémologiques ayant leur cohérence et leur bien-fondé.

En tant que sociologues du travail, Gwenaële Rot et Laure de Verdalle font référence dans leur chapitre à la « sociologie économique », mettant en évidence une autre optique, une autre ascendance disciplinaire, une autre pondération entre composantes du halo pluridisciplinaire en sciences sociales. En raison de la multiplicité des disciplines et des sous-disciples, des champs et des sous-champs, des cadres théoriques et des penchants idéologiques, des espaces culturels et des champs linguistiques, des périodes considérées et des évolutions, on peut se figurer une sorte de kaléidoscope où chacun peut, à sa guise et en fonction de ses référentiels propres, identifier diverses formes renvoyant à des compositions interdisciplinaires singulières.

Si l'économie et la sociologie semblent prévaloir dans les recherches et les enseignements en sciences sociales au sein des Études cinématographiques et audiovisuelles françaises, il serait pourtant réducteur de s'y limiter, les recherches pionnières menées dans un laboratoire tel que l'IRCAV ayant d'emblée, dès le milieu des années 1980, également associé la gestion, l'histoire, le droit et les travaux de politistes, qui n'importent pas moins pour appréhender ce qui se joue dans les processus complexes et multi-dimensionnels de création, production, distribution, diffusion et réception d'œuvres très différentes par la nature, le format et la portée[1].

Alors que cet ouvrage porte explicitement sur les approches socio-économiques du cinéma et de l'audiovisuel, le tiret placé entre « socio » et « économique » permet d'y articuler les disciplines citées ci-dessus, également

[1] Fondé par Laurent Creton au sein de l'IRCAV en 1987, le Groupe de recherche en économie du cinéma et de l'audiovisuel (GRÉCA) se consacre à l'étude des activités cinématographiques et audiovisuelles dans leurs dimensions économiques, sociales et institutionnelles. Pluridisciplinaires, les recherches réalisées en son sein accordent une attention particulière aux stratégies des acteurs qui interviennent au sein des filières du cinéma et de l'audiovisuel, et aux dynamiques industrielles correspondantes.

la géographie, l'anthropologie, la psychologie sociale ou les études culturelles. Afin d'appréhender plus complètement ces articulations, il importe de souligner l'induction et les précieux apports des sciences de l'information et de la communication, interdiscipline ayant une longue expérience des avancées, défis et accomplissements correspondants.

S'il est primordial de se garder des affres de l'économisme, la compréhension des acteurs, de leurs stratégies et des structures du secteur cinématographique et audiovisuel ne gagnerait pourtant pas à un amoindrissement des approches relevant de l'économie politique, de l'histoire institutionnelle ou de la gestion. Les articulations rendues possibles par le socio-économique sont précieuses, mais leur déploiement ne requiert pas de rétracter l'étude de questions d'ordre économique et industriel au prétexte que ces termes sont habituellement associés à ce qu'il serait convenable de honnir. Tous ces éléments étant considérés, pour l'ouvrage et son titre, c'est l'expression « socio-économie » qui a été retenue, permettant d'intégrer au projet éditorial l'ensemble des articulations et modalités de rapprochement sous-jacentes qui viennent d'être évoquées[2].

* * *

Cet ouvrage se compose d'une succession de chapitres, la première partie d'entre eux portant principalement sur le développement des travaux consacrés à l'économie du cinéma et de l'audiovisuel, sur les analyses industrielles et les *Production Studies*, les chapitres suivants montrant l'importance des apports de la sociologie à l'étude des activités cinématographiques et audiovisuelles, et les vertus de la fructueuse conjonction entre « socio » et « éco ».

Bien qu'il se présente comme n'en étant pas vraiment spécialiste, Bernard Miège a toujours été en relation de proximité avec les travaux en socio-économie du cinéma et y a contribué de bien des manières. *La production du cinéma*, ouvrage publié en 1980 dont il a été le coordinateur et l'auteur principal, se distingue et se différencie nettement des approches alors

---

2 Pour cet ouvrage collectif, une bibliographie commune a été établie, intégrant dans une même ensemble les références bibliographiques de chacun des chapitres. Quand une référence bibliographique est citée dans un chapitre, elle apparaît entre parenthèses : le nom de l'auteur et l'année de publication séparés par une virgule. Par exemple : (Braudel, 1985).

dominantes – sémiologique, narratologique, socio-historique, littéraire – et aussi des travaux économiques d'inspiration néo-classique. Il y considère le film comme une marchandise, issue d'un procès de production et donnant lieu à la production de formes et du sens : le produit filmique s'inscrit dans le double espace de la marchandise et de la narration-représentation.

L'avenir du cinéma y est aussi envisagé, en relation avec le développement des nouvelles techniques d'information et de communication. L'autonomisation de la discipline des Sciences de l'information et de la communication, dont Bernard Miège est l'une des figures fondatrices, a pu prendre appui sur l'importance de l'avancée de techniques utilisées pour la conception, la production, la diffusion, la conservation et l'intermédiation de messages et de productions, ainsi que l'établissement de relations directes avec des destinataires devenus usagers et consommateurs.

Dans ses travaux sur les industries culturelles, le cinéma est souvent mobilisé, son industrie présentant selon lui un caractère archétypal. Mettant en perspective le cinéma avec la musique enregistrée et la radiodiffusion, il rappelle qu'à la toute fin du XIXe siècle commencent à se former les premières filières organisées sur une base industrielle qui, depuis lors, ont été marquées par une succession de changements techniques et de crises, soulignant l'existence de traits communs, mais aussi de spécificités. Bernard Miège alerte à ce propos sur les dangers de généralisations abusives dans l'appréhension des innovations et des mutations : elles sont de natures différentes, relèvent de processus distincts et portent sur une pluralité d'aspects, l'intérêt porté au technologique ne devant pas conduire à minimiser le socio-symbolique.

Il insiste sur la nécessaire exigence de définition et de distinction lorsque sont utilisés des termes tels que *secteur*, *branche* et *filière*. Compte tenu de la pluralité des activités, des métiers et des savoir-faire qui composent les activités cinématographiques, et de leurs logiques d'articulation, il confirme que le terme *filière* présente une grande pertinence[3]. La succession-articulation

---

3 L'analyse économique en termes de filière permet de rendre compte de « la succession d'actions menées par des acteurs pour produire, transformer, vendre et consommer un produit » (Bouquillion, Miège, Mœglin, 2013, citant la FAO). En définissant la filière « comme un ensemble d'activités économiques intégrées par les marchés, les capitaux et les technologies » (Creton, 2020 [1994]), les analyses qui s'y réfèrent permettent d'étudier comment les logiques des agents, des produits et des marchés s'articulent entre elles pour structurer en permanence les systèmes industriels.

de plusieurs phases, de l'acte de création originel à la consommation, est en effet une caractéristique essentielle des industries culturelles dans leur ensemble, du cinéma-audiovisuel en particulier. Bernard Miège propose en outre le terme d'*inter-dimensionnalité* pour qualifier les modalités, sujettes à transformations, par lesquelles les différentes phases sont reliées entre elles. Il conclut son propos en mettant en évidence une série de questionnements, qui ne sont pas propres aux Sciences de l'information et de la communication, et sous-tendent dans une large mesure les travaux en socio-économie du cinéma et de l'audiovisuel.

Dans le chapitre suivant, Bruno Cailler montre en quoi et comment l'analyse des modèles socio-économiques et de leurs évolutions est cruciale pour comprendre la recomposition contemporaine de l'écosystème audiovisuel. Faisant référence aux travaux de Bernard Miège, Élisabeth Fichez, Armel Huet et alii, il rappelle que dès les années 1980 s'élabore la formalisation du cadre théorique qui va caractériser et distinguer logique éditoriale et logique de flot, la différenciation portant sur le contenu, la technique et le financement, avant que ne soient élaborées les déclinaisons de ces deux modèles génériques.

L'auteur souligne ensuite l'importance des débats sur la portée de ces logiques, sur leur caractère économique et/ou social, et sur les tentatives de démontrer l'existence de nouveaux modèles de référence : à partir de quels critères et pour quels seuils passe-t-on de la déclinaison d'un modèle générique à l'existence d'un nouveau modèle ? Faisant référence aux travaux sur la régulation, d'amont en aval, des fonctions de conception, production, distribution, diffusion et consommation au sein d'une filière, il rappelle qu'elles sont, selon Pierre Mœglin, principalement conditionnées par « le mode de paiement », « la localisation de la coordination », « la nature du produit » et « le mode de rémunération du travail créatif ». Entre la polarité de création-conception et l'ensemble des spectateurs-consommateurs, l'interface qui assure la mise en marché en s'appuyant sur les outils de connaissance des publics, le marketing et les algorithmes, détient une position prépondérante de pouvoir d'orientation et de captation des revenus. Dans un contexte de concurrence intensifiée, les processus d'éditorialisation sont devenus encore plus déterminants dans la quête si incertaine de rencontre des publics.

Évoquant notamment les travaux consacrés aux processus de plateformisation, il rappelle que « écosystème » est un mot-valise et qu'un même modèle socio-économique peut accueillir en son sein plusieurs modèles d'affaires.

Précisant qu'il importe d'éviter de confondre modèle socio-économique et modèle d'affaire, qui se situent à des niveaux différents, il fait référence à la notion « d'écosystème d'affaires », composé d'acteurs hétérogènes ayant intérêt à promouvoir leurs standards technologiques respectifs. Il souligne aussi l'intérêt de la théorie des marchés à deux versants pour penser les modèles d'affaires à l'ère du numérique, les enjeux de l'économie de l'attention ou la porosité des frontières entre amateurs et professionnels. L'auteur conclut en considérant que les modèles socio-économiques constituent et restent un cadre d'analyse pertinent pour appréhender l'écosystème audiovisuel et ses évolutions, au travers d'une hiérarchisation des outils d'interprétation qui articule modèles d'affaires, stratégies des acteurs et émergence de dispositifs socio-narratifs.

Paul McDonald met ensuite en évidence comment de nouvelles approches des industries des images animées sonores et des écrans peuvent en renouveler la compréhension. Son texte étant écrit en anglais, se posent fatalement des questions de traduction, qui ne sont pas de pure forme, mais portent sur le sens, les concepts, les cadres théoriques et les angles d'analyse privilégiés. L'auteur utilise dans son chapitre le vocable « screen industries », que l'on pourrait traduire littéralement par « industries de l'écran », ou « industries des écrans », voire « industries écraniques ». De telles formulations sont peu usitées, voire inexistantes, dans les travaux de recherche d'expression française où l'on mobilise généralement des formulations telles que « industries du cinéma et de l'audiovisuel » ou « industries du cinéma et des images animées sonores », qui intègrent et articulent cinéma, télévision, vidéo, VàDA, multimédia et jeux vidéo, la multiplicité des types d'écrans étant sous-entendue[4]. Ces industries étant marquées par des problématiques de multiplicité et de diversité, à la fois des images animées sonores et des écrans, les opposer n'aurait pas beaucoup de sens, mais retenir une dénomination faisant prévaloir une logique sur une autre n'est sans doute pas indifférent.

---

[4] Ces options terminologiques peuvent être mises en correspondance avec l'évolution de la dénomination du CNC, qui joue un rôle si important dans l'économie du cinéma et de l'audiovisuel en France. Créé en octobre 1946, le CNC s'est longtemps appelé « Centre national de la cinématographie », avant que soit définie à partir de juillet 2009 une nouvelle appellation « Centre national du cinéma et de l'image animée », afin de rendre compte de l'extension de son champ d'action, au-delà du cinéma, vers la télévision, l'audiovisuel, la vidéo, le multimédia, les jeux vidéo, la VàD, etc.).

Paul McDonald montre comment, au cours des années 2010, les recherches menées sous l'étendard des *Production Studies* et des « économies médiatiques informelles » ont pu amener les chercheurs à réviser leurs représentations. Adoptant une approche métacritique, il analyse comment certaines démarches de recherche offrent des bases pour penser de façon plus pertinente les industries de l'image et du son en pleine transformation.

Une première critique porte sur la confusion souvent faite entre l'entreprise et ses dirigeants, sur une conception monolithique de l'entreprise qui semble ignorer les hétérogénéités et les tensions internes aux sociétés, a fortiori aux groupes. Les entreprises sont couramment considérées comme des entités unifiées et agissantes, cette anthropomorphisation conférant des capacités humaines aux entreprises tout en écartant du champ de l'analyse le facteur humain réel. Paul McDonald regrette que les industries culturelles soient souvent vues à travers le prisme des élites créatives et des dirigeants d'entreprise, minimisant ainsi le rôle des travailleurs dans leur ensemble. Il considère que la recherche ethnographique, ayant recours aux entretiens et à l'observation participante, qui étudie les industries des médias « d'en bas », en portant l'attention aux actions, aux comportements et aux systèmes de croyance des travailleurs dans leur diversité, est l'une des voies permettant de dépasser cette aporie.

Plutôt que de s'en tenir à des analyses globales et générales des industries, il recommande d'avoir recours aux études de cas, permettant par une démarche inductive d'en tirer des enseignements sur des échelles plus larges. Pour montrer comment le travail de terrain remet en cause des représentations courantes et contestables, Paul McDonald mène une analyse critique des concepts de « globalisation », de « médias globaux » et de « marché cinématographique mondial ». Alors que bien des analyses, de longue date, focalisent l'attention sur les asymétries de pouvoir du centre vers la périphérie, et souvent s'y réduisent, il met en évidence l'existence de flux décentralisés et multidirectionnels et souligne l'hybridité des formes culturelles. Dans cette perspective, il fait référence aux travaux de Ganti consacrés à l'étude d'un studio de doublage à Mumbai, qui montrent que les professionnels locaux ne se conforment pas nécessairement à une déclinaison locale de normes globales, mais s'investissent dans une démarche de « transcréation » qui consiste à interpréter et réécrire créativement le matériau originel en anglais pour quasiment concevoir un nouveau film (Ganti, 2022).

La deuxième problématique soulevée par Paul McDonald porte sur la part d'informel des activités culturelles et médiatiques. Son point de départ est le constat qu'il existe un consensus tacite selon lequel l'objet d'étude se limite à un champ d'activité économique entièrement constitué par des unités commerciales (les entreprises), employant des travailleurs qualifiés (les professionnels), échangeant des biens et services (les marchés), conformément aux lois et réglementations applicables. Et il lui semble nécessaire de déconstruire les présupposés qui sous-tendent cette vision des industries et marchés médiatiques.

Les études critiques des « économies médiatiques informelles » ont étendu la portée de la recherche sur les médias en reconnaissant et en étudiant les dynamiques de l'informel dans le développement de ce secteur d'activité. L'histoire des médias, depuis leurs origines, montre qu'existent des formes parallèles de création et d'échange, non autorisées, non taxées, non réglementées et non documentées. Elle révèle que les usages et les échanges non autorisés ont été à la fois omniprésents et intrinsèques à la formation et à l'évolution des industries, marchés et cultures médiatiques. L'auteur souligne que le piratage, si souvent évoqué, ne représente certes pas l'ensemble des économies médiatiques informelles, que l'informalité n'est pas synonyme d'illégalité, que l'économie formelle des médias repose sur un vaste bassin de travail informel. Le formel et l'informel sont interdépendants, ce qui conduit à concevoir l'économie des médias comme un système complexe incluant non seulement les entreprises, les producteurs, les institutions et les consommateurs, mais aussi les fans, les travailleurs précaires à faible revenu, les développeurs, les personnes qui piratent, et bien d'autres. De multiples facteurs contribuent à la constitution de la formalité et de l'informalité, qui diffèrent d'un contexte à l'autre.

Selon Christopher Meir, le producteur reste une figure très ambiguë au sein des Études cinématographiques. Il lui semble que les représentations péjoratives prévalent, le producteur y étant majoritairement considéré comme un personnage cupide dont le métier consiste à exploiter les talents créatifs. Des travaux ont pourtant contribué à élaborer une connaissance plus fine, nuancée et dialectisée du métier de producteur, considéré comme un médiateur entre les aspects financiers et créatifs du cinéma (Creton et alii, 2011 ; Spicer, McKenna, Meir, 2014). Cependant, les deux tendances subsistent : voir le producteur, soit comme la figure exécrable du capitaliste à gros cigare qui exploite les artistes, soit comme un « auteur » exerçant une grande influence créative. Entre ces deux polarités, il existe une autre option : considérer les producteurs comme des intermédiaires, des médiateurs, qui cherchent à équilibrer les logiques créatives et financières, permettant ainsi à une œuvre cinématographique d'exister.

Se situant dans cette troisième perspective, Christopher Meir vise dans son chapitre à mettre en évidence un certain nombre de caractéristiques que l'on pourrait identifier chez des producteurs et des productrices de premier plan, en étudiant le parcours de Kevin Feige, Christine Vachon et Sidonie Dumas. Des personnalités contemporaines choisies en raison du crédit qui leur est accordé en termes de succès, à la fois critique et financier, tout en continuant à expérimenter en matière de formes artistiques comme de modèles économiques.

Kevin Feige est le principal producteur de l'Univers Cinématographique Marvel (MCU), composé de plus de quarante films et séries. Bien que souvent célébré par la presse spécialisée pour ses succès commerciaux, Marvel suscite bien des critiques au sein du monde académique où il est souvent réduit à la fonction d'exploiteur du travail créatif de véritables artistes. Christopher Meir présente les arguments des uns et des autres : ceux qui pour l'essentiel dénoncent ses pratiques, et ceux qui lui trouvent un vrai talent. Mais les points de vue semblent irréconciliables, se référant à des systèmes de valeurs antagonistes. Selon Christopher Meir, chercher à appréhender sa fonction médiatrice permet de comprendre que ses productions les plus réussies sont celles où l'on a su équilibrer les différentes composantes du processus de création.

Christine Vachon a commencé sa carrière dans le cinéma queer à petit budget des années 1980 et a continué en travaillant dans le cinéma indépendant américain, dont le positionnement a en grande partie changé en raison des relations de coopération développées à partir des années 1990 avec le système des studios hollywoodiens, puis avec les plateformes de streaming transnationales. Productrice qui incarne cette trajectoire, contribuant à la fois aux changements industriels et au développement du cinéma queer et féministe, Christine Vachon a développé un grand talent dans l'art de construire des relations coopératives avec les réalisateurs, en parvenant à conjuguer impulsions créatives et bonne gestion. Elle est aussi très attentive à la nécessité de protéger les scénaristes des pressions excessives des studios. Son parcours montre l'importance de sa créativité en tant qu'intermédiaire, capable de financer et de développer des projets complexes, tout en maintenant des collaborations clés avec les talents du secteur. Christopher Meir conclut son étude de cas en soulignant que la productrice a su articuler enjeux créatifs et enjeux financiers pour rester à la pointe de la production cinématographique et télévisuelle américaine, en dépit des nombreuses transformations d'ordres culturel et industriel.

Quant à Sidonie Dumas, Directrice générale de Gaumont, elle se caractérise avant tout selon Christopher Meir par sa capacité à jouer un rôle essentiel de médiatrice entre les publics, les financiers et les artistes dans un contexte mouvant. Elle a entrepris une réorganisation stratégique ambitieuse de Gaumont afin de la préparer aux temps nouveaux qui sont notamment marqués par la montée en puissance des plateformes de streaming et les évolutions des pratiques culturelles. Pour la société à la marguerite, créée en 1895 par Léon Gaumont, la démarche de coopération avec Netflix s'est avérée fructueuse, notamment grâce à des productions à succès telles que *Narcos* et *Lupin*. Sidonie Dumas a également développé des partenariats avec d'autres plateformes de streaming transnationales telles que Disney+, Amazon Prime Video, Apple TV+ et Paramount+. Christopher Meir analyse les décisions et démarches stratégiques qui ont permis à Gaumont d'anticiper et de s'adapter aux nouvelles tendances en sachant valoriser les synergies entre ses différentes activités, se forgeant une stature de leader au sein des industries européennes du cinéma et de l'audiovisuel.

L'étude de ces trois grandes figures de la production cinématographique contemporaine montre l'importance cruciale de ce métier et de cette responsabilité, singulièrement au cours de périodes marquées par de nombreux facteurs d'évolution et de transformation. Le métier ne consiste pas seulement à produire des films et des séries, mais d'œuvrer au renouvellement du secteur tout entier et des modes de relation entre ses multiples polarités.

Dans le chapitre suivant, Hélène Laurichesse analyse les marchés du film associés à quelques grands festivals internationaux. Le marché du film de Cannes est le plus grand marché du film au monde, mais il en existe bien d'autres. Malgré leur rôle croissant dans la découverte des talents, le développement des projets et le financement des films, ces marchés événementiels ont longtemps été considérés comme des activités conjointes et latérales aux festivals, et rarement comme des objets de recherche principaux. C'est cette insuffisance qu'Hélène Laurichesse contribue à combler en développant un champ de recherche spécifique. Dans cette perspective, les marchés du film sont analysés comme des « événements configurateurs de champs » (*field-configuring events*), des événements commerciaux permettant de favoriser les rencontres professionnelles, de créer des réseaux, de partager des informations et de conclure des contrats.

Pour mener des recherches sur un objet aussi multidimensionnel, il lui semble indispensable de pouvoir mobiliser et de savoir articuler une pluralité de disciplines, allant des arts à l'économie, du droit à la sociologie, des sciences de l'information et de la communication aux sciences politiques, des études de médiation aux sciences de gestion. C'est une méthodologie à visée compréhensive qui est principalement retenue (entretiens, observations participantes ou non, carnets de récits, études d'archives), cette approche permettant de saisir les modalités d'émergence d'une communauté de pratiques collectives qui se ritualisent et conduisent à définir des règles du jeu pour le secteur.

Dans ce chapitre, il est aussi montré que les « marchés de projets » facilitent la sélection des talents et la mise en relation des partenaires financiers, artistiques et techniques, souvent grâce à des espaces d'interaction tels que les *workshops*, les forums de coproduction et le *pitch*, dispositif devenu omniprésent dont la maîtrise est désormais indispensable à qui veut retenir l'attention des décideurs. Pour les œuvres terminées, il y a des espaces pour le visionnage des films et d'autres pour les transactions de cessions de droits, les prix variant en fonction de différents critères, tels que la notoriété de l'auteur et/ou de l'œuvre, le support de diffusion ou l'exclusivité.

Les marchés du film sont également des lieux d'observation des tendances de la filière : y sont organisées des conférences et des tables rondes permettant aux professionnels d'actualiser leurs connaissances socio-économiques sur le secteur grâce aux interventions et à la co-présence d'un grand nombre d'acteurs-clés ayant des objectifs à la fois relationnels, transactionnels et de visibilité. Mettant en discussion ce que les marchés font aux festivals, Hélène Laurichesse montre à quel point l'artistique et le commercial sont mêlés et imbriqués. Soulignant leur rôle grandissant pour le développement et le montage financier des projets, elle précise la manière dont les marchés de films sont devenus des plateformes où l'évaluation des projets repose sur leur potentiel artistique et commercial, impliquant une logique compétitive et une double évaluation des projets et des porteurs de projets, participant d'une économie des réputations professionnelles et de la notoriété au fil des sélections. Elle conclut sur l'intensification de la compétition entre les porteurs de projets, cette tendance se généralisant à l'ensemble des acteurs de la filière.

Quentin Mazel propose ensuite de travailler à une socio-économie des genres cinématographiques en France. Contrairement aux caractéristiques du système hollywoodien et à ses grands studios, la socio-économie du cinéma en France a en effet rarement été pensée en termes de structuration en fonction de genres cinématographiques. De longue date, le drame et la comédie constituent pourtant les deux genres pourvoyeurs des plus grands succès du cinéma français et représentent une large part de ses recettes. Si, dans une temporalité donnée, les catégories génériques peuvent paraître évidentes, l'auteur rappelle dans son chapitre qu'elles n'ont rien de rigide ou d'immuable, qu'il leur arrive d'être contestées, d'être mélangées, voire de disparaître. Il propose une perspective socio-économique des genres cinématographiques reposant sur l'hypothèse d'une continuité inextricable entre les conventions esthétiques et les conventions de travail.

Rappelant le légendaire aphorisme « *Nobody knows* » (Goldman, 1984 ; Caves, 2002), Quentin Mazel démontre que les genres cinématographiques sont des construits permettant de réduire quelque peu l'incertitude des deux côtés du marché : les producteurs et les spectateurs. Il souligne que ces conventions génériques ne se limitent pas à réduire l'incertitude du marché : elles prennent aussi part au processus de production lui-même et participent de la culture professionnelle des agents au travers d'un répertoire d'actions. Les conventions génériques participent en effet de la coordination des agents, permettant de gagner du temps en se figurant le produit fini, et de mieux se coordonner en anticipant l'action des autres professionnels impliqués dans la production. Il apparaît ainsi clairement que les genres cinématographiques constituent des dispositifs d'appariement entre l'offre et la demande, et aussi des outils de coordination au sein de la filière cinématographique.

Dans le chapitre suivant, Clémence Allamand et Caroline Guigay soulignent qu'en France les instances de régulation continuent à jouer un rôle déterminant dans la défense de l'exception et de la diversité culturelles, ainsi que dans la régulation et la structuration du secteur cinématographique. Pour approfondir l'analyse des politiques publiques en la matière, deux études sont présentées : le passage à la projection numérique des salles de cinéma et la politique publique en faveur du court métrage.

Le passage à la projection numérique en France comportait des enjeux techniques, économiques et stratégiques d'importance pour les acteurs de la filière, la visée étant de réussir la transition vers les nouvelles technologies, tout en préservant le parc de salles et en garantissant la diversité, à la fois des salles et de l'offre de films. Cette transition vers le numérique a confirmé que la co-construction du modèle de financement, entre les intérêts des acteurs puissants et la défense des plus fragiles, nécessitait une régulation publique de qualité. Il en est de même pour le court métrage. A partir des années 1980, la création de festivals diffusant des courts métrages et le soutien des télévisions ont favorisé l'autonomisation du secteur. Sur plusieurs décennies, il s'est structuré et professionnalisé, l'Agence du court métrage y apportant un précieux concours. Cette politique publique a permis de développer un circuit de production et de diffusion autonome pour les courts métrages, soutenu par les aides publiques, tout en cherchant à s'inscrire dans un nouveau marché.

Il apparaît que les politiques publiques se déploient sur la base de principes revendiqués, mais qu'elles doivent aussi prendre en compte les logiques de marché et les enjeux économiques, en ayant recours à une co-construction des dispositifs avec les professionnels, qui permet un certain pragmatisme et des ajustements. Dans les deux cas, le Centre national du cinéma et de l'image animée (CNC) a joué un rôle crucial en tant qu'arbitre et financeur, influençant les dynamiques socio-économiques des acteurs. Ayant mené leur travail d'enquête, à la fois sur les membres des administrations et sur les acteurs de ces secteurs d'activité, les autrices montrent comment, et dans quelle mesure, l'importance du rôle des instances étatiques modèle les attentes et influence les pratiques des professionnels.

Chloé Delaporte étudie ensuite les palmarès de festivals de cinéma et d'événements de ce type, et s'intéresse à l'économie récompensatoire. Elle étudie la circulation non marchande des biens et les motivations de celles et de ceux qui organisent ces cérémonies de remise de prix. Notant que depuis une vingtaine d'années au sein des Sciences de l'information et de la communication françaises serait de plus en plus préféré à l'ancrage sociologique critique un ancrage interactionniste issu des travaux de la sociologie nord-américaine (Erving Goffman, Howard Becker), elle montre que deux concepts issus de la théorie des champs, faisant explicitement référence aux travaux de Pierre Bourdieu, s'avèrent particulièrement utiles pour comprendre ces processus : l'*illusio* et le capital symbolique.

Pouvant être définie comme condition de fonctionnement d'un jeu dont elle est aussi le produit, l'*illusio* permet de déconstruire ce qui est perçu et promu par certains comme une évidence au sein du champ. Par ses recherches, Chloé Delaporte identifie des redondances qui dessinent les contours de l'*illusio* cinématographique dominante. En France tout particulièrement, elle repose sur l'idée d'une valeur immanente des œuvres, mobilisant une rhétorique du « talent » fondée sur l'idéologie auteuriste. Méritent aussi selon elle d'être interrogées la sacralisation de la salle comme écrin indispensable à la valorisation des films et l'exaltation de l'indépendance et du désintéressement comme vertus cardinales. Quant au capital symbolique, comme crédit de prestige et de notoriété, l'autrice montre qu'il est primordial dans la motivation des acteurs internes et externes au champ cinématographique, afin d'en tirer avantage pour capitaliser socialement et accroître leur pouvoir de définition des règles du champ, participant d'une stratégie de perpétuation et de reproduction des classes dominantes.

Concluant que les récompenses sont avant tout les indicateurs des positions et des stratégies de celles et ceux qui les attribuent, Chloé Delaporte souligne que, par-delà les débats rituels, certains concepts issus de la sociologie bourdieusienne, couplés à une approche ethnographique de type « observation directe » ou « observation participante », peuvent apporter un utile concours à des recherches en socio-économie du cinéma et de l'audiovisuel n'omettant pas la dimension critique. Dans cette perspective, elle propose de penser le champ cinématographique comme espace de positions en mobilisant une conception multiscalaire de la domination sociale relevant de la classe, mais aussi du genre, de la race ou de l'âge, en prenant pleinement en compte la pluralité des types de discrimination au sein du champ cinématographique.

Dans le chapitre suivant, Gwenaële Rot et Laure de Verdalle montrent de quelle manière, avec quels cadres théoriques et quelles méthodologies, elles mènent leurs recherches sur la production cinématographique. Sociologues du travail, elles ont forgé des questionnements et des perspectives analytiques à partir d'une pluralité de terrains d'étude. Attentives aux enjeux d'organisation ainsi qu'aux processus de décision dans les activités productives, elles adoptent une démarche résolument empirique, menant un travail d'enquête sur de nombreux tournages en articulant entretiens et observations.

Le film de cinéma étant généralement conçu comme un prototype, elles cherchent à s'appuyer sur un grand nombre de cas d'étude afin de dégager des logiques communes, lorsqu'il s'agit de financer un projet, de constituer une équipe ou d'organiser le travail sur un plateau. Leur expérience en la matière les amène à considérer que la dimension collective des décisions prises à chaque étape d'un projet cinématographique requiert de savoir porter l'attention à l'ensemble des professionnel·les dans leur diversité. Et il leur semble nécessaire de prendre du recul par rapport aux rhétoriques artistiques qui prévalent généralement à propos du travail de création.

Les points de vue, les intérêts et les cultures professionnelles n'étant pas les mêmes, les autrices analysent tout particulièrement les modalités par lesquelles peuvent se mettre en place des « compromis productifs » qui conduisent à donner forme aux projets de films. Par une approche qui ne dissocie pas les logiques artistiques et les logiques économiques, mais pense leur articulation, l'analyse des tensions qui se révèlent au cours des processus de négociation vient éclairer les rapports de force qui traversent les relations de travail. Le choix des lieux de tournage est l'un des sujets sensibles : il concerne en effet tous les protagonistes, chaque corps de métier scrutant le lieu par rapport à ses propres normes professionnelles. Il a notamment des répercussions directes sur la pénibilité du travail des machinistes et des électriciens qui installent les équipements. Gwenaële Rot et Laure de Verdalle montrent en outre que l'un des défis de la production réside dans l'exigence de gérer les temporalités multiples dans lesquelles s'inscrivent les activités cinématographiques. Analysant l'articulation des logiques économiques et artistiques dans le travail de création, elles en éclairent à la fois les contraintes économiques, matérielles, humaines et temporelles.

Kristian Feigelson revisite ensuite la notion d'interculturalité, montrant son caractère heuristique, sans pour autant passer sous silence les limites d'une pluralité d'approches diversifiées qui s'en réclament. Il lui semble en effet nécessaire de repenser les pratiques de recherche qui s'en inspirent en les historicisant davantage afin d'en comprendre les possibles apories et de ne pas réduire les concepts mobilisés à des abstractions.

Revisitant sa propre autobiographie de chercheur, il montre l'importance des approches en termes d'interculturalité sur de nombreux chantiers qu'il a conduits. Les problématiques induites par son usage sont en effet précieuses pour un chercheur ayant mené une grande partie de ses travaux à l'étranger et sur des milieux professionnels œuvrant dans des contextes d'internationalisation. Face à des écrits en sciences sociales souvent marqués par l'européocentrisme, les démarches renvoyant aux enjeux d'interculturalité permettent de mettre à distance ce cadre paradigmatique devenu obsolète. Se référant à des sources les plus variées, qu'elles soient écrites ou orales, s'appuyant à la fois sur les enquêtes de terrain et la consultation d'archives, ces approches ouvrent de nouvelles perspectives.

Alors que pour sa thèse de doctorat soutenue en 1983, il a travaillé sur l'URSS et le caractère multiculturel de sa société, en ayant recours à des approches comparatives, les recherches menées bien plus tard par Kristian Feigelson sur l'industrialisation des images (Brésil, Inde, Asie de l'Est, Proche-Orient) lui ont permis de mobiliser de nouveau ces approches et de travailler à la croisée des chemins avec des chercheurs issus d'horizons différents, en étant attentif à appréhender des modalités toujours nouvelles d'interprétation. Dans le champ des Études cinématographiques et audiovisuelles, il met en évidence d'autres polarités que celles d'Hollywood pour analyser de nouvelles formes d'interdépendance, voire de domination. Les croisements culturels se jouant à plusieurs niveaux, ce sont des interculturalités, au pluriel, qu'il est nécessaire de considérer.

Pour un chercheur qui n'a cessé de travailler aux frontières, les problématisations en termes d'interculturalité(s) conduisent à repenser des questions anciennes autour de la pluralité dans un contexte marqué par les nouvelles technologies de la communication, les phénomènes de globalisation, les processus de métissage et des disparités nouvelles. Il lui semble essentiel de ne pas éluder la spécificité des contextes, de viser à les décrypter dans leurs complexités et leurs singularités.

Dans le chapitre suivant, Nolwenn Mingant et Cecilia Tirtaine poursuivent l'analyse des questions d'interculturalité en s'appuyant sur les travaux qu'elles ont mené dans le cadre du réseau de recherche CinEcoSA (Cinéma, Économie & Sociétés Anglophones). Ce réseau de recherche se caractérise en effet notamment par l'importance accordée aux enjeux culturels et interculturels dans l'étude de l'industrie cinématographique sur une échelle internationale.

Ayant choisi le statut d'association loi de 1901 comme cadre institutionnel, c'est un schéma original d'organisation qui a été choisi, combinant la stabilité d'un réseau et la constitution d'équipes *ad hoc*, en utilisant un séminaire en ligne comme dispositif structurant. Ses travaux se situent à l'intersection de plusieurs traditions académiques, notamment l'économie du cinéma à la française, l'économie politique américaine et les *Cultural Studies*. S'inscrivant dans les *Transcultural Production Studies*, l'équipe étudie les évolutions des cultures de production dans un contexte de cinéma mondialisé. Ce sont des processus de circulation que CinEcoSA propose de mettre en lumière : la circulation des films et des séries télévisées, la circulation des professionnels de cinéma et la circulation des modèles industriels.

Ensuite, Sarah Dinelli questionne la recherche et l'enseignement en socio-économie du cinéma d'un point de vue critique en s'appuyant sur ses propres pratiques d'étudiante, puis de doctorante et d'enseignante-chercheuse. Considérant que le rôle de l'enseignant·e est de favoriser la prise de conscience des logiques de domination dans la société, notamment en termes de genre, de race, de classe et de handicap, et d'œuvrer à la transformation sociale, elle montre l'intérêt de mobiliser et de mettre en œuvre une pédagogie critique, qui requiert de porter attention à toutes les voix, à toutes les expériences.

Insistant sur le lien nécessaire entre recherche et enseignement, ses analyses réflexives sur l'éthique vis-à-vis des enquêtés, portant notamment sur la démarche filmée qu'elle a pratiquée, permettent de faire entendre la voix singulière des spectateurs et des spectatrices. Sa pratique pédagogique de l'« autobiographie cinématographique » permet de réfléchir collectivement à la place des déterminations par rapport à la « passion » invoquée dans de nombreux récits. Ainsi peut se déplacer la vision initiale et usuelle de la sortie au cinéma, en éclairant notamment la question des non-spectateurs des salles de cinéma. Alors que, tout particulièrement en France, cette pratique est présentée comme allant de soi, pour beaucoup, en raison de motifs variés, « aller au cinéma » n'a rien d'évident. Il importe selon elle de savoir entendre la diversité des expériences spectatorielles et non-spectatorielles.

Pascal Laborderie souligne enfin que le cinéma ne relève pas seulement de la logique des industries culturelles, rejoignant ainsi l'un des points soulevés par Paul McDonald. Il dénonce une conception réductionniste du champ cinématographique, qui peut aussi être pensé et étudié dans ses dimensions de médiation culturelle, mettant en avant les usages non marchands, la valorisation patrimoniale dans des cadres éducatifs formels (espaces muséaux, dispositifs école, collège et lycée au cinéma) et aussi ses usages culturels et éducatifs moins formels, tels les festivals et les plateformes numériques. Il souligne l'intérêt d'étudier les dispositifs cinématographiques d'éducation populaire afin d'évaluer leur manière de contribuer à la politique de la ville et aux questions d'égalité d'accès à la culture, dans les quartiers populaires, les zones rurales, aussi à l'intention de publics spécifiques. De même pour les dispositifs d'éducation cinématographique soutenus par les ministères de la Culture et de l'Éducation nationale, afin de montrer les effets produits par le secteur cinématographique non marchand en termes d'apprentissage des connaissances, aptitudes et compétences attendues dans le cadre des politiques culturelles et éducatives françaises et européennes.

L'auteur concentre son analyse sur les problématiques d'évaluation des retombées sociales et économiques d'une action culturelle, en l'occurrence un festival du film arabe organisé en Moselle, dans le bassin industriel de la vallée de la Fensch, ayant pour objectif une meilleure intégration des migrants et la socialisation des populations issues de l'immigration, en leur offrant la possibilité de découvrir ou de redécouvrir leurs pays d'origine au moyen du cinéma, tout en promouvant les valeurs et les pratiques qui sont au cœur de la culture laïque, notamment l'exercice du débat dans le respect des libertés de conscience et d'expression. En faisant une comparaison avec une autre commune voisine ne s'étant pas engagée dans une démarche d'action culturelle, il montre des écarts d'importance en termes d'emploi et de civilité, ces résultats ne pouvant toutefois être directement et exclusivement imputés au festival. Ils relèvent en effet d'une démarche multidimensionnelle menée sur le long terme par les collectivités locales et territoriales, les établissements scolaires, les divers services publics et les associations d'éducation populaire, dont le festival constitue le symbole.

Pour conclure, Pascal Laborderie montre qu'il est possible de travailler sur les effets socio-économiques du secteur culturel non-marchand en privilégiant l'observation de terrain dans la durée et la comparaison des diverses politiques culturelles menées sur un même territoire. Il s'interroge sur les limites des pratiques de contractualisation devenues prépondérantes dans les politiques publiques contemporaines, qui comportent selon lui de sérieux risques de court-termisme et de surpondération des effets d'affichage.

Ce qu'il y a de spécifique dans l'approche par les Sciences de l'information et de la communication de la filière Cinéma-Audiovisuel

Bernard Miège

Je n'ai pas participé directement aux programmes de recherche, aux séminaires et aux colloques qui ont marqué le développement de la socio-économie du cinéma au cours des dernières décennies, mais j'ai toujours été en relation de proximité avec les travaux qui en relèvent. Paradoxalement, à une exception près que je vais présenter ci-après, dans les analyses successives que j'ai conduites sur les industries culturelles (et créatives), j'ai rarement abordé de façon détaillée, et quasi monographique, l'industrie du cinéma. Et pourtant, le cinéma, associé ou non à l'audiovisuel, est/sont présents, à titre de références ou d'exemples, dans la plupart sinon tous les raisonnements et développements concernant les industries culturelles, en général. Comme si, de mon point de vue, ils étaient en quelque sorte de facto représentatifs et même exemplaires de cette catégorie très particulière de biens produits industriellement. Avant même l'édition de livres, la musique enregistrée ou les médias d'information.

L'exception évoquée précédemment mérite d'être rapidement exposée, car elle est fort ancienne et surtout se présente alors comme une approche articulant sociologie et économie (dans la mesure où je ne maîtrisais alors qu'imparfaitement la méthodologie info-communicationnelle). Ce livre intitulé *La production du cinéma* (Miège, 1980), et dont je suis le coordinateur, et de fait l'auteur principal, se veut une contribution à la connaissance de l'évolution du cinéma, en ce qu'il s'oppose ou se différencie des approches alors dominantes : sémiologique, narratologique, socio-historique, et bien sûr « littéraire-culturelle », mais aussi économique (d'inspiration néo-classique) d'un auteur alors influent, à savoir René Bonnell (Bonnell, 1978).

Ce qui est proposé dans le livre que j'évoque, issu d'un petit colloque, c'est de considérer le film comme une marchandise, issue d'un procès de production, mais donnant lieu en même temps à la production de formes et du sens (le système signifiant), en relation avec la politique culturelle et en lien avec les pratiques culturelles. Le produit filmique doit être inscrit dans le double espace de la marchandise et de la narration-représentation. A noter aussi que l'avenir du cinéma était envisagé, en relation avec les nouvelles techniques d'information et de communication : développement des chaînes de télévision, télévision à péage, chaînes câblées, usages du magnétoscope, édition vidéo.

Ce rappel, ici limité à quelques éléments essentiels, serait anecdotique s'il ne nous conduisait pas vers la réponse à la question centrale envisagée dans ce texte : quel est l'apport des Sciences de l'information et de la communication (SIC) à la connaissance du cinéma et de l'audiovisuel ?

Quatre caractéristiques, alors plus ou moins explicites, mais aujourd'hui mieux explicitées, semblent devoir être retenues aujourd'hui. C'est sur elles que nous voudrions attirer l'attention :

1°) les composantes techniques sont essentielles à la compréhension des phénomènes info-communicationnels modernes et contemporains ;
2°) le cinéma est une industrie culturelle archétypique, sinon exemplaire ;
3°) le cinéma, ou plus exactement, le cinéma-audiovisuel participe/participent d'une filière d'industrie culturelle ;
4°) certains enjeux actuels liés à la numérisation des sociétés sont au cœur des mutations-bouleversements du cinéma-audiovisuel.

1. Les composantes techniques

L'autonomisation de la discipline des SIC (se présentant parfois sous d'autres désignations dans d'autres pays ou contextes) est indissociable de l'avancée de techniques, affectées aussi bien à la conception qu'à la production, à la diffusion, à la conservation, et maintenant à l'intermédiation de messages et/ou de productions, ainsi qu'à l'établissement de relations directes avec des destinataires, devenus de plus en plus des usagers et des consommateurs ; il s'agit d'un mouvement qui a pris de l'ampleur dans la dernière partie du XXe siècle avec les TIC (techniques de l'information et de la communication) puis au tournant du siècle avec les techniques désormais numériques. Cette avancée, régulière depuis plus d'un siècle mais inégale selon les régions du Monde, est observable à la fois dans le secteur artistique-culturel dont il est ici question, mais également, dans la circulation marchande, dans la vie politique et depuis peu mais de façon spectaculaire dans les échanges interpersonnels et les relations de groupe (qualifiées parfois de communications sociales), ceux-ci acquérant de plus en plus une dimension marchande, plus ou moins développée.

L'émergence de la discipline (depuis environ trois quarts de siècle aux États-Unis, un demi-siècle en Europe et un peu moins dans les autres continents), a en quelque sorte succédé à des transformations économiques, sociales et culturelles engagées quelques décennies avant. Il serait pourtant infondé d'avancer que, dans les sociétés antérieures, des modalités de gestion de l'information-communication n'auraient pas fonctionné, ne justifiant pas qu'un intérêt spécifique de la part des Universités leur soit accordé, tant en matière de formation que de recherche. S'agissant plus précisément des composantes du secteur artistique-culturel, on peut observer que l'édition de livres, puis la publication de journaux (certains déjà de masse), ont été les premiers à émerger et à se développer ; mais sans, pendant des décennies, que le recours à des techniques (de production) identifiables s'accompagne ipso facto de la formation d'industries.

C'est à la toute fin du XIXe siècle, avec le cinéma ainsi que la musique enregistrée, puis peu après avec la radiodiffusion, que se formèrent les premières filières, organisées sur une base industrielle. Depuis, le fonctionnement de ces filières a été marqué par une succession de changements techniques et même de ce qu'on doit tenir pour de réelles innovations techniques, qui ont favorisé leur diversification, leur complexification et leur extension. Mais comme on le sait, ces industries culturelles n'ont jamais cessé de conserver des spécificités relevant du mode de production artisanal ; et c'est ce qui, aujourd'hui encore, permet de leur attribuer des caractéristiques qui leur sont propres.

Les histoires du cinéma, généralement, ne dissimulent pas cette dimension technique régulièrement renouvelée. La plupart insistent sur les mutations successives à l'origine de crises parfois brutales, mais sans insister suffisamment sur le fait que ces mutations, par exemple tout au long du XXe, sont de natures différentes, concernant aussi bien la production des films (par exemple lors du passage du muet au parlant, puis lors du remplacement du noir et blanc par la couleur), que l'élargissement et la « personnalisation » des supports de diffusion (avec le recours aux chaînes de télévision et l'apparition des disc compact), et plus récemment le recours aux techniques numériques, celles-ci intervenant à tous les niveaux, de la production à la consommation. Mais en qualifiant trivialement d'innovations des mutations aussi différentes, et en les tenant également comme étant à l'origine des « crises » constatées, il n'est pas sûr que les dits auteurs en tirent toutes les conséquences, et notamment à propos des mutations d'ordre symbolique, ou plus exactement socio-symboliques. La question est d'importance, ainsi que nous allons tenter de le montrer.

2. Le cinéma, une industrie archétypique, sinon exemplaire

Un certain nombre de spécificités de l'industrie cinématographique, si elles ne sont pas uniques, ne peuvent manquer d'attirer l'attention ; on citera successivement sans pouvoir approfondir l'analyse :

- l'adaptabilité, comme indiqué précédemment, au renouvellement des techniques (à chaque fois en dépit des incertitudes) ;
- la multiplicité des produits mêlant art et divertissement, allant des biens de masse aux biens sélectifs ;
- le renouvellement incessant des produits : genres, formes, déclinaisons selon les cultures et les politiques culturelles ; ainsi que les reprises, et la muséification d'un patrimoine propre ;
- la variété des modalités de consommation, lesquelles sont certainement en voie d'extension mais non sans entraîner parfois des profonds bouleversements (d'où les interrogations actuelles sur l'avenir du visionnement en salles) ;
- la capacité à nouer des relations suivies avec les autres médias et moyens de communication ; il suffit de constater combien le cinéma demeure très présent au programme des chaînes de télévision, quel que soit la formule proposée aux téléspectateurs par les chaînes généralistes ou spécialisées ;
- et une internationalisation engagée depuis des décennies, surtout après la deuxième Guerre Mondiale, qui, volens nolens, laisse des espaces durables à des cinématographies nationales ou régionales. La volonté de domination mondiale, affichée par la MPAA (Motion Picture Association of America) nord-américaine, au moins depuis 1945, se réalise mais elle rencontre des limitations d'ordre différent selon les pays et les cultures, entraînant à chaque fois la formation d'oligopoles

et non de monopoles comme on l'avance imprudemment. Et il est à prévoir que cette internationalisation partiellement mondialisée, est en train de se conforter avec la numérisation ; les accords passés avec la République Populaire de Chine en sont actuellement l'indice. Il est vrai que les dirigeants hollywoodiens, qui se montrent très accueillants à des géants du numérique (Netflix notamment), ont constamment élargi les conditions d'accès à leur groupe de pression (le qualificatif est sans doute trop mesuré), et s'attachent à ce que soient régulièrement restreintes les réglementations qui leur font front.

Cette adaptabilité, constamment constatée, de cette industrie exemplaire est-elle appelée à durer ? Rien n'est assuré, mais cela semble avoir été toujours le cas, depuis déjà près de cent-trente ans.

3. Le cinéma-audiovisuel, une filière d'industrie culturelle

Plutôt que secteur ou branche, termes encore souvent employés sans précautions lexicales ou sémantiques, c'est bien de filière qu'il s'agit avec le cinéma-audiovisuel, ainsi que le montre cette définition proposée par une organisation internationale, en l'occurrence la FAO, pour certaines catégories de produits agricoles ou alimentaires : « L'analyse économique par filière, c'est l'analyse de l'organisation, à la fois sur un plan linéaire et complémentaire, du système économique d'un produit ou d'un groupe de produits, c'est l'analyse de la succession d'actions menées par des acteurs pour produire, transformer, vendre et consommer un produit. Ce produit peut être indifféremment agricole, industriel, artistique, informatique, etc. » (cité in Bouquillion, Miège et Mœglin, 2013, pp. 82–83). En l'occurrence, le produit évoqué est, comme on va le rappeler, à la fois artistique et industriel.

La reproductibilité des produits, fussent-ils immatériels ou partiellement matériels, est un trait constitutif fondamental des films et autres produits audiovisuels. On se contentera sur ce point essentiel de renvoyer le lecteur à ce sur quoi nous avons insisté en différentes occasions, et notamment dans la contribution *Theorizing the Cultural Industries – Persistent Specificities and Reconsiderations* (in Wasko, Murdock and Sousa, 2011, pp. 83–108), et tout particulièrement par le moyen des cinq propositions identifiées.

La succession de phases aisément identifiables est une caractéristique centrale des industries culturelles, et donc du cinéma-audiovisuel ; ces différentes phases, il nous suffira ici de les rappeler ; on peut en effet identifier, quand bien même la séparation entre elles est parfois difficile, ce qui relève de la Conception (ou création), Production, Intermédiation (au cœur de l'activité des plateformes), Diffusion ou distribution, Consommation-valorisation.

Les mutations régulières des usages et des pratiques sont également à prendre en compte et ne forment pas un champ de questionnement à part, qui serait à envisager de façon indépendante ou séparée. La domination – partielle – par les industries de la communication, puis par les industries du numérique, les unes puis les autres étant d'ailleurs conduites à ne plus intervenir seulement dans l'intermédiation et la diffusion-distribution, mais à prendre part également à la production (Netflix, Amazon, etc.).

L'approche de ces différentes phases nécessite, encore faut-il le rappeler, la mise en œuvre d'une méthodologie de recherche inter-dimensionnelle (Miège, 2015, pp. 141–159). L'objectif est de relier « des dimensions significatives qui, à chaque fois, se trouvent être au cœur des stratégies des diverses catégories d'acteurs sociaux concernés, agissant dans les domaines inter-reliés de l'information, de la culture, et des communications médiatisées. » C'est le terme d'inter-dimensionnalité qui nous a paru le plus approprié pour qualifier cette nécessaire reliance entre les phases, jamais fixée et toujours modifiée.

La mise en évidence de filières amène immédiatement à une interrogation : au sein de filières, doit-on distinguer des sous-filières, et si oui, combien sont-elles et comment les qualifier ? En l'occurrence, on a au moins affaire à deux sous-filières : le cinéma d'une part, l'audiovisuel d'autre part, à la fois réunies (par exemple, par l'emploi des mêmes personnels techniques) et différenciées. Mais cette différenciation entre deux sous-filières est-elle pertinente ? La question reste en débat, car le documentaire, et tout particulièrement le documentaire de création, répondent à des modes de faire particuliers ; tout comme le film d'entreprise ou le film publicitaire.

4. Entre autres enjeux en relation avec la numérisation

La numérisation en cours des sociétés (Miège, 2020) entraîne des mutations voire des innovations incrémentales, ou du moins de produits, dans (presque) tous les champs sociaux, culturels et même politiques. A chaque fois, l'analyse est à faire, en se gardant bien de formuler des diagnostics globaux. En ce sens, les industries culturelles et créatives sont évidemment concernées, mais il est encore prématuré de tirer des enseignements définitifs et vérifiés, même si les attentes sont fortes et si des conclusions sont d'ores et déjà tirées dans les filières concernées et les instances politico-culturelles. On s'en tiendra donc seulement aux questionnements présentés, ci-dessous.

L'évolution de la mondialisation de la diffusion et le maintien, ou non, d'une répartition (toute relative) entre les cinématographies : les grands studios semblent avoir bien résisté aux effets de la pandémie et s'orientent vers une répartition des modes de diffusion entre salles et streaming (celui-ci permettant de s'adresser à des publics plus ciblés). La MPAA a même intégré en son sein Netflix et Disney, et vise maintenant Amazon et Apple. Par ailleurs, malgré des quotas stricts, et des prix d'entrée moins chers, les recettes des majors dans les salles chinoises sont plus que satisfaisantes. Quel espace cela réserve-t-il dorénavant pour les autres cinématographies ? On sait déjà qu'il y a des risques évidents à laisser le cinéma d'auteur (ou à objectifs culturels) dépendre surtout de Netflix.

L'instauration de méthodes de tournage « rationalisées » entraînant un abaissement de la qualité des films : ce même Netflix recourt à des méthodes de production qui, déjà, font craindre pour la qualité – critère difficilement objectivable il est vrai – des productions. En tout cas, des profonds bouleversements sont à l'œuvre : formes, genres, appels aux acteurs vedettes, etc.

Le rapport entre consommation en salles et consommation sur des supports généralement individualisés, notamment après la période pandémique, est à suivre de près. Il est difficile d'envisager, notamment en France, où le niveau de la fréquentation des salles s'établissait à un niveau élevé, simplement un retour au statu quo ante, ou plus ou moins. Certes le déficit n'est en 2022 que d'un tiers par rapport à la situation précédant le Covid, et les dirigeants des principaux réseaux de distribution continuent à se montrer optimistes, mais il est à craindre que ce soient surtout les petits réseaux et les distributeurs indépendants qui aient du mal à retrouver leurs publics.

L'utilisation des data pour la conception et/ou la promotion des films : à cet égard, la filière cinéma-audiovisuel n'est pas fondamentalement dans une situation différente de celle des autres filières, à cette différence près que les plateformes des géants du numérique y jouent un rôle encore plus décisif que dans les autres filières culturelles et créatives. Malgré un intérêt croissant pour ces sujets, les sciences humaines et sociales peinent à percer l'opacité des stratégies entrepreneuriales, réelles ou supposées, s'appuyant sur le traitement de données, recueillies le plus souvent de façon discutable, avec des biais manifestes. Cela n'empêche d'ailleurs pas que des algorithmes élaborés à partir de données apparemment aléatoires ou discutables, puissent faire sens, et donc orienter la conception des produits filmiques. Des travaux de recherche basés sur des observations en profondeur commencent à être publiés (par exemple, Fatima Gaw, in *Media culture and society*, may 2022, pp. 706–725), mais la plupart sont encore en cours. Une erreur serait de considérer que les mutations présentes les plus décisives se réduisent à l'algorithmisation et, qu'une fois les algorithmes élucidés ou mis au jour, les effets socio-symboliques des techniques numériques sur la réception des produits culturels seraient aisément accessibles.

Clairement, toute une série de questionnements et de propositions, sur lesquels s'achève ce chapitre, ne sont pas propres aux Sciences de l'information et de la communication, et se retrouvent chez beaucoup de socio-économistes du cinéma. Je me suis efforcé de montrer que c'est leur articulation qui fait sens dans une approche conduite du point de vue et à partir des SIC. Si le numérique a incontestablement suscité un intérêt marqué de différentes sciences sociales pour les objets qui nous intéressent ici, l'approche des SIC, inter-discipline devenue discipline, conserve ses spécificités et, à mon sens, ses avantages.

Évolutions des modèles socio-économiques : penser la recomposition contemporaine de l'écosystème audiovisuel

Bruno Cailler

Ce chapitre a pour visée de restituer toute la puissance des modèles socio-économiques dans le cadre d'un écosystème audiovisuel en constante recomposition. Au-delà de la définition de ces modèles socio-économiques, il s'agit de rendre compte de leur caractère opératoire, en recherche comme dans le cadre de l'enseignement.

Plusieurs questionnements peuvent accompagner cette affirmation. Comment peut-on mieux décrire les mutations en production et en distribution de la filière audiovisuelle[5] à travers ces modèles ? Comment ces derniers se constituent-ils et comment proposent-ils, par un jeu entre idéal-types et déclinaisons, une certaine plasticité qui leur donne une vraie opérabilité, en les réactualisant régulièrement ? Comment s'inscrivent-ils au sein des propositions de modèle économique, et au sein de l'économie en général ? Comment enfin peuvent-ils définir un écosystème de l'audiovisuel, expliquant ses caractéristiques et leurs évolutions ?

Dans une première partie, il s'agira de cadrer historiquement et théoriquement ces modèles socio-économiques, avant d'en restituer, dans la seconde, tout le caractère opérationnel et l'adaptabilité. La conclusion portera sur la notion d'écosystème en la pensant sur la base des modèles socio-économiques.

---

5 Nous parlerons de filière au singulier. On pourrait envisager l'intégration des filières de l'audiovisuel, mais nous les traiterons ici par défaut au singulier, tout en nous appuyant sur des exemples des différentes filières de l'audiovisuel (cinéma, télévision, Smad, webproduction)

1. Les modèles socio-économiques de l'audiovisuel : perspectives historiques

Pour penser les modèles socio-économiques de l'audiovisuel, on peut utilement de référer au tableau proposé par Bernard Miège dans l'ouvrage *La société conquise par la communication* (Miège, 1989, p. 181). Il y développe dans le chapitre intitulé « Le bond industriel » les principales caractéristiques des modèles éditorial, de flot et de l'information écrite[6]. Il faut cependant resituer historiquement ce travail. Dès 1980, s'ébauche la formalisation des logiques éditoriale et de flot en proposant de les différencier par le contenu, la technique et le financement (Fichez, 2008, p. 4). En 1978, *Capitalisme et industries culturelles* (Huet et alii, 1978) a déjà tracé la voie d'une modélisation des diverses industries culturelles et médiatiques et, par la suite, il faudra compter sur les apports de *L'industrialisation de l'audiovisuel : des programmes pour les nouveaux médias* (Miège et alii, 1986).

Dans ce dernier ouvrage, Bernard Miège, au chapitre 2 de la partie « L'articulation des logiques » (écrit en collaboration avec J.-M. Salaün), précise que son projet consiste à dépasser le jeu d'acteurs pour « identifier des mouvements à la fois plus profonds et plus englobants » à travers la notion de *logique sociale*, « cette structure structurante/structurée qui organise les

---

[6] Le modèle éditorial concerne les industries de contenus : l'édition littéraire, musicale, de jeux vidéo et cinématographique. Sur un marché segmenté en genres et en formats, un producteur assume le risque de créer les valeurs d'usage, culturelle et d'échange, de marchandises culturelles qui viennent alimenter un catalogue de titres, dont l'équilibre financier repose sur la péréquation entre tubes et insuccès (cf. la dialectique du tube et du catalogue). Il entretient un vivier d'auteurs dont la rémunération est proportionnelle à l'exploitation de leurs droits d'auteur sur les différents supports existants. Entre indépendants et membres de l'oligopole, le marché est atomisé et accueille un grand nombre d'acteurs.

En regard, le modèle de flot correspond aux médias qui se positionnent sur un marché de masse au public indifférencié. La télévision, par exemple, exploite une grille de programmes. Les revenus ont deux origines : la parafiscalité (la redevance) et la vente indirecte, c'est-à-dire la vente à des annonceurs publicitaires d'une audience fidélisée aux moyens de programmes de flux (JT, talk-show, etc.) et de stocks (série, etc.) et de l'acquisition de droits de diffusion (films de cinéma, retransmissions sportives, etc.). La pérennité d'une telle entreprise nécessite le salariat permanent pour une bonne partie des employés, le free-lance étant possible par externalisation de certaines activités de production. Le modèle de l'information écrite se situe à l'intersection des deux précédents modèles et décrit le fonctionnement de la presse écrite.

pratiques des acteurs » (ibid., p. 60). Ces logiques sociales présentent surtout une « certaine stabilité temporelle, tout en se modifiant à la suite de l'intervention des acteurs sociaux et des institutions » (ibid., p. 61). Deux orientations majeures sont déjà posées. En effet, ces logiques sont considérées comme des « processus à longue portée ; elles ne sauraient être confondues avec les stratégies d'acteurs sociaux ou d'institutions, mais elles englobent ces stratégies et c'est en leur sein que celles-ci se développent » (ibid., p. 79). De plus, elles sont amenées à s'articuler (à « s'entrelacer », ibid. p. 78) et sont considérées comme malléables. L'auteur propose cinq logiques dans ce chapitre (ibid., p. 64) :

1°) la logique de l'édition de marchandises culturelles, qui deviendra le modèle éditorial ;
2°) la logique de la production de flot (informatif, distractif, culturel), le futur modèle de flot ;
3°) la logique de l'information écrite ;
4°) la logique de la production des programmes informatisés, dont on peut considérer qu'elle constitue le point de départ de la réflexion de ce qui deviendra la logique des compteurs ;
5°) la logique de la retransmission du spectacle vivant (y compris du spectacle sportif).

Mais ces logiques n'ont pas le même statut. Ainsi, « certaines d'entre elles résultent d'une histoire déjà longue (1,2,3) alors que d'autres émergent (4) ou sont en plein renouvellement (3) ». Les premières constituent des sortes de *Modèles*, « c'est-à-dire des ensembles cohérents et stables dont on peut assez aisément décrire le fonctionnement à partir de certaines variables les composant, et des relations unissant ces variables, quant aux secondes, on ne peut guère savoir si dans l'avenir elles gagneront en consistance ou si elles éclateront » (ibid., p. 79). De plus, il remarque que « deux d'entre elles (1 et 2) semblent jouer un rôle déterminant », et il souligne que c'est à l'occasion de leur affrontement que se constituent les industries de programme.

Ces derniers éléments sont primordiaux, car ils vont par la suite permettre de classer les propositions qui vont suivre (logique des compteurs, logique du club privé, logique du courtage informationnel), et d'en faire des déclinaisons des deux modèles génériques, éditorial et de flot, devenus pôles de référence. On l'aura compris : les modèles peuvent apparaître ici, tout en s'en distinguant, comme des logiques sociales devenues pérennes, dont la « critérisation »[7], sur laquelle nous reviendrons plus loin, semble indiscutable et inscrite sur la longue durée. Il convient de préciser quelques éléments à propos de ces nouvelles logiques, aspirant au statut de modèles, avec quelques considérations, ci-dessous.

La logique du compteur sera pleinement formalisée sur la base de la notion d'économie des compteurs formulée dans *Médias et communication en Europe* (Miège, Pajon, 1990, pp. 249–260). Prenant acte de la convergence et de la dérégulation des réseaux à venir, les auteurs soulignent la subordination de l'édition et de la production aux fonctions de programmation et de diffusion, la part grandissante de l'abonnement et du financement direct lié au temps de consommation, et la domination des opérateurs de connexion et de diffusion dans l'organisation et la facturation des services.

La logique de club privé prolonge ce constat en lui conférant un cadre interprétatif qui fera date avec la publication de *Télévision Deuxième dynastie* (Tremblay, Lacroix et alii, 1991). Les auteurs évoquent trois raisons interdépendantes à son apparition : « l'extension de la câblodistribution » conduit à « l'accentuation de la concurrence » et renforce « la convergence des logiques » de flot et éditoriale (ibid., p. 12), dont les différences tendent à s'estomper alors que la reproductibilité et la durée de vie des produits (programmes de stock, comme programmes de flux) sont étendues par la magnétoscopie et les rediffusions. Les règles du jeu du secteur sont ainsi redéfinies entre éditeurs, programmateurs et câblodistributeurs :

> « L'éditeur se préoccupe avant tout du nombre de copies vendues (ou louées) ou du nombre d'entrées au box-office. Le programmateur, de son côté, n'a d'oreilles que pour les cotes d'écoute. Le câblodistributeur ne se soucie quant à lui ni de l'un ni de l'autre. Il tient surtout compte du nombre d'abonnés. Il ne s'inscrit pas dans la logique de flot (même s'il distribue des produits de flot). Il ne suit pas non plus vraiment une logique éditoriale tout à fait orthodoxe. S'il est intéressé à offrir un catalogue attrayant à ses éventuels abonnés, il ne se soucie guère de compenser les pertes des produits qui ne marchent pas par ceux qui deviennent des best-sellers. Il ne paie pas pour les canaux qu'il distribue. En fait, le câblodistributeur suit une logique de club privé. Pourvu que les membres paient leur cotisation, il se compte

[7] Six critères définissent ces modèles : la forme, la fonction centrale, les caractéristiques de la branche, la rémunération du personnel de conception, la diffusion et l'origine des recettes, les caractéristiques des marchés.

> satisfait. Le consommateur paie un abonnement pour l'ensemble des services de base et éventuellement un supplément pour certains services spéciaux (les canaux payants). » (ibid., p. 14).

C'est cette « logique de distribution centrée sur la constitution d'un membership [...] qui domine le marché de l'audiovisuel forçant les deux autres à s'adapter » (ibid., p. 15). « C'est là la fonction historique de la logique de club privé, c'est-à-dire qu'elle transforme les auditeurs en consommateurs payants et agrandit progressivement la masse de ceux-ci en augmentant et en diversifiant les situations de paiement », précisent Tremblay et Lacroix (ibid., p. 156), qui identifient deux stratégies industrielles contingentes : à un « processus de privatisation-marchandisation de l'espace télévisuel » correspond « "l'autonomisation" des composantes des différents flots dialectiquement liée à la multiplication des flots » (ibid., p. 158) ; la multiplication des canaux spécialisés engendrant « la multiplication des clubs privés dans le club privé » (ibid.). Bien que ne reposant pas, en 1991, sur la « critérisation » originelle des modèles éditorial et de flot, Gaëtan Tremblay inscrit la logique de club dans cette représentation, finissant d'en établir la filiation (Tremblay, 1997, p. 20). Au « contenu durable » et « discontinu » de la logique éditoriale, ou « éphémère » et « continu » du flot succèdent pour la logique de club « tous les types de contenus » qu'ils soient « continus ou discontinus ». La « copie individuelle consultée ou reproduite » prolonge les « copies individuelles » éditoriales et le « prototype diffusé ». Le financement « direct et indirect » de façon indistincte devient la norme du club, alors que la « distribution » rebat les cartes de la « reproduction » et de la « diffusion ». Nous devons alors souligner l'importance de l'évolution de la fonction centrale, qui devient la distribution d'un contenu agrégé, et son corollaire : l'économie de bouquets.

C'est au bout du compte également ce qui caractérise le plus la proposition de *la logique du courtage informationnel*. Avec l'intermédiation et la figure de l'intermédiateur, c'est cette fonction centrale qui s'impose au nouvel écosystème étudié par Pierre Mœglin, qui développe cette logique, dès 1998, dans le cadre de ses recherches sur la médiation éducative. En s'appuyant sur les principes de fonctionnement des moteurs de recherche et de Google, ce sont la facilitation et la personnalisation du tri de l'information, de son accès, et de sa mise en forme, qui caractérisent cette nouvelle logique. Plus loin, cette logique irrigue par exemple les écrits de Rebillard et Smyrnaios (2019).

Ils soulignent la réintermédiation de l'information en ligne au sein de l'info-médiation et sa structuration par une logique de plateformalisation, encore très polymorphe et émergente. Erzt et Durif évoquent, quant à eux, les figures de l'intermédiaire facilitateur et de l'intermédiaire médiateur à propos des plateformes de consommation collaborative (Ertz, Durif, 2017, p. 44). Enfin, si Bernard Miège rappelle que « l'enjeu majeur autour de l'intermédiation dans les industries culturelles et créatrices porte sur la question des portails » (Jeanpierre, Roueff, 2014, p. 33), et que celle-ci affecte tous les modèles sans pour autant en effacer les spécificités (ibid., p. 35), il distingue au passage les « intermédiaires » à l'intersection entre créateurs et usagers, des « intermédiateurs » assumant une fonction d'intermédiation essentiellement au niveau de la diffusion-distribution, et les « intermédiacteurs », « ces acteurs monopolistiques de la distribution en ligne et des réseaux sociaux » (ibid., p. 31)[8]. Ce faisant, un nouveau cycle se décline : de l'économie du portail, propre à la logique du courtage informationnel, que nous aurions tendance à prolonger par une économie de la plateformisation, dont le modèle pourrait être celui de la mise à disposition, ou de la distribution diffusée (Masoni, Cailler, 2016, § 11).

2. Profondeur et actualisation des modèles socio-économiques

On doit souligner, tout au long de cette histoire de la constitution des différents modèles, un débat autour de la définition des logiques sociales et de ce qui fait modèle, ces deux concepts s'affinant au cours du temps. Le débat a ainsi porté à la fois sur la portée des logiques, en particulier sur leur caractère économique et/ou social, et sur l'opportunité de statuer sur l'existence de nouveaux modèles de référence, à la suite des modèles génériques, éditorial et de flot, issus de nouvelles logiques. Mais, pour Bernard Miège, ils ne peuvent être confondus, car les logiques sociales de la communication, en étant transversales aux modèles, permettent de relier production

[8] Pour l'audiovisuel, on pourrait, par exemple, illustrer la figure de l'intermédiaire culturel par celle d'un l'animateur de ciné-club, celle de l'intermédiateur par le rôle joué par des plateformes de financement participatif comme Ulule ou Kiss Kiss Bank Bank, et celle de l'intermédiacteur par Netflix ou encore Disney+.

et consommation, émission et réception (Miège, 2004, p. 127). Il insiste également sur la perspective « sociale » des logiques, qui tendent à repérer les faits de société pour en analyser les pratiques d'acteurs sociaux (stratégies, tactiques, etc.). Par ailleurs, le caractère idéal-typique (au sens weberien du terme[9]) des modèles génériques, éditorial et de flot, ne fait plus véritablement débat. Les « matrices » pour reprendre la terminologie de Lucien Perticoz (Perticoz, 2012, §5) ont pour déclinaisons « l'information périodique (news), l'économie des compteurs, le club privé, le courtage informationnel, les portails généralistes et spécialisés du Net » (Miège, 2014, p. 34). Le jeu d'articulations entre les logiques sociales de la communication « traditionnelles » et émergentes façonne donc ces matrices qui, une fois stabilisées, peuvent faire éventuellement déclinaisons des modèles génériques, la condition en étant certainement l'évolution majeure d'un ou de plusieurs critères les définissant.

Car un modèle est avant tout multicritères. Nous les avons déjà mentionnés (note 1) et leur évolution, voire leur hybridation, sous l'influence de logiques nouvelles, est cruciale dans l'articulation des modèles. De ce point de vue, Lucien Perticoz évoque l'apport de Pierre Mœglin et définit à sa suite quatre caractéristiques des « conditions de la régulation amont-aval des fonctions de conception, production, distribution, diffusion et consommation selon le type d'assurance contre l'incertitude adoptée par la filière dont chaque produit dépend » (Mœglin, 2007, p. 154)[10]. Le « mode de paiement des contenus produits » (Perticoz, 2012, § 13) nous invite à considérer les principes de valorisation et de monétisation (vente directe et indirecte, montée en puissance de l'abonnement, etc.), et donc le critère *Diffusion et origine des recettes* des modèles proposés par Bernard Miège. « L'interface entre, d'une part, les divers acteurs intervenant dans la conception et la promotion des contenus et, d'autre part, les spectateurs » (ibid., § 14) renvoie à la *fonction centrale* déjà évoquée, qui assure les conditions de mise sur le marché, nourries par la connaissance des publics, que le marketing et les algorithmes aujourd'hui renforcent. Le critère *Caractéristiques du marché* est aussi directement concerné. Les « spécificités du type de produit consommé

9 Il s'agit d'une catégorie expliquant les caractéristiques supposées d'un phénomène.

10 Plus précisément, les quatre caractéristiques évoquées par Pierre Mœglin (2007, p. 154) sont « le mode de paiement », « la localisation de la coordination », « la nature du produit » et « le mode de rémunération du travail créatif ».

selon le modèle considéré » (ibid., § 15) renvoient plus spécifiquement au critère *Forme*, mais interrogent aussi les *Caractéristiques de branche*. Enfin, on retrouve plus classiquement, les « modes de rémunération des différents acteurs intervenant dans le travail créatif » (ibid., § 16), et donc le critère *Rémunération du personnel de conception*.

Perticoz, ajoute « une cinquième caractéristique [qui] devrait être davantage prise en considération dans la démarche de conceptualisation de ces modèles : l'évolution des pratiques culturelles médiatiques » (§ 44). En effet, cette caractéristique (ou ce nouveau critère) nous semble fondamentale, tant l'éditorialisation des pratiques est au cœur des interrogations contemporaines, qu'on évoque les figures du téléspectacteur, *du binge watcher*, ou encore le *cord cutting*. Car c'est aussi la normalisation des usages transgressifs en nouvelles pratiques par les acteurs industriels, sous l'impulsion d'un cadre législatif et incitatif, qui est questionnée comme moteur de l'évolution des modèles génériques. Selon nous, c'est, par exemple, dans ce cadre, parfois expérimental et à l'aune d'une économie de soutien, que pour la webproduction, certains genres sont nés, ont suscité un certain engouement, pour ensuite être en partie abandonnés, comme le web documentaire contributif, et que s'est pérennisé, par l'expérience basée sur un certain nombre d'échecs, le concept d'« hyperdistribution » porté par Bruno Patino sur Arte. Pour faire modèle, il semble donc qu'au moins un de ces critères, ou qu'une de ces caractéristiques, soit amené à évoluer radicalement, devenant incontournable dans une logique sociale, en impactant les critères antérieurs. Les deux matrices des modèles éditorial et de flot, au cœur d'un dialogisme intrinsèque, seraient alors reconfigurées par ce jeu des critères.

Plusieurs critères ont en effet connu des évolutions notables, qu'il convient, sinon d'inscrire dans un nouveau modèle, tout du moins de retenir à l'occasion de nouvelles logiques. Pour autant, au-delà de la question de l'émergence d'un nouveau modèle de référence, l'impact de ce dialogisme doit être considéré plus en profondeur et s'appliquer aux critères. En effet, on retient trop rapidement, selon nous, la nouvelle occurrence du critère comme vecteur de questionnement théorique, alors que c'est le nouveau rapport de force intra et inter critères qui doit être interrogé. Ainsi, par-delà les nouvelles occurrences, on peine à épuiser certaines notions des modèles génériques. La notion de programmation, par exemple, se renouvelle sans cesse. Elle préexistait déjà dans le modèle éditorial à son inscription généralisée dans le modèle de flot. L'exploitation cinématographique en salle, aujourd'hui support vitrine suite à la mutation de sa distribution, s'appuyait sur un *line-up*[11], et des formes de « saisonnalisation » de la distribution des films bien avant la télévision. Cette dernière l'a inscrite plus fortement encore par un effet calendaire dans le modèle de flot, au croisement vertical-horizontal des cases horaires quotidiennes et hebdomadaires. Les bouquets ont modularisé cette programmation au travers des chaînes thématiques. La télévision connectée et sociale a développé une programmation multimodale (par exemple le multiscreen), tandis que les SMAD ont *granularisé* l'offre en listes de titres, tout en reconstruisant une programmation classique et crossmédia[12]. La constitution de catalogues de droits audiovisuels est plus que jamais au cœur des enjeux à l'heure de la concurrence entre plateformes. Les logiques, autant que les critères, dialoguent en se juxtaposant, en s'adaptant et en s'hybridant fondamentalement.

On pourrait pousser plus loin encore l'analyse en interrogeant les fondements théoriques des modèles comme la notion de valeur et ses évolutions à l'aune des nouvelles propositions des différentes écoles théoriques en économie. On peut citer les apports d'Olivier Bomsel (2010) avec le concept d'« utilité sociale » dans le cadre du marché expérientiel, ou encore André Orléan (2011), pour l'école de la régulation, et son concept de « valorisation boursière », qui peut faire écho aux répercussions du capitalisme informationnel sur le secteur audiovisuel.

Tout cela pourrait conduire à envisager, en plus des valeurs, d'usage culturel et marchand, la constitution d'une valeur symbolique particulièrement stimulante. Ce faisant, en soulignant les évolutions des modèles génériques confrontés à ces nouvelles logiques et à leurs nouveaux critères de fonctionnement, on devrait questionner la spécialisation dont les modèles génériques font l'objet au niveau de la filière. Le modèle éditorial semble se spécialiser en

11 On entend ici le catalogue de titres d'un distributeur programmé sur une période donnée (semestre, année).

12 Par exemple, les chaînes YouTube se construisent aujourd'hui autour d'une programmation calendaire, tandis que les plateformes de streaming proposent certaines de leurs séries, non plus dans leur intégralité, mais avec des épisodes hebdomadaires ou délivrés en lot, remettant ainsi en cause la pratique du *binge watching*. La télévision, quant à elle, organise désormais une programmation glissée : de la diffusion classique au replay jusqu'à la VàD payante en avant-première.

se sectorialisant sur la production de contenus au service d'une distribution largement prise en charge par le flot et le continuum des logiques sociales qui lui sont postérieures. Cette autre forme de déclinaison entre logiques sociales permettrait de mesurer les effets de la mutation de la distribution, et plus encore de l'intégration de la filière ou des filières audiovisuelles, et leurs effets sur les modèles génériques.

Conclusion : des modèles socio-économiques pour un écosystème de l'audiovisuel

Il existe de nombreux modèles en socio-économie. La modélisation est en effet au cœur des sciences humaines et sociales. Il convient cependant de se demander ce que les modèles socio-économiques et les logiques sociales de la communication sont et ne sont pas, et comment ils s'inscrivent dans cette offre théorique. Ils ne renvoient pas à des lois économiques comme la Loi de Baumol ou encore celle de Metcalfe pour les réseaux, dont les effets sociaux restent peu explicités. Il en va de même avec les grands modèles théoriques économiques, que l'on pense à la concurrence pure et parfaite reprise et exaltée par Friedman, ou à la théorie de la valeur travail chez Marx. « Si les modèles génériques sont effectivement de nature économique, ils s'inscrivent également dans un cadre d'analyse à la fois socio-économique, socio-technique et socio-symbolique » précise Lucien Perticoz (2012, § 9). Ils ne sont pas, non plus, des modèles d'affaire (ou *business model*), dont la portée est réduite à une vision systémique et synthétique de la création de la valeur ajoutée et des bénéfices. En outre, un même modèle socio-économique peut accueillir plusieurs modèles d'affaires en son sein, comme le modèle de flot auquel peuvent correspondre la télévision publique, la télévision commerciale, ou encore la télévision *premium* à péage. Ces mêmes modèles d'affaires sont mis en place et sont pérennisés ou infléchis sur la base d'une démarche stratégique, qui combine un ensemble de stratégies génériques de développement (de croissance, de diversification, d'intégration et de partenariat) et de communication.

Au même titre que le modèle, l'écosystème est un mot-valise et de nombreuses occurrences peuvent être convoquées. On se limitera à quelques-unes. Par exemple, pour Jean-Marie Charon, « la notion d'écosystème, pourrait avoir pour synonyme "système d'acteurs" de l'information destinée au public ». Le choix du terme « écosystème » correspond à un type de système d'acteurs dans lequel dominent des interrelations fortes et constantes entre l'ensemble des acteurs, plus nombreux et plus diversifiés dans leurs formes et leurs spécialités. « Un système d'acteur qui intègre et pense le ou les publics comme un ou des acteurs à part entière » (Charon, 2015, p. 11).

Éric Maigret interroge ce qu'est un média, et en reprenant Arjun Appadurai et ses « scapes » (Appadurai, 2001), pointe un « ensemble de flux en composition » intégrant les « *ethnoscapes* : les flux de populations (créateurs et utilisateurs) », les « mediascapes : les flux d'intermédialité (relations formelles entre les médias) », les « *technoscapes* : les flux de technologies des médias », les « *finanscapes* : les flux de capitaux », et les « *ideoscapes* : les flux idéologiques », « comme [autant de] lieux de navigation des individus » (Maigret, 2013, p. 41). Il approfondit de la sorte ce qui pourrait définir un *écosystème d'acteurs* et précise : « Les médias apparaissent alors comme des publics plus ou moins volatiles et concentrés, tant au niveau de la réception que la production, de petits ou de gros paquets de technologies, des professionnels qui font l'objet de migrations de la télévision au cinéma, qui vont sur les jeux vidéo ou la publicité, des fans accédant parfois aux entreprises en se professionnalisant, des dispositifs de sens circulant partiellement ici ou ailleurs, le tout subissant un ensemble systémique de contraintes qui font tenir ensemble une représentation non pas ultimement cohérente, mais simplement robuste. » (p. 39).

Nathalie Sonnac, quant à elle, propose dans la foulée des avancées en économie industrielle de s'emparer du concept « d'écosystème d'affaires »[13] (Sonnac, 2014, § 1) pour faire le point sur les recherches concernant les médias à partir du champ de l'économie des marchés à deux versants[14]. On peut noter que ce type de marché offre lui aussi une plasticité et une possibilité d'interprétation fécondes. De la sorte, Badillo et Bourgeois proposent une mutation du modèle traditionnel : le modèle PTD (Publicité-Trafic-Données), sous l'effet de l'idée (et non pas de la logique) de Googlization. Ils écrivent :

---

13 Caractérisé par des acteurs hétérogènes issus de différents secteurs d'activité ayant intérêt à promouvoir leurs standards technologiques respectifs, il relève d'une coopétition accrue.

14 Ce concept, largement discuté par Jean Tirole, s'appuie sur l'existence de deux groupes d'agents interagissant par l'intermédiaire d'une plateforme. Pour les médias, par exemple, les consommateurs (l'audience) consomment un programme des contenus proposé par un diffuseur, qui intègre dans la grille de programme les publicités d'annonceurs.

« En d'autres termes, l'information est un moyen de créer du trafic ; et le trafic permet non seulement de développer l'activité publicitaire, mais encore d'obtenir des données à forte valeur ajoutée. » (Badillo, Bourgeois, 2016, p. 57). Le modèle du marché à deux versants est donc lui aussi l'objet de tensions qui nous obligent à le réarticuler. Mais, pour revenir à Nathalie Sonnac, elle voit surtout dans la théorie des marchés à deux versants un « cadre conceptuel unificateur » (Sonnac, 2014, § 10) permettant de revisiter les modèles d'affaires à l'ère du numérique et de ses spécificités : économie de l'attention, désintermédiation, délitement des frontières entre professionnels et amateurs.

De même, les modèles socio-économiques sont devenus et restent plus que jamais, selon nous, un cadre significatif de lecture de l'écosystème audiovisuel. Parce qu'ils permettent de maîtriser les dimensions structurantes de l'écosystème ; parce qu'ils sont une description diachronique des critères d'existence des différentes industries culturelles et médiatiques et qu'ils fonctionnent par imbrication progressive, à la manière d'un ajustement par contamination « nécessaire » ; et parce qu'ils ne sont ni des modèles « désincarnés », ni des modèles d'affaires ou des dispositifs qui existeraient à un niveau « inférieur » de description (macro *vs* microéconomie). De la sorte, nous proposons une hiérarchisation des outils interprétatifs socio-économiques, permettant de décrire l'écosystème audiovisuel : des modèles socio-économiques découlent les modèles d'affaires, structurés sur la base de l'adoption de stratégies, et fondés sur l'émergence et la consolidation de dispositifs socio-narratifs (Masoni, Cailler, 2016, § 26). Ces derniers reposent sur trois dimensions (techno-narratives, narratologiques, et socio-narratives)[15], inscrivant la *Forme* et sa production-distribution dans une perspective diachronique approfondie d'interactions entre genres et formats d'un côté, et pratiques des professionnels et des publics de l'autre.

---

15 Les dimensions techno-narratives concernent les espaces et les lieux de la création, les nouveaux acteurs et principes de conception (ludicité, interactivité, immersion…), tandis que les dimensions narratologiques s'intéressent à l'évolution des formes narratives (délinéarisation fragmentation, nouvelles temporalités, …). Les dimensions socio-narratives (ludiques et critiques) identifient les formes de participations, de réagencement de l'auctorialité, et le jeu entre prescription d'usages et irruption alterna(rra) tives des publics. On pourrait d'ailleurs y ajouter les dimensions socio-économiques à proprement parler, qui réinscrivent le dispositif dans des modes de production (économie de soutien, remédiation de la programmation, nouveaux métiers, etc.).

Nous nous inscrivons ici dans ce que proposait déjà Bernard Miège avec les principales articulations entre industries (Miège, 1989, p. 197), indispensable complément aux modèles socio-économiques. Il déclinait alors les relations existantes entre les industries de réseaux (les programmes, devenus plus tard les contenus) (Miège, 2007, p. 230), les industries de matériels (appelés ensuite les outils), et les industries de réseaux, notant au fil des décennies la restructuration centripète de ces articulations par les réseaux. Cette hiérarchisation des outils socio-économiques, soumis aux nouvelles logiques sociales des SMAD, de la production-distribution amateure-professionnelle, et de la webproduction, nous semble ainsi pouvoir décrire au mieux l'écosystème contemporain de l'audiovisuel. À une condition cependant.

À propos des « modèles » économiques de la théorie néoclassique, André Orléan indique qu'ils « mêlent trois finalités qui demandent à être distinguées : dire ce qui doit être, dire ce qui est, et construire le monde » (Orléan, 2011, p. 356). Il nous invite à éviter l'écueil de la « fabrication » qui se réduirait à la possibilité de faire fonctionner [le modèle] pour, au contraire, privilégier la « confirmation par l'observation » (ibid., p. 370). Récusant la « souveraineté individuelle » dans la production des valeurs pour lui préférer l'idée d'une « production collective » (ibid., p. 374) des « forces sociales » (ibid., p. 370), il souligne enfin : « L'économiste ne saurait fabriquer ces forces [sociales], ni même les contrôler, car elles échappent radicalement à l'intentionnalité individuelle. On ne peut que tenter d'en percer les mystères par l'observation scientifique. » C'est, me semble-t-il, tout le projet de la modélisation socio-économique.

CHAPITRE III

Rescoping Screen Industries Research. Challenging the Parameters of the Field

Paul McDonald

Necessarily, screen industries research continually extends its scope. From one direction, this is visible in how research stretches to address changes occurring in screen industries themselves. For example, much current research grapples with the changing shape and conduct of screen industries as they navigate the affordances of digital technologies. This is maybe most obvious in the wealth of studies now addressing the impacts of video streaming services on commercial screen entertainment. Popularisation of streamers is requiring researchers to comprehend a sphere of cultural production defined by a new socio-techno-economic form, the 'platform', where the presence of new digital power players blurs distinctions between media and technology sectors, and the provision of bundled libraries of 'content' shifts the terms by which the commodity form of screen entertainment can be understood.

When addressing these or other contemporary developments, the scope of research extends in response to industry innovation: research changes because screen industries change. Undoubtedly, the research agenda must amend its scope if it is to adequately account for industry transformations. Yet with this chapter, I approach the extension of screen industries research from another direction, one concerned with how research innovation redirects or reframes our understandings of screen industries. Here, change occurs not because research is racing to catch up with changing industries, but because the conceptual and/or methodological interventions open new vistas onto how we see industries. If the first direction concerns the ontology of screen industries, extending the scope of research to capture transformations in the universe of changing industries, the second concerns the epistemology of screen industries, and how research perspectives, processes and practices change the ways in which we know industries.

Of course, the two directions are not distinct, for any act of knowledge production always creates the object it strives to know. Linkages certainly exist between the two, for producing accounts of new industrial arrangements, structures, practices, and players may very well demand advancing new conceptual frameworks and methodological approaches. Still, there is good reason to see how research innovation can be separable from industry innovation. Advances in research do not necessarily have to be catalysed by transformations in industry, and revisions in perspective might equally stimulate reworking our knowledge of industries in historical as much as contemporary contexts.

To illustrate this argument, this chapter considers how the adoption of certain perspectives in screen industries research productively problematises our ways of seeing the research object. Briefly, the chapter critically assesses how, over the last decade or so, research conducted under the rubrics of 'production studies' and 'informal media economies' fruitfully encourage researchers to revise ours accounts of screen industries. Each approach has produced interesting insights into specific industry contexts, but the concern here is to assess how these interventions rescope the parameters of what is seen and how it is seen in screen industries research. Undoubtedly, both deserve of far more consideration than is possible here, but rather address either in isolation, the purpose in bringing these together is to foreground how both question the version of screen industries produced in screen industries research. With this aim, the chapter therefore adopts an expressly metacritical purpose: it does not offer an account of screen industries must rather critically assesses how certain lines of enquiry offer foundations for productively exposing and pushing beyond the limits of how screen industries are conceptualised in critical academic research.

1. Production Studies and Viewing Industries-from-Below

In academic research, but also trade reporting and popular news coverage, commentary on screen industries frequently features a number of high-level abstract constructs: 'the industry', 'the market', 'the company', or 'the studio'. These are abstractions for they operate at a level of vague generality: what is being spoken of, for instance, if talking of 'the Brazilian film industry', the 'European streaming market', or 'Hollywood'? Screen industry discourse appeals to these and many other abstractions for they are very necessary, offering a practical shorthand for talking about overarching macro-organisational forms and economic contexts. While highlighting these abstractions, this chapter is not exempt; indeed, abstraction seems inescapable as a necessary means for enabling us to talk about screen industries at all. Yet the purpose of drawing attention to these vagaries is to shed light on the implicit or unacknowledged presumptions bound up with using such constructs in producing knowledge of screen industries, and most importantly how these conceptually and perspectivally frame our understandings of those industries.

One of the framings to emerge is how the production of knowledge about screen industries excludes or marginalises the social, or most fundamentally, the human element. Something as simple and innocent as citing the name of a single company has profound effects on framing how we choose to know and see industries. When proffering a company name – e.g. 'Netflix' – there implicitly seems to be the presumption that corporations can meaningfully be spoken of as unified, totalising entities. Once named, a corporate entity can be ascribed its own agency, becoming a kind of character or actant, capable of doing things in narratives of industry – e.g. 'how Netflix decides what to keep and what to cancel' (emphasis added Mensah 2023) – and even possessing a voice that is able to speak: 'In 2018 Netflix announced that an Avatar: The Last Airbender live-action remake was in the works' (emphasis added, Betts n.d.). In this discursive turn, industry commentary promotes a kind of anthropomorphisation of screen industries, endowing corporations, and at the higher level the industries they form, with human capacities. Industry is portrayed in quasi-human terms while at the same time removing discussion of the actual human element. Companies, not people, are presented as the beings making industries work. Yet, how can the 'industry', 'market', or 'company' even exist without human action? While where studies screen industries place their emphasis on 'labour' as a counter to reading industries purely in terms of the interests of 'capital', the term still seems to have the unintended effects of avoiding the need to talk about people.

Where the human is referred to, discussion is usually limited to citing the acts of senior executives (CEOs, Heads of Production, etc.) or the most high-profile creative practitioners (e.g. producers, directors, etc.). Consequently, screen industries are viewed through the inputs of business or creative elites. This is a vantage point appearing in many studies of screen industries. In some accounts, elite individuals are presented as embodiments of an industry, for example histories of major structural transformations in the Hollywood studio system are attributed to the visionary managerial interventions of Adolph Zucker, and later, Lew Wasserman (Gomery 2005). Equally, this trend continues into discussions of contemporary screen media, for example where an aspect of Netflix is maybe explained by uncritically deferring to authoritative comments from chairman Reed Hastings or co-CEO Ted Sarandos.

An alternative framing of industry emerges from the work of researchers who have adopted anthropological fieldwork, specifically ethnographic observational approaches, to analyse media industries. Observational accounts of the film industry are decades old (e.g. Rosten 1941; Powdermaker 1950). During the 1970s, there was a mini wave of UK-based researchers going into the 'field' to produce studies analysing the processes and conditions involved with producing television series (e.g. Elliott 1972; Golding and Elliott 1979; Schlesinger 1978). Maybe because this work appeared before the large-scale institutionalisation of media academia in Anglophone territories gained pace, these and similar contributions didn't acquire a label as a distinct seam of enquiry. It is maybe only in the last ten to fifteen years, therefore, that this form of analysis has acquired terminological definition under the heading of 'production studies'. Rather than resort to high-order abstracts that explain industries by excluding human input, production studies are committed to 'bringing the social back in' (Mayer 2009), placing human actions, behaviours, and belief systems at the centre of analysis. As a conceptual and critical intervention, production studies 'ground' social theories by showing us how specific production sites, actors, or activities tell us larger lessons about workers, their practices, and the role of their labours in relation to politics, economics, and culture' (p. 15).

By prioritising grounded specificity, investigations in the production studies tradition can appear highly individualised and unique, although there are definite overarching principles guiding such work. These are now well known, yet it is worth reviewing them here for how those principles combine in forming an alternative epistemology of screen industries. First, by centring the human, production studies follows the anthropological impulse to study human-made cultures. On one sense, this means examine how people engage in the production of media culture, but equally the intention is to explore media 'production as a culture' through attending to

> how media producers make culture, and in the process, make themselves into particular kinds of workers in modern, mediated societies... look[ing] up and down the food chains of production hierarchies, to understand how people work through professional organisations and informal networks to form communities of shared practices, languages, and cultural understandings of the world.
>
> (Mayer, Banks and Caldwell 2009: 2)

In the most general of terms, these are 'cultural studies of media production' (Caldwell 2006). Secondly, production studies address the human component of screen industries on particular terms. Instead of reading industries through the actions of individuals in the top echelons of creative or managerial hierarchies, whose elite standing by definition is unrepresentative, production studies throw light on the working lives and worlds of the larger population of media professionals. In what is both an epistemological and a political gesture, production studies not only recognise the broader population of screen industry workers, but up-end hierarchies by purposefully prioritising attention to, in the parlance of the screen industries, 'below-the-line' workers. Attention to the 'ordinary' population of media workers is echoed in the kinds of activities studied, for to read media production as a culture, research is directed towards examining the regularised, quotidian, everyday conduct of media industries rather than exceptional, 'dramatic' moments of transformation or disruption.

Inevitably, the anthropological impulse has methodological implications for how research is conducted. To capture the ordinary and everyday researchers draw from the ethnographer's toolkit of interviews and participant or non-participant observation. Most usually, however, a mixed methods approach is employed, integrating primary fieldwork with desk research that variously uses resources such as trade paper reporting, published interviews, industry statistics, and policy documents. These materials have a variable status, being used as either secondary sources of information, or as primary data for critical analyses of how published discourse construct forms of knowledge and belief in the cultures of media production, and the forms of power articulated through these.

In terms of the everyday worlds investigated and the methods used, production studies are premised on viewing screen industries 'from below'. High-level macro perspectives are eschewed in preference for 'microstudies of industries' (Drake 2022, 98). This, however, returns us to a criticism persistently raised in relation to the uses and value of precisely focused fieldwork. Across the social sciences, ethnography is valued for producing 'thick' rich qualitative data on patterns of human life, but a persistent criticism is that the depth and specificity of findings prevents more generalizability, for a lot appears to be known about very little. So, what is the value of such research? A general question for ethnography is 'how, as researchers and readers, we are able to generalise from findings about particular situations studied to conclusions that have such general relevance' (Hammersley 1992, 85). As a question for ethnography overall, it equally applies to ethnographically informed media production studies. To appreciate the value of production studies, it is important to note the goal is not simply to arrive at a deeper and more granular account of what is known or visible at higher levels. Rather, work in this tradition holds most significance when knowledge gained of micro level everyday practices delivers insights that demand we review accepted macro level theories or presumptions.

> It is this connection, between the micro contexts and the macro forces, which illuminates the social implications in an otherwise narrow case study and modifies the grand claims that have become commonplace regarding the role of media in society.
> (Mayer 2009, 15)

Instead of offering broad-based accounts of industries, cases studies are preferred as the starting point from which to extrapolate upwards to wider ranging insights about the cultures and conduct of screen industries. A fourth, and arguably most important principle for production studies, is therefore using fieldwork for producing well-grounded insights that problematise and potentially challenge existing ways of knowing industries.

In the spirit of taking the specific to reflect on the general, let's see how one body of field work on media production disrupts the wider body of knowledge. 'Globalisation', 'global media', 'the global film market' stand amongst the grandest abstractions of media discourse. Accounts have shifted from the centre-periphery power asymmetries of the 'cultural imperialist' thesis (Tomlinson 1991), towards the modelling of decentralised, multi-directional flows (Thussu 2007), and analysing the complex hybridity of cultural forms (Kraidy 2005). How, and what might, studies of media production cultures contribute to this discussion? Although never expressly aligning herself with the production studies tradition, Tejaswini Ganti's ethnographic analyses of film production in India bear the same characteristics. She argues 'ethnographic analysis is inductive, generating assertions and conclusions based on the context being studied and the perspectives of the researcher's interlocutors, ethnographic writing aims to animate and make alive a particular sociocultural world for the reader' (Ganti 2020, 184). Influenced by anthropologist and ethnologist Bronisław Malinowski's call to explore 'the imponderabilia of actual life' (original emphasis, 1922/2014, p. 18), Ganti (2020, 183) argues 'Paying attention to what people do, in addition to what they say, illuminates industry norms and expectations about appropriate or desirable practice'. From attention to the micro-level actions and beliefs of individuals, she therefore extrapolates broader insights into industry norms, protocols, and operational logics.

Ganti's work covers a lot of ground, but this discussion briefly dwells on her research into the processes and labour of dubbing Hollywood films into Hindi for the Indian market. In many respects, at even a broad national level, the film market in India represents a counter to arguments concerning American cultural imperialism, for at the theatrical box office at least, even the most commercially successful films imported from Hollywood capture smaller gross ticket revenues than domestic production. For example, in 2019, War (gross US$45.3m), Kabir Singh (US$39.6m), and Uri – Surgical Strike (US$34.8m), the three highest grossing Indian productions, each sold more tickets than the respective Hollywood imports, Avengers: Endgame (US$44.2m), The Lion King (US$21.9m), and Spider-Man: Far from Home (US$13.1m). Indian productions accounted for an 87 % share of the box office, and in a nation and market well known for its linguistic plurality, Hindi is the language of advantage, for Hindi-language films represented a 43 % share of the total box office despite only forming 14 % of all films released (EAO 2020, 55). If they are to achieve commercial success, releases from the Hollywood majors must negotiate their relationship to the cultural and linguistic demands of the Indian market. Consequently, Hollywood imports are released in the original English language, but also in multiple dubbed versions, with Hindi dubs often capturing the largest proportion of revenues.

This situation provides the macro-level context for Ganti's work. Using on-the-ground observational and interview research conducted during 2016 and 2018 at a dubbing studio in Mumbai, Ganti provides an account of how multiple personnel – Indian-based Hollywood executives, dubbing directors, creative supervisors, writers of dubbing scripts, sound engineers, and voice artists – input to the dubbing process. Interviewing and observing dubbing professionals, Ganti constructs a rich account of a working culture where all parties agree straight literal translations from English to Hindi cannot work. With literal translations, the resulting language is formal and stilted, sounding too much like a dubbed film to be favourably accepted by audiences, and disjunctions can be witnessed between lip movements seen on-screen and the words spoken in the dub (2021b, 53). Consequently, local practitioners prefer to think of their work as 'transcreation' (2021a, 213), creatively interpreting and reworking the original English-language material to produce new language tracks. Technically, this involves everyone working to achieve phonetic and kinesic synchrony (respectively, lip-synching and matching the gestures and expressions of actor), but also isochrony (i.e. ensuring the length of Hindi dialogues matches that of the speech seen on-screen) (2021b, 60). Achieving these goals makes demands on the skills of scriptwriters but also the performative abilities of voice actors. Additionally, a degree of creative reworking is needed, for direct translation of individual words or colloquial phrases may be unintelligible or even offensive to local audiences (pp. 50–51). Scriptwriters and voice artists therefore make necessary changes. To further make the dubbed version relatable, details in the original maybe substituted by cultural references familiar to local audiences, maybe in the form of quoting familiar lines from well-known Hindi films or citing popular songs (2021a, p. 216). Such can be the extent of changes made that one interviewee claims 'You're almost creating a new film' (quoted in 2021b, 57).

Alongside these practical actions, the fieldwork also sheds light on beliefs and judgements shared amongst the professional culture. To a great extent, creative decisions and actions are based on assumptions about the linguistic capabilities and tastes of the people likely to see the finished film, producing 'audience imaginaries', 'discursive constructions of the vast filmgoing public as opposed to actual socially and historically located viewers' (p. 50). There is a common perception that Hollywood films in their original language hold greater prestige as 'niche commodity[ies] catering to an English-speaking urban elite... circulat[ing] in upscale multiplexes in the urban centres of India', so versions dubbed to reach larger non-English speaking, possibly uneducated, audiences in provincial areas, represent a loss of value (p. 59). At the same time, in transcreation, a certain degree of professional autonomy and pride emerges from how practitioners articulate their want to create a product of their own that at least equals, and possibly exceeds, the aesthetic achievements of the original (p. 57).

Ganti's work is anchored in the actions and beliefs of just a few individuals working in one Mumbai dubbing studio. So, what bigger insights might be gleaned from this case? Descriptively, the work outlines a range of granular micro-, even minute, actions facilitating macro-level transnational exchanges of screen content. Conceptually, the fieldwork provides grounded material to complexify and challenge theories of media globalisation. Attention to the agency of particular media workers provides substance for problematising divisions between the abstracted constructs of 'Hollywood' and 'Bollywood'. Through transcreation, Hollywood films cannot be read as imported finished content, dumped onto local audiences, for they are partially remade in response to local intelligibility and taste. This is not surprising, for it is well-known the transnational travelability of films and television programming is contingent upon local adaptation. Any talk of 'localisation', however, just becomes another abstract construct in screen industries research if not grounded in specific actions. We might therefore interpret Ganti's work as presenting an account of what could be called lived, even embodied, localisation, i.e. how local adaptation is not only made by actual media professionals, but more precisely, in the case of voice artists, enacted through their voices and bodies. As transcreation exceeds literal translation, questions need to asked to what extent the finished outputs of Hindi dubbing maybe classed as a Hollywood or Bollywood film. Consequently, as Ganti notes: 'What becomes apparent is that a focus on audiovisual translation, such as dubbing, challenges conventional understandings of media industries and cultural imperialism, and disrupts nation-bound understandings of film industries' (2022, pp. 330–331). Rather than accept 'Hollywood' or 'Bollywood' as known or settled categories, 'an anthropological approach to the study of film industries… examine[s] the people, practices, discourses, and methods involved in constituting these categories and investing them with meaning' (2021b, p. 59).

2. Intersections and Interdependencies Between the Formal and Informal in Media Economies

In screen industries research, there is the unacknowledged consensus that the object of study is a realm of productive and economic activity fully represented by business units ('companies'), employing skills workers ('professionals'), exchanging goods and services ('markets') in accordance with applicable laws and regulations. Commonly adopted in an unreflective and uncritical manner, it is important to unpack the many presumptions embedded in this vision of media industries and markets.

By formally registering for business purposes, companies become legal entities bounded by a range of obligations. Workers maybe hired through the job market, although equally its well known that in media industries, as in many parts of the cultural sector, work opportunities may frequently be gifted through personal contacts or nepotism, based on who you know rather than what you know. Either way, in theory at least, terms of employment will be agreed and documented through permanent or short-term contracts setting out legally binding rights and obligations for employee and employer. As part of their legal commitments, employers will operate a payroll system, through which individuals are remunerated and deductions made to ensure both employees and employers fulfil obligations to the state for paying taxes. Additionally, a company's tax liabilities will include payment of corporation taxes on revenues and sales of assets. To record and keep track of this myriad of transactions, its essential the company maintains an efficient bureaucracy. Consequently, one output of media companies regardless of specialisation is the production of financial data to inform internal decision-making, or as evidence for auditing by external authorities. Consequently, by keeping everything 'on the books', accountancy becomes a form of self-representation by which the company makes itself known and knowable. Companies in the media sector vary considerably by size, but an 'industry' takes form as aggregates of these corporate entities collectively coordinate their activities in producing or supplying products and services for sale. By offering those outputs for commercial exchange, a market forms as an arena of multifarious transactions, with conduct regulated by the rules of trading standards, competition or anti-trust laws, advertising standards, and consumer protections. Media markets present participants with a paradox, for to gain commercial value, media outputs must be made publicly accessible, yet at the same time it is necessary to have the means to exclude non-paid access. Management of the access/exclusion dialectic can be attempted in part through technological mechanisms, although for media markets, copyright or author rights systems importantly afford industry participants legally enforceable rights and protections over the works they create and circulate.

In media research, these and other presumptions coalesce in constructing a dominant vision of screen industries and markets. It's easy to understand why, for these conditions are pervasive and characterise large swathes of media creation and commerce. Yet, it is a repeated and enduring characteristic of screen media, and indeed of all media, that from the very earliest stages of their emergence and commercial exploitation, parallel forms of creation and exchange emerge which are unauthorised, untaxed, unregulated, and undocumented. Over the last decade, critical studies of 'informal media economies' have therefore extended the scope of media research by purposefully seeking to recognise and examine the dynamics driving this 'other' realm of media (Lobato and Thomas 2015; Zhao 2019). From this direction, research focuses on spheres of productive, distributive, and commercial activity that, to varying degrees, exist outside of state and legal oversight. Here, media theory borrows from the discourse of early 1970s development economics, where 'informal sector' described legitimate and illegitimate income-generating activities conducted by urban sub-proletariat communities in the 'developing' world outside the framework of official institutions (Hart 1973 and 1985). Subsequently the idea was reinterpreted and extended to recognise the presence of informality amongst the destitute and entrepreneurial within advanced capitalist economies (Castells and Portes 1989).

Regarding screen media, informal economies might be most readily interpreted as referring to 'piracy', the colloquial and rhetorically charged term for describing multiple practices that infringe copyright. This is a vernacular that draws a stark binary between activities complying or not with intellectual property law. Studies of informal media economies problematise that division. Rather than view activities stigmatised as piracy as some form of supplementary or anomalous 'other' existing in parallel with but apart from legally authorised, copyright compliant culture, media history repeatedly demonstrates how forms of unauthorised use and exchange have been both pervasive and actually intrinsic to the formation and evolution of media industries, markets, and cultures. Indeed, 'film piracy is as old as cinema itself and needs to be understood as an inherent feature of audio-visual distribution rather that an aberration' (Lobato 2012, 70).

While piracy offers an obvious case, it would be mistaken to presume copyright infringement represents the entirety of informal media economies. Informality is not a synonym for illegality. For example, we might class consumers selling old DVDs at a car boot sale as informal, for buyers become sellers, cash-in hand transactions are not formally tracked or documented, remaining invisible to statistical reporting, and income from re-sales are not subject to taxation. Yet resales of physical media are not illegal. For example, in US law, the 'first sale doctrine' expressly limits the rights of IP owners in order to permit consumers to resell copyrighted, trademarked, and patented products they have purchased. Authorised resale of physical media offers just one example of how the commercial life of screen media extends significantly beyond the scope of transactions formally recording in market statistics.

Equally, screen industries are sustained by the labour of many individuals whose contributions are not recognised as part of the professionalised workforce. Memberships to guilds, unions, or other professional associations, plus media award accolades and industry surveys, all recognise freelancers and salaried employees directly engaged in media work as belonging to the media workforce. Yet, holistically, the range of tasks and volume labour required to sustain screen industries extends beyond this professional population. Impermanence in media employment caused by short-term project-based assignments, or 'flexible' workflows ramped up to meet deadlines, ensure the working lives of media workers impact on their private lives. A spill over effect is therefore reliance on the good services and favour of personal support networks, possibly in the form of the paid or unpaid labour undertaken for childcare. In which case, such work is very necessary to the running of screen industries, and so is part of the holistic media workforce, yet remains undocumented, essentially invisible, and very possibly is not contracted with pool or no remuneration. Even the formal economy of screen media therefore relies on an extensive pool of informal labour.

As these examples already suggest, formality and informality are not separable and distinct. As Ramon Lobato and Julian Thomas (2015, 4–5) argue, in media as in other sectors, formality and informality not only interact or intersect, but are mutually interdependent. Lobato and Thomas's intervention has implications for the study of screen industries, although their main objective is encouraging a more expansive or enlarged understanding of 'media economy' 'to refer not just to media companies and the commodities they produce, but also the vast web of non-industrial activity (including non-market, domestic and criminal activity) around them' (p. 5). This rescoping demands

> imagin[ing] the media economy as a complex system, including not only firms, producers, institutions and consumers, but also lobbyists, fans, minimum-wage workers, criminals, hackers, pirates, developers, policy wonks, free riders, geeks, street vendors, activists, enthusiasts, technicians, and many others. (p. 173)

To conceptualise variations in those interactions and interdependencies, Lobato and Thomas pose a 'spectrum of formality' along which different formations of media economy, industry and culture can be positioned (p. 19). At the formal end sits the kinds of legally regulated enterprises and activities commonly assumed in the model of screen industries outlined earlier. At the other end are activities and entities engaged in media creation, circulation or exchange, but which remain unregulated, undocumented, and possibly extra-legal or illegal. Defined by copyright infringement, commercial media piracy sits towards the latter pole, yet represents only a part, not the entirety, of the informal media economy.

For the purposes of the discussion here, the ease with which tangible examples of intersections between formality and informality can be identified across the spectrum presents a persuasive need to rescope our presumptions about the contents and parameters of the screen media economy. Still, there a danger in proposing any spectrum that this results in binary thinking, bifurcating formal and informal as opposite and therefore separable domains. Lobato and Thomas therefore expand and nuance their model in a series of ways. First, they foreground how the informal permeates the formal, and vice versa. For example, in screen industries, its widely acknowledged that employment doesn't conform to formalised practices of recruitment, including observance of equal opportunities protocols, but instead can be determined by nepotism or dependence on the informal dynamics of 'who you know, rather than what you know'. Conversely, even commercial media piracy depends on the highly formalised mechanisms of banking and credit card payment systems.

As those examples already suggest, secondly, 'formal' and 'informal' do not constitute monolithic blocks. Multiple factors contribute to and inflect how formality and informality take form. To recognise component variables, Lobato and Thomas advocate disaggregating formal/informal intersections into factors such as labour, taxation, or de/centralised control (pp. 24–27). Identifying how informality materialises in multiple ways for one screen economy, Jade Miller describes how

> The basic intersecting constituents of informality in Nollywood ... are understood to be 1) not documenting sales or most other distribution figures in any publicly accessible or externally scrutinisable fashion, 2) not utilising prosecutable legal contracts for employment or other business relationships, 3) not using agents or other formal inputs such as accredited schools for talent recruitment, 4) not pursuing copyright violations via legal frameworks, and 5) privileging undocumented financing and distribution networks and spurning alternatives.
>
> (Original Emphases, 2016, 31–2)

Interactions between the formal and informal are woven throughout all screen industries, although for Miller, Nollywood is maybe distinguished by being 'predominantly informal as opposed to the fragmented informality that characterises many other global industries' (original emphasis, p. 32). Reflecting on Miller's account, so widespread is the absence of certain features we might routinely expect to feature in accounts of screen industries or economies, we might ask, is Nollywood in fact an industry? Yes, for despite the lack of documentation, contracts, training supports, and copyright observance, what remains is an arena of activities and participants effectively coordinated in undertaking cultural production and exchange. The example constructively invites us to critically interrogate what we presume constitutes 'industry' as a research object.

Intersections between formal and informal are never fixed or settled, but open to change, and a third matter to consider is the dynamic temporality of media economies (Lobato and Thomas 2015, 27–29). Accepting the presence of the informal in the formal, and the formal in the informal, has implications for how we write histories of screen media. We might presume an industry or market initially emerges in a 'primitive' informal state before 'maturing' into full-blown formality, moving from one pole to the other across the spectrum. Yet such a view would hold a number of implications that need challenging. It is vulnerable to teleological thinking, with component factors in media economies assumed to be all pulling in one-direction towards inevitable and full formalisation. Overlooked in such an assumption is how the direction of travel can always reverse, with elements shifting across formalisation, to deformalisation or reinformalisation, and then back to reformalisation. To a certain degree, the account of Nollywood popularly repeated from many quarters – massive levels of production output, using basic video technologies, financed by small budgets, with distribution facilitated to a great extent by rampant piracy of storage media formats – arises from video film age that commenced in the 1980s. This still holds some relevance, but insufficiently accounts for an economy undergoing corporatisation (2018) and professionalisation or gentrification (Ezepue 2020 a and 2020b). Together, these trends may suggest Nollywood has been transformed by large-scale formalisation, yet totalising claims are best avoided in order to recognise disjunctions in the degree or direction of change, for example as anti-piracy initiatives by the Nigerian government have has little impact.

On a related note, informality should not be seen as a temporary condition of screen industries that have yet to catch-up with the modern 'state of the art'. 'Many informal systems are thoroughly modern in the sense that they take full advantage of – and are enabled by – changes in digital technology, patterns of economic integration and leading-edge consumer behaviour' (p. 29). In Nigeria, opportunities to exploit the affordances of digital technology for film distribution exist across the formal/informal spectrum, from the presence of transnational (Netflix) and domestic (iROKOtv) streaming services, to unauthorised downloading via peer-to-peer networks, USB sticks, and phone-to-phone transfers using Bluetooth or FlashShare (Miller 2021). Furthermore, there is the implication that informality is extricable from formality, becoming eradicated over time, yet the fundamental dynamic of interdependency suggests pure states of formality or informality can't and won't exist, only 'many shades of grey' (p. 23). Finally, here, as in other works, Nollywood is used as a convenient, go-to example for highlighting the prevalence and importance of informality in screen media. Yet, repeatedly turning to this or other examples from the Global South can lead to an ethnocentric presumption that informality is only a characteristic of 'developing' screen industries, industries that haven't yet, but inevitably will, achieve formalised, regulated organisation. Avoiding this viewpoint necessitates a commitment to recognising informality as an intrinsic and persistent presence in all screen industries.

Conclusion: Destabilising the 'Screen Industries' of Screen Industries Research

With this chapter, the purpose has been to present a metacritical exposition of how two perspectives productively stretch and strain the version of screen industries commonly invoked in media research. Production studies address the object of screen industries 'from below'. What is seen from below, however, is not just the micro-workings of a larger industry object. Rich ethnographic data produces the substance for disputing some of the grand abstract constructs of screen industries research. Equally, recognising multiple ways in which intersections between formal and informal economies materialise disrupts the boundedness of screen media industries. Expanding the purview of 'media economy' should encourage critical self-reflection on the choices we make on what to include in our accounts of the 'industry' of screen media. Each of these approaches offers lines of enquiry to profitably animate the field of screen industries. When outlining these frameworks, its recognised both individually have significance and value, yet the larger objective is to take these as just two of many possible ways into recognising how innovations in research perspective and method should not only transform how the see screen industries, as if there is a stable and known object we just need to view differently, but also what we see. There is everything to gain from continually destabilising the presumed object of screen industries and all media research.

A Critique of the Auteur Paradigm in Producer Historiography: Towards a *Politique des producteurs*

Christopher Meir

The producer remains a stubbornly elusive figure for many in the field of Cinema Studies, even after the emergence of Media Industry Studies as a parallel and intersecting subfield. This elusiveness is frustrating given the importance of this figure to virtually all aspects of film production and circulation, even while producers themselves are simultaneously not directly responsible for the direction or writing of a film. Perhaps no producer has been more emblematic of this paradoxical all-encompassing and yet intangible influence than Irving Thalberg, who famously never took on an on-screen credit but who also, as Thomas Schatz has influentially demonstrated, was the most important figure in shaping MGM's output during the early days of classical Hollywood (1988, 29–47). Making the project more difficult is the animosity that one has traditionally found in Cinema Studies and elsewhere towards the producer as a vulgar and greedy figure who exploits the creative talents of the 'real' artists in the film industry, a figure that is embodied by famous film characters such as Jack Palance's Prokosch in *Contempt / Le Mépris* (Jean-Luc Godard, 1963) or more contemporary, real-life figures such as Harvey Weinstein who was notorious for re-cutting directors' films, cheating them on business deals, and sexually exploiting many of the women he came across in the business. By dwelling on figures like this, film historians have overlooked, undervalued, and even unfairly heaped scorn on a large and diverse group of important film-makers.

This was a problem that Andrew Spicer, A.T. McKenna and myself sought to address with a scholarly collection published in 2014, which aimed to rehabilitate the figure, and to offer case studies of important film and television producers from around the world and throughout film history. Underpinning these case studies was a theorisation of the role of the producer that drew on Pierre Bourdieu to argue that the producer was best understood as an 'intermediary' in various senses of the word, but most centrally between the financial aspects of film-making and the creative ones, hoping to find a balance between the two that will allow for creative film-making that is financially sustainable and perhaps even profitable (2014, 10). In the years that have followed the publication of the book, work for the co-editors of the book notwithstanding (e.g. Spicer 2019, McKenna 2016, Meir 2019), two patterns of representing the producer have persisted in Film Studies. The first of these is to continue seeing the producer as a villain of sorts who embodies the worst aspects of the financial side of industrialised film-making, heaping commercial pressures on artists and exploiting their labour for financial gain. The second tendency is one which goes to the other extreme and seeks to celebrate individual producers as 'auteurs' who exert great creative influence over their projects. Whereas the first tendency is prone to heavy-handed, often damning critiques of the producer, the second celebrates them, often in uncritical, hagiographic terms.

Between these two extremes remains a third possibility. Instead of measuring the producer against the figure of the auteur director, we can see them simply as producers, intermediaries with limited abilities to control either the financial or creative sides of film-making, but who work in the hopes of being able to find the right balance that protects directors, writers, actors and other artists while also ensuring that they work collaboratively with one another and with financiers, distributors, and other commercial agents. As part of such a project, it could even be productive to construct a canon of 'great' producers, and to follow a historiographical *politique des producteurs*. By focusing on collaboration and balance rather than Romantic individualism, such a paradigm could hopefully avoid the many excesses that were seen in the heyday of auteurism in which the *politique des auteurs* of the *Cahiers du cinéma* was dubiously translated into English by Andrew Sarris as the 'auteur theory' (2004), and subsequently became a form of hero worship for what were presented as infallible, almost always male directors.

This chapter will seek to both debate some recent examples of producer historiography while also outlining what value a *politique des producteurs* might have for our understanding of the producer's labour. To do this, I will focus on three examples of contemporary film producers who I argue fit the bill as 'great', or at least very significant producers: Kevin Feige, Christine Vachon, and Sidonie Dumas. All three of these producers have long careers in the industry and have produced numerous important films and, significantly for the period under consideration, television series, often doing both in conjunction with the streaming platforms that have become such important players in the industry. Each has also been influential in terms of making films that are considered successful financially and with critics and film historians, and have also experimented with artistic forms and/or business models that have been influential on the broader industry. Finally, as something of an antidote to the uncritical celebration found in the auteur tradition, they have all made missteps or played some part in developments in the industry that are problematic for some. In short, they are fallible and their mistakes are also revealing about the nature of film producing. As a final note, each section of the chapter will be self-contained and will conclude with a rationalisation for that producer fitting into a prospective canon of producers who have changed the film industry while also producing successful and important films and series.

1. The Studio Producer Today: Kevin Feige and the MCU

> Kevin Feige might not have a spidey sense or adamantium claws, but he has an almost superhuman ability to conjure runaway hits. (Lang 2019)

> Kevin Feige is very good at his job and has been incredibly successful as an executive at Marvel and Disney. But he is not a creative worker and he does not come from the ranks of the tens of thousands of actors, writers, editors, composers, visual effects artists, and more who populate the media industries and drive creative production from the bottom up. (Kidman 2021, 18–19)

There is perhaps no producer working in the contemporary film industry that has a higher public profile than Kevin Feige, the lead creative producer of every film and series in the Marvel Cinematic Universe that has dominated the global box office and indeed global popular culture since the 2008 release of *Iron Man* (John Favreau). This fact alone would justify his inclusion in this chapter, but as the section's epigraphs demonstrate, his reputation within the industry contrasts sharply with that seen in recent academic studies of creativity in Hollywood. As Shawna Kidman has pointed out, Feige is the subject of considerable fawning from the trade press who have attributed much, if not all, of Marvel's commercial success to the work of

Feige (2021). Kidman, on the other hand, takes a much more critical view of the producer's reputation and importance, resulting in this repudiation of his work as anything but 'creative' and which continues the long-running view of the producer discussed in the previous section as a parasitic figure who takes from genuine artists such as directors, writers, stars and workers in below-the-line roles.

Despite their obvious differences, these two polarised views of Feige share one common assumption: that Feige is an 'auteur' in the sense of exerting creative control over the films and series that he produces. The difference, however, lays in whether the writers see that as a good thing or a bad thing. In this section of the chapter, I will join this debate and argue that using authorship as a paradigm to analyse Feige specifically and the producer generally is ultimately misleading and unfair. To put it crudely, the argument will be that both sides are wrong in some senses, and right in others, that Feige does indeed exert a great deal of influence over his projects, but that this control is contingent on his ability to act as an intermediary between the various elements of film-making. Appreciating his work as a producer – and not an author – allows us to see his most successful productions as those in which the elements were balanced effectively, whereas less successful projects and Marvel's tendency to follow trends in superhero film-making rather than lead them, have been marked in various ways by the inability of Feige to strike these kinds of balances.

Feige's career as a producer is inextricably tied up with the superhero genre. He first screen credits were as an associate producer on a number of the most important superhero films of the early 2000s, including films from the *X-Men* franchise and Sam Raimi's *Spider-Man* films. As he worked his way up the ranks at Marvel he earned the trust of Marvel Studios CEO Avi Arad (Kidman 2021, 14), Feige was then given the chance to be the creative producer on *Iron Man* (John Favreau, 2008) and in so doing laid the groundwork for what would become the Marvel Cinematic Universe (MCU), a now long-running franchise that includes over 40 interconnected films and scripted series, as well as a number of one-off specials. As the MCU grew, Marvel itself changed hands, being sold to Disney, and Marvel's films moved from Paramount to that of its new parent company, meaning that Feige had to learn to collaborate with different bosses above him, just as the creative extension of the MCU meant having to incorporate new creative talents. Throughout the fifteen years that the MCU has run, there has been both a consistent 'house style' that has marked the individual works as well as important variations in terms of tone, style, and representational politics. Such a trajectory recalls Steve Neale's seminal argument about genres as 'processes' which are 'dominated by repetition' but 'are also marked fundamentally by difference, variation and change' (1990, 56). While Feige's role in instilling continuity in the MCU has been stressed by numerous commentators, he can also be seen as the figure that is ultimately responsible for ensuring that the right level of 'difference, variation and change' is present in that universe.

Without disputing this assessment of the MCU's trajectory, Kidman does equate crediting Feige for that trajectory with taking 'the Disney corporate auteur discourse at face value' and effacing the labour of the many artists and workers involved in the projects (2021, 11). While this is undoubtedly true of some of the hero worship of Feige found in the trade press, her own analysis downplays and even threatens to negate Feige's achievements as a producer, bringing together the various creative talents who have worked on the films and series. It is impossible to understand the MCU's 'house' sense of humour, for instance, without reference to Robert Downey Jr'.s wise-cracking Tony Stark, which has been given numerous variations from the other stars of the franchise, including actors such as Paul Rudd, Paul Bettany, and Awkwafina, among many others. Downey Jr'.s casting was a risky decision in the mid-2000s given the star's offscreen troubles and waning box office power, and this was the decision of a brave producer. Writer/directors such as James Gunn, Peyton Reed, and Taika Waititi were also surely important contributors to this aspect of the films and, again, Feige deserves some credit for their incorporation into the MCU, especially given the difficulties that have accompanied the production of films such as *Guardians of the Galaxy 3* and *Ant-Man* (Peyton Reed, 2015). Similarly, the house style of action and special effects is reflective of the contributions of directors such as Joe and Anthony Russo, Ryan Coogler, and many others, and of course, these stylistic contributions were themselves made up of the many editors, cinematographers, sound technicians, artisans, craftspeople and others that were led by the directors.

In the best works of the MCU, all of these elements were brought together in artistic harmony, along with synchronisation with the demands of Disney's (or Paramount's) financiers and marketing departments, and in all of this we shouldn't overlook the importance of a strong intermediary willing and able to push back in any of these directions. Conversely, and just as importantly, we should recognise that there have been instances in which that intermediary didn't act strongly enough in whichever direction or perhaps clashed unproductively with various parts of the complex coalition of financiers, artists and fans that in various ways are constituents of the MCU. That being said, researching these instances of successful or unsuccessful producing on Feige's part is difficult for several reasons. Firstly, as Kidman points out, Disney is a very secretive organisation that has been very effective at preventing leaks to the press that may cast the studio or Feige in a bad light (2021, 15), which makes it difficult to highlight instances of friction between the various players between which Feige should have been acting as an intermediary, or to easily discern who may have been at fault in any of the seeming instances of such conflict. Secondly, a related point is that Marvel has yet to have a conspicuous commercial failure under Feige. All of the films have achieved high box office grosses, with the only exceptions being releases that were affected by the Covid 19 pandemic (e.g. *Black Widow* and *Eternals*). Moreover, the series have been released on Disney+ without any comprehensive, independent evaluation of their viewership, and Disney has not shared any data that may or may not clarify their underlying popularity. For these reasons, it is difficult to point to any commercial failures for Feige that might indicate any difficulties in balancing artistry with market pressures.

These circumstances have left enough room for Feige and Disney to be celebrated by some as unfailingly successful, as has been seen in the more hagiographic treatment that Feige receives in the trade press. Seeking ways to challenge this perception, Kidman somewhat paradoxically highlights incidents that on one hand suggest that Feige has been too assertive as a producer, leading to the firing or dramatic resignations of directors (2021, 14); whereas on the other hand, she also argues that other directors who have worked on Marvel films, particularly those who are persons of colour such as Ryan Coogler or Chloé Zhao, have not gotten enough recognition for their creative contributions to the projects they worked on (2021, 14). Such an assessment is illogical and inconsistent as when taken together, these complaints would have Feige wielding too much creative control in the former scenario and very little in the latter, but leaving this self-contradiction aside, these instances do require some closer examination.

Marvel cutting ties with directors at different points certainly does indicate creative friction at crucial moments and in addition to those instances cited by Kidman directly, we can also add the firing of director Scott Derrickson during the production of *Doctor Strange and the Multiverse of Madness* (2022) as another apparent conflict of this kind. The lack of transparency at Marvel/Disney makes it impossible to say with surety, however, if Feige himself was responsible for the pressure that led to these departures, or if it came from above in Disney's executive suites where fears over the marketability of a film made primarily in the horror genre – as Derrickson was reported to be planning – could conceivably have been at play. Further complicating our ability to critique Feige is the fact that the completed film was a commercial success, grossing over $950 million at the worldwide box office (Boxofficemojo.com), despite the challenges that faced film exhibition in the post-pandemic era. Whoever was personally responsible for the pressure that led to Derrickson's departure, the simple fact that he left indicates some kind of failing on Feige's part to act as a good intermediary by failing to select and/or protect the right director for the project. Moreover, from an artistic point-of-view, the change in directors is mirrored by distinct flaws in the film itself, including a tonal inconsistency between horror and comedy that is uncomfortable rather than balanced and a narrative incoherence that makes the film much more difficult to follow than other Marvel films.

There are thus instances of bad producing from Feige and Marvel, and we could highlight others still, but against Kidman's points about not trusting creative talents enough, we could equally point to Feige's support for writer/director James Gunn who oversaw the *Guardians of the Galaxy* trilogy and who was for a time fired from making the third part of the saga by the Disney brass over controversial posts on social media. It was this support in part that led to the rehiring of the director to make not just the third feature film, but also a well-received holiday special (2022). Moreover, Feige was said to be angry with his bosses Disney in a dispute over the pay that star Scarlett Johansson received for *Black Widow*[16] (Cate Shortland, 2021) (Hughes 2021), and even

[16] Johansson was due to receive a percentage of the box office gross from the theatrical release of *Black Widow* but sued Disney when the studio released the film on VOD simultaneously, which Johansson argued hurt the film's box office performance and cost her as much as $50 million (Hughes 2021).

though this anger never resulted in public comments from the producer, he later revealed his intention to continue working with the star on other Marvel projects, despite her character's death in the MCU (Jackson 2021), pointing to another important creative relationship that the producer has retained and developed. Finally, while Kidman may be correct to say that directors such as Zhao or Coogler have not been appreciated enough for their contributions to the films they have worked on, their contributions are still apparent in the films themselves. *Eternals* (Chloé Zhao, 2021), for instance, has a natural look to the cinematography that closely recalls the style of Zhao's previous features such as *The Rider* (2017) and *Nomadland* (2020), despite the fact that the cinematographer *Eternals* was Ben Davis, very much a house talent at Marvel, having also worked on *Guardians of the Galaxy* (James Gunn, 2014), *Captain Marvel* (Anna Boden and Ryan Fleck, 2019) and others. Similarly, Ryan Coogler's direction has been an important part of the *Black Panther* films, adding gravitas to the tone of the films as well as impact to the action scenes which were co-edited by Michael Shawver, Coogler's collaborator on the *Creed* (2015) and *Fruitvale Station* (2013).

The *Black Panther* films make for a moment in the chapter in which it would be tempting to conclude this discussion of Feige. These are universally considered the highlights of the MCU in all terms: they have been commercially successful, critically acclaimed (garnering Oscar nominations on top of positive word-of-mouth from fans), and are among the most racially and ethnically diverse MCU projects to date, both in front of and behind the camera. But celebrating these high-water marks of Feige's efforts as a producer would to be to overlook a major criticism that can be rightly aimed at his and the MCU's approach to gender and racial diversity when it comes to casting, directing and the narrative focus of the MCU films. It is now recognised that the MCU has gotten more diverse in recent years with the films and especially the series that have come since the first *Black Panther* film was released in 2018. Once dominated by white male superheroes and directors, writers, etc. the MCU now includes two feature films (*Captain Marvel* and *Black Widow*) about female superheroes as well as a team led by an Asian woman (*Eternals*), in addition to series such as *Ms. Marvel* and *She-Hulk*. There are also now films and series about Asian-American and Muslim characters (*Shang Chi*, *Ms. Marvel*, and *Moon Knight*) and openly gay characters have been featured in *Eternals*. This development is laudable and significant for the world's most popular franchise, but to consider these works as great achievements in film producing would be to overlook the great deal of time that it took Marvel to offer such diverse representations. All of these films and series were only made and released after DC's *Wonder Woman* (Patty Jenkins, 2017) was in production and went on to make a great deal of money[17]. The initial reluctance of Marvel to move decisively into diverse representation is perhaps best illustrated by the failure to make a timely film centred on Black Widow, despite the popularity of the character and the fact that she was played by one of the world's biggest female stars in Johansson. The film's production and release only after the character had been killed off in the MCU narrative is forever a reminder of Marvel following trends rather than setting them. Whether or not this was Feige's decision or that of Disney management, it is nonetheless a failing of the producer that in the very best-case scenario, he wasn't able to convince his bosses to move forward with the film earlier in the MCU narrative trajectory.

Highlighting one of Feige's shortcomings is perhaps an unfair way to conclude this section of the chapter, given the producer's achievements in popular film-making, but it at least centres our evaluation of his work on this function of producer as an intermediary. What I hope to have shown here is that both the trade press's version of Feige as a saintly genius and Kidman's view of him as symptomatic of the worst aspects of exploitative corporate capitalism are not adequate for understanding producers and their place in film industries or historiography. Instead of over-valuing or undervaluing the contribution that producers make, we are better placed to understand not only their labour but also the multifaceted aspects of film creation itself, which depends so much on these figures. Such will be seen throughout this chapter as we move from Hollywood to two other industrial formations, beginning with American Independent Cinema and Christine Vachon, to which we now turn.

---

[17] Nor should we celebrate that film as a great act of bravery on the behalf of studio executives, Courtney Brannon Donoghue has shown that the film was borne out of Warner Bros.'s growing desperation to save the DCEU franchise (2022).

2. Christine Vachon and American Independent Cinema from the 1990s up to the SVOD Revolution

At the beginning of her career especially, Christine Vachon worked at the polar opposite end of the financial and cultural spectrum of the American industry from the one inhabited by Feige. Not only did she get her start during the low-to-no budget beginnings of the New Queer Cinema of the late 1980s and early 1990s, but she has since continued to work in what could loosely be called the 'American Independent Cinema'. This is a term that itself has mutated in terms of precise meaning over time as independent film-making was integrated into the Hollywood studio system in the 1990s and in more recent years has found itself as a major constituent of the content strategies of global streaming platforms. Throughout its transformations, this particular brand of cinema and later serial drama has retained its cultural cachet as a highbrow or middlebrow alternative to the blockbuster typified by Feige's MCU output, aiming for awards and critical plaudits, and drawing more modest audiences (and therefore production budgets) than its blockbuster counterparts. Vachon's work as a producer mirrors this general trajectory for the sector, making her career emblematic of those larger industrial changes.

We can thus see in Vachon a figure whose labour has made a multifaceted contribution to film history, equally helping to effect industrial changes in the world's richest film industry as well as helping to make that industry a better place through her celebrated work in Queer cinema and feminist film-making. In exploring Vachon's oeuvre as a producer, however, this section of the chapter will implicitly and sometimes explicitly be debating a number of journalists, such as Tim Adler (2004, 225–256) and scholars such as Ros Jennings (2002), or David E. Maynard and Theresa L. Geller (2022), who have framed Vachon as an auteur figure. While there is no doubting that Vachon's personal interests have helped to lend coherence to her body of work, there is more to say about her labour as a film-maker than can be found by looking for her 'filmic signature' to use Maynard and Geller's words. In keeping with the concerns of this chapter, attempt to reframe her as a *producteuse*, whose labour, like that of Feige in the first section and Dumas in the next, has been built on her ability not to act as an author, but instead as an intermediary.

Before exploring her trajectory as a producer, however, we should highlight just how articulate Vachon has been about the labour of the producer. While many successful producers have penned historically interesting memoirs or 'how-to' books about getting into the film industry, Vachon's *Shooting to Kill* (Vachon and Edelstein 1998) stands out as one of the most articulate books about film producing ever written. If you were to have any doubts about theorising the producer as an intermediary, look no further than Vachon's accounts of trying to get numerous studio bosses on the phone to help finance *Velvet Goldmine* (Todd Haynes, 1998) in one passage (114–121), followed by an extensive discussion of the creative fallout from last minute cuts to the film's budget after those fundraising efforts fell short (181–218). There are other passage in which she explains the legal minutiae of working with actors in the American film industry (145–148), and another about which unions must be consulted when hiring truck drivers for film shoots in which cities (43–44), and so on.

Not only does Vachon thus vividly illuminate all the tasks great and small that a producer must complete as part of the production process, but she also writes eloquently and sensitively about the various forms of artistic collaboration that are part and parcel of that process. Early in the book she notes her for affinity for working with auteur directors (19–20) and at other points soberly insists on the importance of reigning in their artistic ambitions to meet the realities of the budget (41–42), and elsewhere speaks of the importance of 'protecting' directors by pressuring them to adhere to shooting schedules (196). Beyond the directors she works with, Vachon also writes of the need to simultaneously insulate screenwriters from studio/financier pressure, but also the need to know when to apply pressure to writers to ensure development deals do not fall apart (22–24). A final passage worth noting is when Vachon muses on the difficulties of working with actors and sanguinely notes that 'In real life, actors tend to be thinner-skinned than other human beings – which is part of the reason that on screen they're so transparent' (161). Here and indeed throughout the book, Vachon demonstrates that producers need to understand the needs and wants of everyone involved in film production in order to bring them together in order to get the film made to the highest standard possible.

To return to Vachon's career trajectory, her role in launching the New Queer Cinema shouldn't require a great deal of pointing out anymore. Suffice it to say that Vachon produced many of the earliest now canonical films of the period, including *Poison* (Todd Haynes, 1991), *Swoon* (Tom Kalin, 1992), and *Go Fish!* (Rose Troche, 1994). This is a period that historian B. Ruby

Rich describes as powered creatively by young, untrained film-makers taking advantage of cheap rents in New York City and low-cost camera equipment, among other factors to make films with a 'do it yourself' mentality (2013). In such an environment, Vachon's ability to develop ideas into projects, and to provide leadership and structure to this group of aspiring auteurs should not be underestimated. From helping to write grant applications, to coordinating shoots over many months in some cases – such as *Swoon*, which had to stop and start sporadically as funding came in and ran out (Vachon and Edelstein 1998, 24–25) – and through to negotiating nationwide theatrical distribution deals for films that were never expected to travel far beyond the museum circuit, Vachon was indispensable. Her importance to very existence of the movement is epitomised by the production story of *Go Fish!* in which director Rose Troche had started principal photography only to run out financial resources and creative direction. After getting some of her footage to Vachon, however, the producer came on board and got the film made and later distributed to pleasantly surprising financial results as the film played in theatres around the country (Vachon and Edelstein 1998, 21–22).

As is by now well-documented, as the 1990s progressed, 'independent' cinema in America became a much bigger business, with festivals such as Sundance and specialty distributors such as Miramax, Gramercy/Polygram, and October Film helping to lay the institutional framework that ultimately attracted the attention of the Hollywood majors which bought up some of the distributors or established their own. Amidst this boom, Vachon set up Killer Films with Pamela Koffler and the two went on to make many of the most American significant films of the late 1990s through to the 2010s, including *Boys Don't Cry* (Kimberly Pierce, 2000), *Kids* (Larry Clark, 1996), *Hedwig and the Angry Inch* (John Cameron Mitchell, 2001), and others. Doing so meant adapting to the changing landscape and working with the new distributors and financiers that emerged at this time, but it also meant building on the relationships that the two had made during those early days of the New Queer Cinema. The most widely discussed of these has been Vachon's ongoing relationship with Todd Haynes, with the two collaborating on every feature that Haynes has directed apart from his debut short film *Superstar: The Karen Carpenter Story* (1987). Haynes and Vachon made numerous celebrated films during this time, such as *Far from Heaven* (2002), *I'm Not There* (2007), and *Carol* (2015). But Vachon's other key relationships at this time included those with actors such as Julianne Moore (who starred in two films directed by Haynes, as well as other Killer projects such as *Still Alice* [Richard Glatzer and Wash Westmoreland, 2014] and *Savage Grace* [Tom Kalin, 2007]), producers Steven Woolley and Elizabeth Karlsen (collaborators on *Carol* and *Colette* [Wash Westmoreland, 2018]), and executives such as Mike De Luca and Ted Hope, among many others.

These relationships would in turn help Killer to navigate the next major revolution in the American film industry as television drama became an ever bigger and more prestigious part of screen culture. This would ultimately be associated with the rise of streaming platforms, but the initial impetus for these changes came from cable and pay-television where budgets and production values were steadily increasing in the 2000s. Leading this sector was HBO, which redefined the economics and creative aspects of television serial drama with series such as *The Sopranos* (1999–2007) and *Sex and the City* (1998–2004). In 2011, before landmark series such as *House of Cards* (Netflix, 2012–2018) or *True Detective* (HBO, 2014-) were aired, however, HBO broadcast *Mildred Pierce* a mini-series remake of the eponymous classic film noir starring Kate Winslet and Guy Pearce, written and directed by Todd Haynes and produced for HBO by Killer Films, as Vachon began working with film-makers on television projects.

Several years later, in 2015 Killer would land a series at Amazon Prime Video in the form of *Z: The Beginning of Everything* as one of its first major slate of development projects, by which point streaming services like APV and Netflix were now major forces in the television, and increasingly, film industries. Making her way through the period, Vachon was able to draw on a longstanding relationship with Ted Hope, with whom she had begun her career as PAs on film sets in New York (Vachon and Edelstein 1998, 35). Hope was by 2015 himself a well-respected figure in American Independent Cinema and his reputation as such drew the attention of Amazon Prime Video which hired him to help run the platform's original film division. One of Hope's first deals in this role would be a first-look development deal with Killer Films, a pact which eventually led to the production of Haynes's feature *Wonderstruck* (2017). Besides this original production, Killer also sold its feature *Weiner-Dog* (Todd Solondz, 2017) to the platform as an original release. As Amazon's commercial ambitions for Prime Video grew, management decisions were made that eventually led to Hope stepping down from the company without Vachon/Killer having produced any more projects for the platform.

Vachon/Killer then signed a deal with another old acquaintance: Mike De Luca who was then head of film at MGM. De Luca had greenlit *Hedwig and the Angry Inch* during his time as head of New Line Cinema. Killer's deal with MGM would eventually produce the company's feature *Anything's Possible* (Billy Porter, 2022), yet another trailblazing LGBTQ representation, this one dealing with transgender teenager Kelsa (Eva Reign) whose life is turned upside down when she falls in love for the first time with a cis teenage boy. While the film was intended to be released in cinemas, somewhat ironically MGM itself found itself being taken over by Amazon as the latter company continued to grow its film and television activities. Amazon's deal to acquire MGM was already in place when cameras started rolling and the company announced shortly after that the film would be distributed exclusively as an Amazon original film. A final direct-to-streaming film project for Killer would be Haynes's next film *The Velvet Underground*, a documentary on the eponymous band which was commissioned by Apple TV+ and released in 2021.

Historically speaking, the most significant project that Killer produced for streaming platforms was not a feature film, but instead a five-part mini-series produced for Netflix: *Halston* (2021). The trajectory this particular series took in getting to the screen not only highlights the doggedness with which Vachon and Killer pursued a project, but also helps to illuminate the changing nature of the independent film market in America. Vachon and writer/director Daniel Minahan first optioned the book that the series was based on in 1996 with the idea of producing a feature film and its development as *Simply Halston* is even discussed in *Shooting to Kill* (28–29). But the project would never coalesce in the ways needed for a financier's greenlight for another 24 years, by which time Killer brought the project to Ryan Murphy who had a producing deal with Netflix that meant he could greenlight projects. Here is where the film became a mini-series. Such a trajectory shows how American Independent Cinema – and indeed European cinema, as we will see shortly – has moved online over the last decade with independent films becoming SVOD series in various ways, including the redevelopment from film to series seen in the case of *Halston*, or *The Queen's Gambit* (2020), which likewise spent over 20 years in development as a feature film only to end up as a Netflix series. It also reminds us of the importance of Vachon's relationships and creativity as an intermediary. Besides finding financing for the project and doggedly redeveloping it multiple times, she was also adamant that Ewan McGregor star in the series, despite controversies over the straight actor playing a gay icon and attached him to the project based on the relationship they formed in the making of *Velvet Goldmine* over 20 years previously (Sarkisian 2021). McGregor went on to win an Emmy for his performance in the series.

Vachon has made other series during this period, including the docuseries *Pride* (2021), which featured episodes directed by several Killer Films regulars like Tom Kalin, but even with this move into series and straight-to-SVOD films, Vachon has continued making theatrically released films. To make and distribute some of these, she has formed a relationship with American Independent Cinema's most high-profile contemporary studio: A24, which financed or acquired key films such as *First Reformed* (Paul Schrader, 2017) and *Past Lives* (Celine Song, 2023), among others.

Vachon has not been flawless as a producer across her career. Indeed, among the many charms of *Shooting to Kill* is the frankness with which she assesses her own failings, such as not getting enough money for the production of *Velvet Goldmine* or putting enough pressure on Haynes to stay on schedule. These errors contributed to a chaotic production process that is palpable in the muddled film that resulted. To this troubled project, we could add any number of flawed decisions on individual projects, or more problematic relationships, like Killer's multiple dealings with disgraced studio boss Harvey Weinstein (Maynard and Geller 2021, 92)[18]. But what we have seen in this section of the chapter is that between her origins in the DIY environment of the New Queer Cinema, through the Indiewood boom of the 1990s and into the contemporary landscape where Amazon, Netflix and A24 are so important, Vachon has consistently been able to synthesise her creative and financial relationships to keep at the forefront of American film and television

[18] Maynard and Geller are keen to point out that Vachon publicly expressed a great deal of regret about this relationship and even went so far as to try to buy back films from the bankrupt Weinstein Company. This is all important to take into account, but it is also important to remember that all involved were likely aware of Weinstein's reputation as an abuser at the time they were working together, but that one of the limits of being a producer is that they are in a subordinate position to financiers and distributors, with Weinstein being among the most powerful of the period.

production during times of great cultural and industrial change, proving an ideal case study in the producer as an intermediary.

3. The Executive Producer: Sidonie Dumas and the Rise of the Horizontally Integrated European Studio

While Feige and Vachon work primarily as creative producers and always take producing credits on their features, this chapter's final case study is concerned with a film-maker whose labour is not as directly involved in the creative aspects of individual film production but who is instead the head of a film and television production and distribution company. The studio in question is the venerable French company Gaumont and the producer is its CEO, Sidonie Dumas. Despite these important differences between Dumas on one hand and Feige and Vachon on the other, the general approach of the *politique des producteurs* deployed in this chapter is still useful for an executive producer like Dumas. Dumas works as an intermediary in many ways between audiences, financiers/broadcasters, and artists, etc. and such labour requires her to use her taste, judgement and resourcefulness to help create films and series, even if she receives an Executive Producer credit or no onscreen credit at all on her company's projects. The main difference from her work and that of Feige and Vachon is that she is closer to the financial side and thus both more susceptible to commercial pressures but also in a position to do more to mitigate their impact and in best cases, find innovative ways to engage with the realities of the market place. As we will see, Dumas's management of Gaumont has been very influential on the broader audiovisual industries in France, Europe and indeed across the world's audiovisual industries, especially during the streaming era, and moreover, these decisions have helped Dumas/Gaumont to build and maintain creative and business relationships that speak to her position as an effective intermediary, or simply a 'great' producer as I have sought to develop the idea in this chapter.

We can begin this critical appreciation of Dumas with a brief chronology of Gaumont's development under her leadership. Dumas came to lead the company in 2010 through family connections, having literally inherited the positions of Gaumont's CEO from her father Nicolas Seydoux, who had owned the company since the mid-1970s and remains the company's non-executive chairman to this day. In France, as in many other countries, such ascension based on familiar or personal connections is not uncommon, but Dumas set herself apart from more complacent nepotistic hires by immediately undertaking a bold strategic overhaul of the studio, one which would position Gaumont to be at the very leading edge of the coming streaming revolution.

At the very same time that Dumas was taking the reins of the company, Gaumont had its biggest box office success to date and indeed the biggest ever in the history of French-language cinema when *Intouchables* (Éric Toledano and Olivier Nakache, 2011) went on to gross over $450 million worldwide. Rather than resting on her laurels, Dumas announced plans to reinvest the company's record profits from the film in a strategy that would see the company become a producer of television series in French and English, seeing this line of business a less-risky hedge against volatility in film production and distribution[19]. This foray into television production would see Gaumont develop a number of important television series of the early 2010s, including the Mads Mikkelsen-starring *Hannibal* (2013–2015), which became the first French-produced TV series to play in prime time on US television. As important as this series was in many ways, perhaps the more significant one was a series that Dumas announced when revealing her television production diversification strategy: a horror series named *Hemlock Groves*[20]. Later retitled to *Hemlock Grove*, this show would become one of the first 'original' series financed and distributed by Netflix in its strategic push into original content.

This would prove to be just the beginning of Gaumont's close relationship with a new superpower in the film and television industry, and perhaps the single most important relationship that Dumas has developed during her time as CEO. While *Hemlock Grove* was first being streamed on Netflix, Gaumont would reteam with the show's creative producer (Eric Newman) to develop *Narcos* (2015–2018), which would become one of Netflix's most popular series and later spawn the spin-off *Narcos: Mexico* (2019–2022). Gaumont would then go on to produce numerous films and series with Netflix, culminating in the global success of *Lupin* (2021-)[21]. Netflix would thus become a major partner for Gaumont and a major source of income for Dumas's company,

19 Gaumont. 2012, « *2011 Registration Document, Annual Report* ».

20 Gaumont. 2012, op. cit.

21 Andreas Wiseman, « Gaumont Chiefs Sidonie Dumas and Christophe Riandée on the Future of *Lupin* and *Narcos*, Their New Paramount+ Deal, European Expansion and Talent Deals – MIP TV Interview », *Deadline Hollywood*, 5 April 2022.

representing 46 % of total revenues alone in 2019[22], but it also helped Gaumont to address other strategic problems. Netflix helped the company to monetise its library of existing films, for example, by commissioning remakes of two titles to date: *Burn Out* (Yoann Gozlan, 2017) which was remade in Spanish as *Centauro* (Daniel Calparsoro, 2022), and *À bout portant* (Fred Cavayé, 2010) which was remade in English as *Point Blank* (Joe Lynch. 2019). The company also distributed Gaumont's *Bronx / Rogue City* (Olivier Marchal, 2020) – a film budgeted at a reported $13 million, a very large number by French standards[23] – in 2020, when Covid lockdowns would otherwise have made theatrical distribution very risky.

As important as this relationship was and is to Gaumont, Netflix it is not the only global streaming platform with which Dumas has built relationships. Gaumont has to date made original films and series for Amazon Prime Video (e.g. the series *Totems*, the film *Overdose* [Olivier Marchal, 2022]), Disney+ (a forthcoming biopic series about designer Karl Lagerfeld), Apple TV+ (an animated series entitled *Stillwater* [2020-]), and Paramount+, with which Gaumont recently signed a deal to deliver at least four series[24]. While films are among the content being produced by and sold to the platforms, the vast majority of this content is series production, thus vindicating Dumas's foresight in diversifying into this genre. Furthermore, this ramp-up of series production has been fuelled in part by another strategic decision that Dumas took in 2018 when Gaumont sold its cinema exhibition holdings – the 34 % stake it held in the Gaumont-Pathé theatre chain – for a reported €380 million[25]. These proceeds were then invested by Dumas in setting up new production subsidiaries in Germany, Britain, Latin America and elsewhere. This network of production subsidiaries in turn began producing series for global streaming platforms, including the Netflix hit series *Barbarians* (2020-) which was made by Gaumont Germany. Speaking to the importance that Gaumont's relationships played in getting this particular series made, the

---

22 Gaumont 2020, « *2019 Registration Document, Annual Report* ».

23 Elsa Keslassy, « Jean Reno to Star in Thriller *Rogue City* from Olivier Marchal », *Variety*, 10 May 2019.

24 Nick Vivarelli, « Paramount Plus Forges Long-Term Partnership with French Studio Gaumont », *Variety*, 24 March 2022.

25 John Hopewell, « Gaumont Sells Cinema Chain Stake to Pathé for $400 Million », *Variety*, 1 March 2017.

subsidiary's president Sabine de Mardt has described advice from the parent company about what Netflix was looking for as pivotal in the development of the series[26] (Meza 2020).

Even as it has heavily invested in series production and worked closely with platforms on both films and series, Gaumont has maintained an important presence in traditionally distributed French cinema. Since the sale of its stake in the Gaumont-Pathé theatre chain, Gaumont has released a number of box office hits in France, including *Rolling to You / Tout le monde debout* (Franck Dubosc, 2018), *Bye Bye, Morons / Adieu les cons* (Albert Dupontel, 2020), and *OSS 117: From Africa with Love / OSS 117: Alerte rouge en Afrique noire* (Nicolas Bedos, 2022) among others. Moreover, the company has released critically acclaimed and prize-winning films during this time including *J'Accuse* (Roman Polanski, 2019), *Aline* (Valérie Lemercier, 2020), and *Lost Illusions / Illusions perdues* (Xavier Giannoli, 2021). Across this corpus of films, Gaumont has maintained key talent relationships with figures such as Éric Toledano and Olivier Nakache – the writer/directors of *Intouchables* – as well as stars and directors such as Mathieu Almaric and Franck Dubosc.

It thus could not be argued that the strategic move into series production has come at the expense of Gaumont's ambitions as a film studio. In fact, upon close examination, we can find many instances of synergy and cross-fertilisation between Gaumont's film and television operations. Such can be seen on one hand from the ways in which Gaumont has made films for the platforms, or had their French titles distributed internationally by Netflix especially, with films like *School Life / La vie scolaire* (Mehdi Idir and Grand Corps Malade, 2019) being released as a Netflix original in the US market. The ability for the two sides of Gaumont's business to work cohesively together can also be seen in numerous instances of writers, directors, and other creative personnel working in both spheres for the company. The most high-profile and important of these relationships for understanding Gaumont's dual status as a leading international television production studio and one of France's most important film producers and distributors, is the company's relationship with mega-star Omar Sy. After *Intouchables* made him an international star, Gaumont immediately began looking for a way

[26] Ed Meza, « Gaumont Germany Makes its Debut on Netflix with Barbarians », *Variety*, 13 October 2020.

to adapt the *Arsène Lupin* books as a vehicle for Sy, ultimately landing the project at Netflix after years of development[27]. During the nearly 10 years it took to make *Lupin*, Gaumont also made several films that were borne in part out of Sy's desire to engage with themes that were very important to him personally, namely works which dealt with race and immigration in French history and society (themes that also inform Sy's interest in *Lupin*)[28]. This facet of Sy and Gaumont's relationship led to the star appearing as himself in *Simply Black / Tout simplement noir* (John Wax and Jean-Pascal Zadi, 2020) and produced *Samba* (Éric Toledano and Olivier Nakache, 2014), *Chocolat* (Roschdy Zem, 2016), and *Father & Son / Tirallieurs* (Mathieu Vadepied, 2023). This pairing of star and studio has thus been of mutual benefit and has produced a globally popular series and a string of critically important films that have also performed well commercially (all of the films apart from the pandemic-affected *Simply Black* drew over 1 million admissions at the French box office).

The moves made by Dumas as Gaumont CEO were thus prescient in many ways, allowing Gaumont to capitalise on new trends in the sector and to mitigate some of the worst effects of pandemic (besides being more invested in series production, the sale of the stake in Gaumont-Pathé meant that Gaumont had no direct exposure to the exhibition sector during the worst days of lockdowns in France). The company has also been able to use its relationships to find synergies between its various activities. If this were not all enough to verify Dumas's business and creative acumen, we can also conclude this section of the chapter by noting that her strategies have been very influential in France and across Europe. Gaumont's peers in France, companies such as Studiocanal, Pathé, TF1 and others, have since the early 2010s followed Gaumont's lead in either diversifying into series production as a business, assembling portfolios of series producers, selling films to or making films for global platforms, or some combination thereof. Moreover, firms across Europe from ITV in Britain to SF Studios in Sweden have since followed this path (Meir 2022, 278–280).

---

27 Leonard Devin, « How Netflix's *Lupin* Pulled Off the Perfect Heist (Show) », *Bloomberg*, 29 June 2021.

28 Elsa Keslassy, « *Lupin* Star Omar Sy Re-Teams with Gaumont on War-Action Drama *Father and Soldier* - AFM », *Variety*, 26 October 2021.

Dumas has thus been an influential pioneer in adapting to and even helping to drive industrial change, but the effects of these changes deserve some discussion. Along with the conglomerate business models of the European studios in this period have come creative strategies that are increasingly conservative, namely dependence on franchises, sequels and remakes of familiar intellectual properties (Meir 2022, 281–282). This too can be seen at Gaumont where, as discussed, remakes have been among the products sold to Netflix and franchises such as the *OSS 117* or the *Belle and Sebastian* films have been key parts of the company's slate of film productions in recent years. While it could be tempting to then blame Dumas and Gaumont for taking the French and European industry in this direction, it is worth remembering that Gaumont was only anticipating where the market was going and that a French studio, regardless of its size and influence relative to other French companies, is still a minor player in the global marketplace and thus at the mercy of the Hollywood majors, who were already embarking on similar strategies when Dumas began her overhaul of the company.

In many ways, Gaumont has thus been a leader in the French and European film and television industries and Dumas has led the company through this important passage in its history. From that position, while she may not have been as involved in the fine details of every project made by Gaumont in the way that Feige has been with every Marvel project[29] or Vachon with every project made by Killer Films, but she has never the less played that vital role as an intermediary between the global market for film and television on one hand and creative talents such as directors, writers, stars, and yes, even other producers on the other.

---

[29] Brent Lang, « How Kevin Feige Super-Charged Marvel Studios into Hollywood's Biggest Hit Machine », Variety, 16 April 2019. Angelique Jackson, « Scarlett Johansson is Working on a Top-Secret Marvel Project, Reflects on a "Stressful" Disney Lawsuit », *Variety*, 19 November 2021.

Les marchés du film : des événements configurateurs de champs pour l'industrie audiovisuelle

Hélène Laurichesse

Le marché du film de Cannes s'impose comme le plus grand marché du film au monde avec 12 500 participants professionnels, 121 pays, 4 000 films projetés plus de 100 conférences, numéro 1 incontesté en volume d'affaires. Viennent ensuite l'American Film Market à Los Angeles (AFM) et l'European Film Market à Berlin (EFM), ses principaux – mais relatifs – « concurrents » avec une fréquentation et notoriété bien moindres. Ces marchés physiques événementiels qui se déploient sur plusieurs sites géographiques à des périodes différentes, peuvent être dédiés à une région particulière (par exemple, Ventana Sur pour l'Amérique Latine), ou un genre particulier (par exemple, Cartoon Forum à Toulouse pour l'animation, Sunny Side of the Doc à La Rochelle pour le documentaire, le Forum Séries Mania à Lille pour les séries). Distinguer les marchés du film – qui se situent à un niveau méso-économique –, du marché permanent, qui structure l'offre et la demande de la filière audiovisuelle dans son ensemble, est utile pour éviter toute confusion. Sur le plan académique, l'étude des marchés du film, très en retrait au regard des études sur le marché, est envisagé essentiellement comme contextuelle à celle des festivals plutôt qu'en tant qu'objet de recherche principal. L'omniprésence des marchés du film dans les événements festivaliers ainsi que leur rôle croissant dans la découverte des talents et le financement des films constitue pourtant une évolution marquante des dernières décennies qu'il est important de mettre en lumière.

Par cet éclairage, il s'agit de contribuer au développement d'un champ de recherche consacré aux marchés du film, avec ses parties prenantes, ses métiers, ses pratiques, ses rituels, ses activités et ses enjeux, ses règles de fonctionnement et son rôle au sein de la filière audiovisuelle. Dans cette démarche, la découverte des talents et le travail d'intermédiation à l'œuvre sur ces marchés sont au cœur de ce chapitre, autour notamment de l'étude des pratiques professionnelles qui permettent aux films d'entrer en production pour pouvoir ensuite escompter une diffusion. Cette démarche vise à rééquilibrer dans les travaux académiques le regard porté sur les manifestations événementielles dans le secteur audiovisuel encore largement dominé par les études sur les festivals (elles-mêmes fortement orientées par la vision politiquement engagée des *Cultural Studies*). En posant les enjeux et les objectifs d'un projet de recherche sur les marchés du film, il s'agit d'inverser la tendance des études sur les marchés à se dissoudre dans celles sur les festivals.

Après avoir tracé les contours d'une définition des marchés du film en tant que « *fieldconfiguring event* » (FCE) pouvant être traduit par « événements configurateurs de champs », une synthèse des principaux apports des travaux actuels sera proposée autour de l'influence des marchés sur les manifestations festivalières et sur l'activité de création.

1. Les places de marché dans le secteur audiovisuel : un événement polyforme

Les marchés en tant que lieux physiques, places de marché rassemblant des professionnels de l'audiovisuel (investisseurs, producteurs, vendeurs internationaux, distributeurs, diffuseurs) dans un format événementiel, sont au cœur de notre analyse. Dans l'esprit, ils peuvent être assimilés aux « salons » ou « forums » que l'on trouve dans les autres secteurs économiques[30], sous la forme d'une manifestation commerciale caractérisée par un regroupement d'exposants qui rencontrent le public ou les professionnels du secteur afin de présenter leurs produits et donner lieu à des promesses de transactions[31]. Ce type d'événement dénommé dans les études organisationnelles, « *fieldconfiguring event* » (FCE) renvoi à des organisations sociales temporaires (salons professionnels, rassemblements de professionnels, cérémonies d'affaires, concours technologiques) permettant de construire des réseaux sociaux, de partager des informations, de faire des affaires (Lampel & Meyer, 2008).

---

30 Un ouvrage collectif sur les foires et salons dans les industries créatives est disponible mais ne se consacre pas au champ spécifique des marchés du film (Moeran, B., Pedersen, J., 2011).

31 Une « foire » correspond à une forme hybride B to C regroupant des exposants de secteurs économiques très diversifiés.

> Ces événements représentent également une occasion où les valeurs dominantes de l'industrie sont définies, rappelées, ce qui permet ensuite aux acteurs créatifs et leurs œuvres d'être évalués à l'aune de celles-ci. Ces événements ne représentent pas seulement un moyen de définir les frontières, ils exercent un rôle en établissant des hiérarchies à l'intérieur de l'industrie créative, pour définir qui est dominé, qui est dominant, qui est *misfit*, qui est *mainstream*, quels sont les critères auxquels les acteurs doivent répondre pour voir leurs œuvres valoriser, etc. Ils représentent ce qu'Appadurai (1986) nomme un « tournoi de valeur » (Boutinot & Delatour, 2019).

Sur un plan épistémologique, penser les marchés du film à travers les FCE génère une ouverture bénéfique à l'étude d'un terrain complexe de par son interdisciplinarité. Au croisement des disciplines des arts, de l'économie, du droit, de la sociologie, des sciences de l'information et de la communication, des sciences de gestion ce champ implique la mobilisation de référents théoriques divers qui orientent les représentations et interprétations de l'objet étudié. A la fois l'économie du secteur culturel avec ses spécificités, son incertitude, l'exception culturelle, la sociologie du travail, des rapports sociaux, l'entrepreneuriat, les travaux sur la médiation, l'économie du tourisme, les sciences politiques peuvent nourrir la réflexion sur le sujet. Partant de l'hypothèse que les FCE jouent un rôle central dans la transformation sociale, économique et politique d'un secteur économique donné, ce référent s'inscrit naturellement dans une nécessité à considérer une pluralité de champs. Ils présentent par ailleurs l'intérêt majeur de réconcilier les approches macro et micro-économiques en créant un espace social dans lequel les individus peuvent se représenter eux-mêmes et représenter leurs organisations (Boutinot, Delacour, 2019). Cette approche présente ainsi l'occasion d'envisager l'émergence d'une communauté de pratiques collectives venant caractériser le secteur, ritualiser les pratiques et de définir de la valeur. Elle peut en tout état de cause, permettre d'enrichir les études sur les marchés du film avec différents niveaux de réflexion assez largement orientés vers l'étude des pratiques.

Particulièrement riche sur le plan académique, ce champ n'en est pas moins complexe à éclairer puisqu'il n'en ressort pas de définition consensuelle de ce qu'est une pratique au regard de ce qui la compose (éléments matériels, langagiers, cognitifs, d'intégration etc.). Le pilier commun consiste à saisir les pratiques, considérées comme des blocs d'activités, d'objets, de compétences et de sens liés par des routines (Dubuisson-Quellier, Plessz, 2013). Sur le terrain des industries médiatiques et culturelles, les travaux de Joëlle le Marec (2004) sur le rapport des marchés aux usages et à la médiation, de Laurent Jeanpierre et Olivier Roueff (2014) sur l'intermédiation dans la culture, sur l'organisation du travail artistique (Gwenaële Rot, Laure de Verdalle, 2013), Olivier Alexandre (2015), Pierre-Michel Menger (2009), Howard Becker (2010), Richard Caves (2000), Paris & Massé (2021)[32], peuvent dans des registres différents alimenter utilement les recherches sur le sujet.

Différents niveaux de questionnements peuvent alors être soulevés relatif à la structuration du champ, chaque niveau de questionnement impliquant une approche empirique différenciée, dans une visée qui est le plus souvent compréhensive (entretien, observation participante ou non, carnet de récits, étude d'archives) :

- sur l'écosystème interne des marchés, en identifiant les catégories d'acteurs en présence sur ces marchés, les métiers impliqués, les interdépendances entre les métiers d'intermédiation, les projets, les composantes du marché, le partage des connaissances ;
- sur les rapports sociaux qui se nouent sur ces marchés, les positions sociales, la structure des relations ;
- sur les éléments constitutifs de l'étude des pratiques, la routinisation des activités, la culture de marché, le langage, les rituels ; l'ensemble des caractéristiques qui forgent une communauté de pratiques ;
- sur l'analyse du rôle des FCE *via* les pratiques individuelles sur l'avenir collectif et les tendances du secteur (les politiques culturelles, les institutions) ;
- sur les finalités des marchés, leur rôle dans le processus de création, leur place dans la filière audiovisuelle et dans la chaîne de valeur audiovisuelle ;
- sur le fonctionnement des marchés et la prise de décision, les ressorts de la sélection et du management des projets et des talents, du financement des films, la logique de concours et de compétition ;
- sur l'économie du tourisme et l'urbanisme.

---

32 Le numéro 296 (2021/3) de la *Revue Française de Gestion* consacré au management des industries créatives est à consulter pour plus d'informations.

Formellement, les marchés du film peuvent avoir des objectifs et orientations différenciés : être exclusivement réservés aux professionnels (Business To Business) ou être ouverts au grand public (Business to Consumer) ou encore être mixtes (B to B to C). Le plus souvent, ils correspondent à une forme B to B, y compris lorsque la manifestation événementielle réunit un festival et un marché, dans la mesure où le public ne peut généralement pas accéder aux stands et activités du marché. Au-delà des points communs entre les salons professionnels classiques et marchés du film, ces derniers présentent la singularité de s'organiser autour de deux principales étapes du processus de création – celle des projets et celle des productions achevées – et de consacrer une place grandissante de leurs activités aux projets.

Au stade du développement d'une œuvre audiovisuelle, les « marchés de projets » organisent la sélection des talents et la mise en relation des partenaires (financiers mais aussi artistiques et techniques) tout en permettant de compléter le financement notamment par des coproductions. En l'occurrence, la mise en place de dispositifs d'intermédiations (*pitch, workshop, work in progress*, forum de coproduction, parmi les plus courants), voués à faciliter ces rapprochements constitue, de par leur ampleur, l'évolution marquante des dernières décennies sur ce terrain (Laurichesse, Bonhomme, 2022). Dans cette phase de développement, les marchés constituent aussi une ressource pour trouver des lieux de tournage, du financement pour les projets, des partenaires internationaux, des coproducteurs. La dénomination de « plateforme professionnelle », courante dans ces manifestations événementielles, traduit d'ailleurs une nouvelle forme de marché, amputée de sa dimension transactionnelle, pour regrouper les différents dispositifs de mise en relation entre les professionnels. Ces plateformes se caractérisent également par la poursuite de leur activité au-delà de la manifestation pour établir un lien permanent entre les acteurs de la filière jusqu'à la rencontre suivante.

Pour les œuvres terminées, deux dimensions peuvent être identifiées : des espaces dédiés aux visionnage des films et des transactions relatives aux cessions de droits. Sur ce dernier volet, on peut évoquer des « marchés de droits » puisqu'il s'agit de céder des droits de diffusion des films à des vendeurs internationaux, des chaînes, ou des plateformes. Les tarifs vont varier selon des critères multidimensionnels qui prennent en considération la notoriété de l'auteur et/ou de l'œuvre (sélection, récompenses), le nombre de pays, le support de diffusion, le nombre de diffusion, l'exclusivité ou non. La nature des intermédiations qui se jouent sur les marchés a récemment sensiblement évolué sous l'effet de l'émergence des plateformes de streaming[33]. Un processus de désintermédiation se dessine s'accompagnant d'une fluctuation des prix liée aux apports financiers considérables qu'injectent ces acteurs dans l'industrie audiovisuels[34].

> Les marchés constituent par ailleurs des places d'observation privilégiées des orientations et tendances de la filière, les conférences et tables rondes qui y sont organisées permettent d'actualiser les connaissances économiques sur le secteur. Ils « compriment l'ensemble de l'industrie mondiale en un seul lieu » en constituant des « clusters temporaires », « où les entreprises du monde entier apprennent les unes des autres » (Schuldt & Bathlet, 2011).

Considérant ces différents aspects, les marchés tels que nous les envisagerons dans cette contribution peuvent être définis comme des manifestations événementielles rassemblant des professionnels (producteurs, diffuseurs, distributeurs, vendeurs internationaux, exploitants) dans un lieu déterminé, dans une période donnée, pour permettre leur mise en relation avec des objectifs à la fois transactionnels, relationnels et de visibilité. L'appellation de « marché du film », communément mobilisée pour illustrer la nature de ces manifestations, doit être comprise ici dans une logique englobante incluant les contenus sériels, puisqu'il existe aussi des marchés tels que décrits ci-avant pour ces productions en pleine expansion dans le secteur audiovisuel[35].

Pour apprécier la teneur de ces manifestations, on peut évoquer les travaux de Romain Lecler (2017) ou encore de Jean Baptiste Scherrer (2018) sur respectivement les marchés du film de Cannes et d'Annecy ayant en commun de mettre en lumière la dimension festive, voire carnavalesque des marchés, avec « une ambiance de dingue » en parallèle à une forme d'effervescence

---

33 Voir à ce sujet l'entretien Pierre Mazars, Aude Hespert et Hélène Laurichesse, Laurichesse, « Les festivals et les marchés du film », *Entrelacs* [en ligne], 14 | 2018, mis en ligne le 03 janvier 2019, consulté le 19 janvier 2023. URL : http://journals.openedition.org/entrelacs/4320 ; DOI : https://doi.org/10.4000/entrelacs.4320

34 33 milliards pour Disney en 2022, 17 milliards pour Netflix, 1 pour Amazon, 6 pour Apple.

35 La dénomination de marché audiovisuel a été écartée pour rester dans le périmètre des productions de films et séries, sensiblement différent de celui des jeux vidéo (répertorié dans les activités du secteur audiovisuel).

chronique, une impression de confusion, « un carnaval tonitruant de l'achat et de la vente », un rythme effréné, un épuisement physique, dans un environnement bruyant. En termes de communication, les vidéos de présentation des marchés privilégient clairement sa dimension festive.

Le clip 2023 destiné à encourager les inscriptions au marché du film à Cannes laisse à penser qu'il s'agit d'une sorte de séjour où l'on est voué à « s'éclater » dans une surenchère d'événements festifs. Les images montrent à la fois une mer turquoise, la plage, les coupes de champagne, un feu d'artifice, des soirées où l'on danse dans une ambiance euphorique, un peu survoltée. A Annecy également, dans les vidéos du MIFA on peut apercevoir les participants allongés sur les chaises longues devant le lac, ou encore assister à un concert, danser, se déguiser, boire de l'alcool, et manifestement beaucoup s'amuser. Dans cette ambiance fiévreuse, les villes d'accueil sont littéralement prises d'assaut par les participants, bien au-delà des espaces dédiés, le marché est partout, dans les commerces, dans les bars, les restaurants, les fêtes, sans délimitation précise.

2. Ce que les marchés font aux festivals

« Un festival doit-il suivre le marché ou chercher à le transformer ? » : une question – un peu vaine – posée à Carlo Chatrian du Festival de Locarno[36] qui y répond en se retranchant derrière une pirouette « Locarno a fait son choix ». Laissant penser que le marché n'est pas son sujet, ni son univers, au contraire de Mostra de Venise à laquelle il est fait allusion pour marquer une différence de positionnement due à la présence de Netflix en sélection. Une posture prévisible qui semble toutefois bien loin de la réalité des imbrications désormais omniprésentes entre festivals et marchés.

Les deux événements ont d'ailleurs une définition suffisamment proche pour semer une forme de confusion. Ainsi, la définition du festival en tant que « rassemblement de personnes à un moment et en un lieu précis à des fins culturelles, sociales, médiatique et parfois commerciales » (Thévenin & Moeschler, 2021), s'apparente sensiblement à celle qui vient d'être proposée

---

[36] *Télérama*, publié le 31/07/18 mis à jour le 08/12/20 https://www.telerama.fr/cinema/un-festival-de-cinema-doit-il-suivre-le-marche-ou-le-transformer-locarno-a-tranche... ,n5747900.php

pour définir les marchés. Elle s'en différencie cependant sur la dimension « transactionnelle » et peut être sur le « *parfois* » qui accompagne la dimension commerciale témoignant de l'ambiguïté qui s'est installée entre les deux types de manifestations. Historiquement, le positionnement respectif des festivals et des marchés est pourtant bien identifié : pour les premiers une approche éditoriale fondée sur une appréciation artistique en vue de la sélection et de l'exposition des œuvres au public, pour les deuxième une approche « business » du secteur permettant le financement et les achats et ventes de films. En 1959, l'inauguration à Cannes du marché qui va devenir le rendez-vous annuel des professionnels de l'audiovisuel du monde entier, se manifeste encore timidement de manière artisanale et improvisée, largement en retrait de l'événement festivalier auquel il s'adosse. C'est ensuite pendant l'année 1995 qu'un tournant s'opère lorsque le marché du film intègre, sous la direction de Jérôme Paillard, l'association française du festival, officialisant ainsi l'imbrication entre les deux entités. Dès lors, l'événement cannois devient pionnier et emblématique de la tendance à « l'industrialisation » des festivals qui va se généraliser dans les années qui suivent.

Pierre-Jean Benghozi et Claire Nénert (1995) notent à ce propos :

> Dans une manifestation bien organisée comme celle du festival de Cannes, personne n'est capable de distinguer ce qui relève du marché et ce qui relève de l'évaluation artistique, quels acteurs participent à l'une ou à l'autre des différents systèmes de légitimité et de valorisation.

Appréhendée sous le prisme des études sur les festivals qui prévalent dans les recherches académiques, cette combinaison « marché-festival » ou « festival-marché », rend compte de ce mouvement de manière partielle en s'intéressant à *ce que le marché fait au festival* dans une vision politiquement orientée et méthodologiquement discutable – du moins discuté – des *Cultural Studies* (Chalard-Fillaudeau, 2003). S'agissant d'étudier les transformations des festivals faisant face à la progression des marchés, il est alors question de « festival hybride » (De Valk, 2014) pour exprimer le double versant artistique et industriel qu'ils assument, ou encore de « *Festival Industry Oriented* » (Iordanova, 2022). Envisagée de façon contextuelle plus que comme objet d'étude, l'évolution du format événementiel de ces manifestations est perçue comme *une extension du rôle des festivals* vers des fonctions de développement et de production, illustrant une forme de dérive de leur mission première.

Ce qui se joue est pourtant d'une autre nature, celle notamment de l'émergence d'un nouvel équilibre qui s'opère dans un rapprochement des activités artistiques et économiques comme le reconnaît d'ailleurs Marijke De Valck (2014), figure emblématique du courant des *Festival Film Studies*[37]. La montée en puissance de la dynamique industrielle et entrepreneuriale dans ces événements, observe-t-elle, constitue la transformation la plus marquante, prenant même le pas sur l'importance de la programmation puisque c'est désormais cette dimension – de marché – qui forge la réputation de l'événement. Dans cette nouvelle donne, il apparaît que les festivals, auparavant autonomes dans leur mode de sélection et de diffusion des films, sont devenus assez largement dépendants de l'intégration d'une dimension industrielle à leur événement pour construire leur réputation, et pour instruire des demandes de subventions.

En tout état de cause, pour rendre compte au plus juste de la tendance qui s'opère, il convient d'étudier plus spécifiquement la complémentarité de l'approche artistique et commerciale mêlée, imbriquée dans un positionnement de management touristique et événementiel et l'interdépendance des activités de programmation, de développement (incluant la découverte des talents), de production, de distribution, et d'exportation de ces manifestations événementielles.

3. Ce que les marchés font à la création

L'imbrication entre les dimensions artistiques et économiques qui vient d'être évoquée se traduit notamment par une orchestration grandissante du développement et du montage financier des projets. L'enjeu fondamental de ces marchés de projets est celui de la découverte des talents qui se formalise désormais autour des dispositifs d'intermédiation à l'œuvre sur les marchés. Il s'agit d'assurer la sélection des projets, puis de les accompagner dans la mise en relation avec des partenaires de création et de financement. Une telle ambition nécessite toutefois de répondre à une question centrale : qu'est-ce qu'un « bon » projet de film ? Plus exactement, ce qui nous occupe ici est

[37] Le courant des *Production Studies* qui précisément étudie les communautés de pratiques ne s'est pour l'heure pas encore consacré au champ des marchés du film à notre connaissance.

de savoir ce qu'est un « bon » projet de film du point de vue des marchés dans les pratiques actuellement en vigueur. Concernant les mécanismes de sélectivité, c'est-à-dire la façon dont s'organise la sélection pour opérer un choix à travers des outils et des méthodes jugés pertinents, il apparaît que le dispositif du pitch, qui constitue la modalité d'intermédiation la plus courante, est emblématique d'une tendance à la mise en compétition des projets.

Dans cette perspective, le pitch formel (il peut être informel dans sa version *Elevator*[38]) se formalise généralement sous la forme d'une présentation orale de porteurs de projets (auteur ou binôme auteur-producteur) devant un jury composé de professionnels d'une durée pouvant varier entre 5 à 15 minutes[39], suivie de questions. Les « lauréats » des pitchs peuvent obtenir des récompenses (bourses de financement, accès à une résidence d'écriture par exemple) ou retenir l'intérêt d'un producteur qui décide d'apporter son soutien au projet.

A travers ce dispositif du pitch, désormais omniprésent sur les marchés, l'évaluation des projets repose sur une logique compétitive qui s'apparente largement à celle du concours. Il ne s'agit pas seulement d'être « bon » lors d'une présentation de pitch, il faut surtout être meilleur que les autres, se démarquer. « Pitcher, c'est convaincre » explique Claire Dixsaut (2022) spécialiste du pitch dans la formation et le conseil, en insistant sur la dimension marketing de l'outil : la présentation ne doit pas consister à raconter l'histoire du film, mais à convaincre des interlocuteurs sur la base d'une promesse narrative et visuelle, d'accompagner ou de financer un projet. Pour cela, un bon pitch nécessite de gommer toutes les nuances, les subtilités, les complexités du récit pour n'en garder – à la façon d'une publicité – qu'une ligne claire, simple, compréhensible qui permet de cerner en quelques minutes l'adéquation du projet avec une ligne éditoriale et son potentiel artistique et commercial. La nécessité de maîtriser l'exercice du pitch, devenu une sorte

38 Le pitch dit « Elevator » correspond à une présentation éclair dont la durée est celle d'un trajet en ascenseur. C'est une image mais aussi une réalité de terrain fréquente lorsque les professionnels se croisent lors d'un festival ou marché de façon informelle.

39 Les pitchs présentés aux plateformes sont beaucoup plus longs que ceux qui se réalisent dans les festivals ou auprès des chaînes. Cette différence s'explique par la nature des projets, notamment une prédominance des séries qui réclament plus de temps, mais aussi par une volonté d'entrer davantage dans le détail du projet. (Dixsault, in Laurichesse et Bonhomme, 2022).

de passage obligé pour les nouveaux entrants sur le marché, justifie ainsi le développement d'un « business du pitch ». Dans l'esprit de concours, il faut apprendre, s'entraîner et réviser : des formations sont à cet effet proposées directement sur les marchés mais également tout au long de l'année. Autour de ce business, émergent de nouveaux métiers, consacrés à assurer l'organisation de ces événements et leur bon déroulement. Ces activités représentent à la fois un coût et une ressource puisque – de façon comparable à une inscription en festival – les frais d'inscriptions aux pitchs se situent entre 300 et 400 euros pour les participants (Dina Iordanova, 2022). Une effervescence qui pose question sur l'édifice des tels dispositifs, dont l'efficience reste à démontrer selon Laurent Creton et Frédéric Gimello-Mesplomb (2022).

De la logique de concours qui anime les pitchs se dégage une double évaluation, celle qui relève du projet et celle qui relève du porteur du projet. Au-delà du projet, c'est en effet une personnalité qui peut être remarquée construisant au fil des sélections et des récompenses sa notoriété. Pour les auteurs en l'occurrence, les dispositifs de pitchs sont largement dédiés à la découverte des talents, ce dispositif étant beaucoup plus rarement mobilisé pour les talents confirmés. Le parcours de ces nouveaux entrants sur les marchés est apparenté à une « économie de tournoi » (Pierre-Michel Menger, 2009) jonchée d'épreuves sociales qui façonnent au fil du temps les réputations des professionnels. Ainsi,

> Le rôle du marché ne serait donc pas circonscrit à trouver des débouchés à des œuvres déjà produites, mais également à façonner, conditionner, accompagner, des œuvres en développement, voire à faire et défaire des « réputations » (Moeran, Pedersen, 2011).

La Berlinale Talents, la Locarno Summer Academy, le Rotterdam Lab, le Torino Festival Lab Training Programs pour n'en citer que quelques exemples, illustrent dans ce registre le processus de sélection très compétitif des nouveaux talents.

Dans cette dynamique, il apparaît que les marchés contribuent assez largement à infléchir la création dans la mesure où *via* ces dispositifs, ils interviennent en amont de la fabrication pour jouer le rôle de filtre en effectuant une sélection en fonction de critères entrecroisant potentiel commercial, politique éditoriale et public cible. C'est la politique éditoriale d'une chaîne, d'une plateforme ou d'un festival qui va conditionner le choix en fonction d'un « public cible ». Autrement dit, dans la logique de marché, il n'y aurait de « bon » projet qu'au regard de la politique éditoriale de chaque acheteur ou diffuseur (Dixsaut, Laurichesse, 2022). Raisonnablement, on pourrait penser que les projets ne sont pas déterminés en amont par les politiques éditoriales des uns ou des autres, mais qu'au regard de leur orientation et de leur style ils seront plus ou moins en adéquation avec les besoins de tels ou tels diffuseurs.

Dans le registre du « cinéma du monde », plusieurs travaux font état d'une influence directe des critères de sélection sur la nature des projets présentés (Tamara Falicov 2022, Dina Iordanova, 2022, Romain Lecler, 2017, notamment). Ils s'appuient sur une analyse « néo-colonialiste » des mécanismes de soutien aux industries cinématographiques des pays européens (dits « dominants ») aux pays où l'activité cinématographique est peu développée (dits « dominés »). Dans une dynamique vouée à soutenir la diversité des cultures, des fonds spécifiques sont ainsi dédiés à certains pays éligibles. Tel est le cas de l'emblématique fonds Hubert Bals qui depuis trente ans est destiné à soutenir les cinéastes d'Afrique, d'Asie, d'Amérique latine, du Moyen-Orient et de certaines régions d'Europe de l'Est à chaque étape du processus de réalisation d'un film – du développement du scénario à la post-production. L'analyse des critères de sélection – qui peuvent inclure ceux des commissions au-delà des dispositifs des marchés du film – met en exergue un horizon d'attente assez précis des qualités requises pour qu'un projet étranger soit soutenu : il faut principalement que le projet ait un potentiel dans le circuit du cinéma d'auteur transnational, répondant à une « esthétique art et essai mondialisée » – selon la formule de Tamara Falicov (2022) – conforme à la représentation que l'Occident se fait de l'endroit d'où provient le réalisateur. Elle estime que la narration, la mise en scène, le choix du casting sont déterminés par cette exigence transnationale. Dans cette même logique, Romain Lecler (2017) observe qu'« Au fond, il s'agit toujours de divertir et cultiver un public du Nord qui est celui des festivals internationaux et des salles d'art et essai ». Il identifie les critères attendus autour de trois dimensions récurrentes : raconter, documenter, universaliser. Ces fonds s'inscrivent selon son analyse dans une logique de « diplomatie marchande française de la diversité culturelle » qui conduit à une normalisation des projets.

On attend d'eux en effet d'être « authentiques », c'est-à-dire de savoir documenter avec clarté, vraisemblance, sincérité, de manière inédite et pertinente la réalité sociale, culturelle et historique d'un pays dominé en matière cinématographique. En fait, il s'agit d'arriver à divertir et à cultiver un public du Nord qui est avant tout celui des festivals internationaux et des salles d'art et essai. C'est la condition de leur accompagnement.

A cet effet, les porteurs de projets chercheraient dès le stade d'écriture de leur projet à se conformer aux critères de sélection susceptibles de les placer en position de séduire le jury car il s'agit de « leur seule chance de s'exprimer » à la condition de « parvenir à cultiver, documenter, divertir, émouvoir et surtout surprendre – mais pas trop – un public étranger, celui du Nord, en faisant un usage stratégique de leur propre origine ».

Dans ce contexte déjà contraints dans la découverte des talents, une logique systémique de circuit vient poser le cadre de la construction d'une réputation et d'une notoriété des talents émergents. Les deux premières étapes se situent au niveau du développement et de la production : la première étape consiste à être sélectionné de façon à accéder aux dispositifs permettant une mise en relation avec les professionnels, la deuxième à être choisi par le jury pour bénéficier d'un accompagnement ou du financement du projet. Les étapes suivantes se situent au niveau de la diffusion du film achevé dans une même logique : il s'agit de réussir à accéder aux sélections puis aux prix et récompenses en festivals. La construction de la réputation des talents qui s'appuie sur ce cheminement présente toutefois la limite de se dérouler dans un circuit relativement fermé qui bénéficie aux mêmes auteurs et projets parmi les festivals et marchés les plus en vue. Illustrant l'effet de « cumul de notoriété et consécration artistique » (Quemin, 2013), le parcours de ces talents en devenir dépendrait ainsi de leur entrée dans le circuit, déterminante pour poursuivre l'aventure. Un effet « boule de neige » assure ensuite la liaison entre marché et festival : au premier niveau (développement et production), être sélectionné pour un pitch permet l'obtention d'une bourse, qui elle-même en envoyant un signal de qualité sur le marché entraîne d'autres sélections et d'autres financements, lesquels vont permettre des opportunités de nouvelles sélections et diffusions en festival. Tamara Falicov (2022, p. 112) fait état de ce constat à travers un profil type des participants à ces dispositifs :

> Les profils des participants témoignent d'un parcours jonché d'une multitude de récompenses pour leurs courts-métrages, de distinctions pour leurs premiers scénarios, et dans l'ensemble, démontrent une forme d'apprentissage du système, pour entrer dans le circuit, accumuler les distinctions et continuer à profiter de ces dispositifs.

Ce circuit fermé se manifeste à la fois sur plusieurs événements et au sein même d'une manifestation. Au niveau international, le calendrier annuel des différents marchés organise la circulation internationale des projets, on y retrouve assez largement les mêmes projets et les mêmes invités tout au long de l'année. Un circuit interne à un même événement s'observe également : au marché du film, dans le corner Cannes Court-Métrage, les auteurs doivent s'inscrivent à un maximum de propositions afin d'espérer être retenus dans l'une d'elles (Pitch Training Session, Atelier Feedback Session, Petits déjeuners, Producers Rooms, Short in développement, Focus WIP, Focus Script). Des passerelles existent aussi entre la sélection officielle du Festival de Cannes et la Cinéfondation (rebaptisée Cinef depuis 2022) qui joue un rôle primordial dans la découverte de nouveaux talents. En 2022, on peut ainsi identifier 14 artistes sélectionnés par la Résidence ou l'Atelier de la Cinéfondation présents dans les différentes sélections du Festival[40]. Lukas Dhont accueilli dans la résidence en 2016, remporte en 2018 la Caméra d'or du festival de Cannes pour son film pour *Girl* et obtient en 2022 avec *Close* le grand prix de ce même festival. Doroteya Droumeva qui avait reçu le premier prix de la sélection de la Cinéfondation obtient avec *The Vagabonds* une sélection en séances spéciales du festival. Trois réalisateurs sélectionnés pour « Un certain regard » en 2022, sont également passés par la Cinéfondation (Emin Alper en 2020 ; Emily Atef en 2007 ; Chie Hayakawa en 2014). Dans la sélection de la Semaine de la Critique on en comptabilise également trois (Mikko Myllylahti, Evi Kalogiropoulou, Diego Céspedes). Enfin, dans la sélection de la quinzaine des réalisateurs, on retrouve six réalisateurs.trices dont Léa Mysius (2014), et Alice Winocour (2011). Ces sélections et récompenses se retrouvent ensuite à l'international, en 2022, après avoir voyagé dans 21 festivals et 12 pays, la sélection des courts métrages totalise 7 prix et 37 sélections à travers le monde[41].

Conclusion

Quelques grandes orientations peuvent se dégager de cette analyse des marchés du film en tant que champ de recherche autonome. En premier lieu, il

---

[40] Georges Goldenstern laisse un solide héritage à la Cinéfondation, *Écran Total*, 22 mai 2022.

[41] https://www.cinefondation.com/fr/actualites/article/courts-a-cannes-et-apres

apparaît qu'une grande diversité de perspectives est requise en raison de sa nature interdisciplinaire. L'approche des marchés en tant que FCE permet d'y appréhender les pratiques individuelles comme la construction d'un savoir collectif grâce à leurs interactions sociales. L'imbrication des marchés du film avec les activités festivalières ne constitue que l'une des orientations des recherches à mener. Le rôle joué par ces marchés dans la filière audiovisuelle au niveau de la découverte des talents, à travers des dispositifs d'intermédiation tels que le pitch, est particulièrement pertinent à étudier pour en apprécier les effets sur la nature des productions qui seront finalisées. On retient aussi de cette analyse l'effet concurrentiel accru par le processus de compétition très sélectif entre les porteurs de projets. Cette tendance se généralise à l'ensemble des acteurs de la filière, y compris les festivals et marchés en tant que manifestations événementielles qui s'engagent dans une politique de marque active pour affirmer leur positionnement, leur identité et fidéliser les participants et les financements. L'industrialisation croissante du fonctionnement de la filière audiovisuelle se retrouve ainsi dans la nouvelle forme de manifestation événementielle combinant les dimensions de marché et de festival. Les marchés du film en tant que FCE témoignent « des processus qui transforment un ensemble disparate d'organisations et d'individus en une "communauté d'organisations qui participent à un système de signification commun" (Scott et al., 2000) ». Les auteurs précisent à ce propos que le rôle d'un FCE peut aussi être de contribuer à établir « des normes, la définition de pratiques et la codification de vocabulaires clés, ainsi que le positionnement du domaine par rapport à d'autres domaines et institutions ».

CHAPITRE VI

Esquisse d'une socio-économie des genres cinématographiques

Quentin Mazel

Au contraire des recherches anglo-saxonnes, les études cinématographiques françaises se sont tardivement emparées de la question générique (Moine, 2015 [2002], p. 2). Si les obstacles définitionnels[42] peuvent en partie expliquer cette désaffection (Moine, 2015 [2002], p. 4), la notion semble aussi souffrir d'une mauvaise réputation ; elle serait « peu fréquentée parce qu['elle] paraît[rai]t peu fréquentable » (Moine, 2015 [2002], p. 4), comme l'écrivait Raphaëlle Moine dans son ouvrage pionnier.

Les travaux qui ont émergé ces dernières années ont principalement appréhendé la catégorie générique comme un paramètre de l'analyse filmique, permettant l'étude de vastes corpus d'œuvres. Les quelques recherches ayant adopté une perspective socio-économique ont pour la plupart porté sur le *studio system* hollywoodien (Augros et Kitsopanidou, 2016 [2009], pp. 71–78 ; Bourget, 2016 [2005]). Les genres y sont analysés comme les conséquences d'une structure de production capitaliste au sein de laquelle les décisions contraintes par la concurrence visent à reproduire ou se distinguer d'une formule préexistante (Bordwell, Staiger et Thompson, 1985, pp. 96–97). En permettant aux grandes compagnies de se spécialiser sur un segment de marché spécifique et d'y acquérir un avantage comparatif, les genres s'incarnent dans des formes d'organisation facilement objectivables.

Si cette perspective s'avère particulièrement opératoire au sein d'un contexte caractérisé par la présence de sociétés verticalement intégrées employant les personnels créatifs sur des contrats de longues durées, elle semble rencontrer des difficultés à appréhender des cas comme celui de la filière française. Un nombre extrêmement réduit de travaux ont par

[42] Les genres cinématographiques s'avèrent difficiles à définir, notamment à cause de leur tendance à l'hybridation et des continuités entre les médiums.

exemple emprunté cette voie pour décrire l'activité économique cinématographique hexagonale (Forest, 2010 ; Gimello-Mesplomb, 2012 a, 2012b). La raison tient à la structuration même du secteur. D'une part, les sociétés ne se sont jamais véritablement et durablement déployées sous la forme de « studio », d'autre part, le « modèle français » accorde une centralité juridique et symbolique à la figure de l'auteur (Mary, 2006 ; Alexandre, 2015 ; Pacouret, 2019 a, 2019b) – emportant les faveurs des chercheurs au détriment d'autres grilles de lecture. Pourtant, l'industrie s'est structurée autour de deux genres cinématographiques, le drame et la comédie, qui représentent l'essentiel de la production annuelle (Forest, 2010, p. 112) et dialectisent le secteur entre un pôle de production restreinte et un pôle de production élargie (Duval, 2006, 2016). Cette formation duale, associant tendanciellement des propriétés esthétiques et des caractéristiques économiques, s'est faite au détriment d'autres genres cinématographiques, comme le fantastique, la science-fiction, le western ou le péplum, relégués à une place anecdotique dans l'historiographie nationale (Forest, 2010, pp. 114–118 et pp. 138–139 ; Creton, 2020 [1994], p. 88), mais largement investie par d'autres pays, comme les États-Unis, notamment au travers de *blockbusters* (Forest, 2010, pp. 141–145). Un tel constat appelle souvent des explications culturalistes peu convaincantes : les spectateurs français auraient un esprit trop cartésien, certaines esthétiques s'éloigneraient trop de l'histoire nationale. En faisant reposer l'absence d'une offre sur la seule frilosité supposée de la demande – ce qui n'est bien sûr pas sans conséquences – ces discours mettent de côté les contraintes relevant de la structuration de la filière. Elles semblent pourtant jouer un rôle déterminant, puisque l'industrie cinématographique ne produit pas des œuvres qui répondent clairement aux envies du public, mais reposent au contraire en grande partie sur la construction *ad hoc* de ces dernières.

Sans pour autant prétendre retracer une épistémologie exhaustive – d'autres l'ont déjà fait de manière remarquable (Moine, 2015 (2002), Delaporte, 2015) –, cet article se propose de revenir sur différentes recherches ayant abordé la question des genres cinématographiques pour esquisser les lignes directrices d'un programme capable de les appréhender comme des objets socio-économiques. Si cet article n'a pas pour ambition de traiter spécifiquement la filière française, il se propose d'exposer des outils capables de le faire.

1. Le genre entre texte et contexte

L'analyse empirique[43] des genres cinématographiques s'est inscrite au sein d'une alternative théorique et méthodologique qui distingue des approches textuelles et contextuelles. Dans la première conception, les genres renvoient à des propriétés objectives, internes aux œuvres. Ils correspondent à des catégories définies à partir de critères stables et cohérents, thématiques ou formels. Ils réunissent et se rapportent à des traits discernables, un système qui organise le discours des films (Metz, 1975). À ce titre, ils forment des schémas ou des structures qui préexistent aux objets et s'actualisent par des cycles de répétitions et de variations.

Dans la seconde conception, les catégories génériques sont relatives à un contexte historique et social, leur sens et leur contenu (vocabulaire et géométrie) variant en fonction des personnes et des groupes sociaux qui les emploient – un constat qui a d'ailleurs conduit au développement de réflexions sur le statut épistémique de cet indicateur dans les grandes enquêtes statistiques (Guy, 2000, pp. 109–110 ; Ethis, 2004, pp. 66–69 ; Delaporte, 2015, pp. 112–116). Dès lors, les genres ne sont pas tant situés dans les œuvres que dans les usages et les dispositifs qui s'en saisissent (Esquenazi, 1997 ; Delaporte, 2015, 2019).

Certains chercheurs et chercheuses ont cependant entrepris de concilier explicitement les approches « textuelles » et « contextuelles ». Raphaëlle Moine insiste par exemple pour que le genre ne soit plus seulement défini par des propriétés « internes », mais aussi par des indicateurs « externes » (Moine, 2015 (2002), p. 85) qui peuvent être des éléments paratextuels (affiches, bande-annonce, etc.) et métatextuels (commentaires savants et critiques).

Ces différents éléments prennent place dans un processus complexe d'interprétation. Les indicateurs externes (les discours promotionnels, par exemple) conduisent les spectateurs à élaborer un horizon d'attentes (Jauss, 1990 [1978]) avant même le visionnage. L'identité générique constitue alors un pacte (Casetti, 2015 [1993], p. 302), une promesse (Jost, 1997) ou une grille de lecture qui oriente la perception selon un principe top-down. Elle amène les spectateurs à anticiper certaines propriétés internes, tout en favorisant leurs identifications. Dans un mouvement inverse (bottom-up), la matérialité de l'œuvre éprouve les représentations des spectateurs (Bessy et Chateauraynaud,

[43] Par empirique nous désignons les perspectives descriptive et inductive.

2014 [1995]), confortant ou déjouant leurs prédictions. L'écart généré par cette confrontation amène les individus à redéfinir l'identité générique de l'œuvre ou à actualiser les connaissances qu'ils ont de cette catégorie.

L'association d'un film à un genre repose donc sur des critères socialement construit et acquis par les individus. L'étendue du consensus à propos de cette connaissance générique permet d'expliquer les situations d'accord et de désaccord – l'expérience menée par Emmanuel Ethis, explicitant bien à quel point il est possible d'associer un extrait à une variété de catégories (Ethis, 2006, pp. 171–176) et donc de le voir d'autant de façons. En pouvant être partagées, ces connaissances offrent la possibilité d'une perception commune. Dès lors, l'existence d'un genre tient « formellement » à l'apparition d'une syntaxe suffisamment cohérente pour organiser la sémantique des œuvres, pour le dire comme Rick Altman (Altman, 1992 [1987]), et « socialement » à l'accord de personnes sur la reconnaissance de cette sémantique et de cette syntaxe (Moine, 2015 [2002], p. 62).

Le lien associant des propriétés – internes et externes aux œuvres – à des catégories génériques, constitue des conventions (Becker, 2010 [1982], pp. 68–78) esthétiques[44]. Suffisamment intériorisés et partagés, elles peuvent paraître évidentes, pour autant elles n'ont rien de rigide ou d'immuable, puisqu'il leur arrive d'être contestées, d'évoluer ou même de disparaître. En limitant seulement la prolifération du sens[45], elles préservent une part d'indétermination à toute situation d'expérience. Dès lors, elles forment les préalables à une perception commune, en d'autres termes des cadres (Goffman, 1991 [1974]) à l'interprétation. Ces conventions ne sont donc pas seulement incorporées dans les personnes (sous la forme de savoir, de compétence, représentations), elles sont aussi objectivées (dans des films, des dispositifs d'appréciation, des objets, des indicateurs, des lieux). Ainsi, pour qu'un genre puisse exister, il est nécessaire que ceux qui font les films (producteurs, cinéastes, scénaristes, etc.) et ceux qui les regardent, les considèrent comme relevant d'un même ensemble (Moine, 2015 [2002], p. 62 ; Casetti, 2015 [1993], p. 298). En d'autres termes, il faut que d'un bout à l'autre du marché – de la production à la consommation – les individus partagent des conventions.

---

44 Le terme esthétique renvoie dans ce contexte au domaine d'activité et aux propriétés internes de l'œuvre.

45 Pour reprendre la formule de Michel Foucault à propos de l'auteur (Foucaut, 1994, [1969]).

2. De l'importance des conventions

Pour comprendre la portée socio-économique de ces conventions, il convient de rappeler la double incertitude qui structure les marchés des biens singuliers (Karpik, 2007, pp. 38–46), auxquels les arts renvoient. D'un côté, les consommateurs ne peuvent jamais parfaitement anticiper la qualité des produits qu'ils achètent (les biens sont dits d'expérience) ; de l'autre, les producteurs ne peuvent pas tout à fait prévoir la réussite commerciale des projets sur lesquels ils investissent (la fabrication relevant d'une économie de prototypes) – une situation souvent résumée par la fameuse formule de William Goldman (Goldman, 1984), reprise par l'économiste Richard Caves : « *Nobody knows* » (Caves, 2002, pp. 2–3).

Dans ce contexte, les genres cinématographiques permettent de réduire l'incertitude des deux côtés du marché. Ils servent aux spectateurs à anticiper les propriétés sémantiques et syntaxiques des films, mais aussi le plaisir qu'ils sont susceptibles d'en tirer, au vu de leur savoir acquis au contact d'œuvres relativement similaires (Leveratto, 2006, pp. 55–62 ; Jullier et Leveratto, 2010). À ce titre, ils représentent des outils de prise de décision particulièrement performants (Ethis, 2000). Pour les producteurs, les catégories génériques constituent un moyen de minimiser les risques d'échec en anticipant la demande du public – celui-ci ayant toutes les chances d'être composé et de se comporter de manière relativement analogue devant des films qui partagent une même formule.

Pour autant, ces conventions génériques ne se limitent pas à réduire l'incertitude du marché. Elles prennent part au processus de fabrication même. D'une part, elles participent de la culture professionnelle des agents au travers d'un répertoire d'actions (Becker et Faulkner, 2011 [2009]) relatif à la confection d'œuvres génériquement marquées. En d'autres termes, la traduction de connaissances abstraites en un stock de savoir-faire capables de faire émerger concrètement certaines propriétés sémantiques et syntaxiques. Ce sont grâce à ces conventions qu'un décorateur peut construire un saloon digne d'un western, qu'un technicien des effets spéciaux est capable d'élaborer un costume d'extraterrestre pour un film de science-fiction ou qu'un scénariste sait développer un scénario à suspense pour un thriller. Véritable assise à la création, elles facilitent le travail des artistes qui ne sont pas obligés de réinventer en permanence et en profondeur chaque forme. Elles donnent enfin la possibilité aux différents professionnels d'acquérir une expérience sur des tâches et des segments de marchés spécifiques.

D'autre part, en étant contrainte par des impératifs d'innovation (Creton, 2020 [1994], pp. 17–18), l'industrie tend à déployer de nouvelles chaînes de coopérations à l'occasion de chaque projet (réunissant un casting, des techniciens, des financiers, un distributeur, etc. spécifique au film) (Benghozi, 1989, pp. 38–41). En mobilisant parfois plusieurs centaines de personnes, ce renouvellement constant des collaborateurs complique l'organisation du travail ; il suffit de laisser défiler les crédits d'un générique pour prendre la mesure de la liste des contributeurs reconnus et appréhender par là même l'ampleur du travail de gestion des ressources humaines. Dans ce contexte, les conventions génériques participent à la coordination des agents. Au lieu de passer par d'interminables discussions, ces accords tacites permettent de gagner du temps en servant par exemple aux différents intervenants à se figurer le produit fini, c'est-à-dire une partie de ses propriétés supposées. Dans le même temps, ils permettent aux individus d'anticiper l'action des autres personnes impliquées dans la fabrication, facilitant ainsi leur propre inscription dans la division du travail.

Ces conventions offrent donc aux fabricants des avantages qui paraissent si évidents que l'on peut avoir tendance à les oublier. Pour en prendre la mesure, il suffit de voir le coût humain, financier et intellectuel qu'en changer suppose (Becker, 2010 [1982], pp. 56–58 ; Mary, 2006). On comprend ainsi, comment les conventions, tout en maintenant une part d'indétermination, favorisent une inertie des comportements, comme les routines ou les spécialisations (Delaporte, 2015, pp. 74–75).

En synthétisant un ensemble de propriétés supposées, les genres cinématographiques remplissent donc des fonctions communicationnelles. Supports d'information entre les producteurs et les consommateurs, mais aussi entre les personnes participant à la fabrication, ils constituent des dispositifs performants d'appariement entre l'offre et la demande, mais aussi des outils de coordination au sein de la filière. Dès lors, les conventions génériques ne constituent pas seulement les préalables d'une perception commune, elles servent aussi de préalable à une action collective. Dans ce cas-ci, les conventions relèvent du domaine du travail[46]. Si elles participent à stabiliser les objets en fixant des cadres d'interprétation (comme nous l'avons vu dans

[46] À nouveau, le terme travail renvoie dans ce contexte à l'ensemble des tâches nécessaires à faire matériellement émerger une œuvre.

de la section précédente), elles contribuent également à l'émergence concrète des propriétés textuelles en organisant la fabrication des œuvres.

Si ces conventions sont si importantes pour l'industrie, elles ne « tiennent » pas seules. Bien au contraire, leur existant, leur application et leur maintien sont le fruit d'un effort, d'un travail mené par une foule d'acteurs.

3. Les conventions et leurs travailleurs

L'existence et la pérennité des conventions supposent l'action de nombreuses personnes : d'un côté, toutes celles qui réalisent des activités de créations[47] (réalisateurs, techniciens, acteurs, scénariste, décorateurs, maquilleurs, etc.), c'est-à-dire qui sont directement impliquées dans la confection des propriétés « internes » des œuvres ; de l'autre, toutes celles qui sont engagées dans des activités d'intermédiation (producteurs, distributeurs, programmateurs, universitaires, critiques, etc.), consistant pour partie à prévoir et orienter la réception (Roueff, 2013, pp. 13–16 ; Jeanpierre et Roueff, 2014), grâce à des dispositifs de jugement (Karpik, 2007, pp. 68–71), des indicateurs « externes », paratextuels et métatextuels. La vitalité d'une esthétique générique repose ainsi sur la capacité de cette population hétérogène à travailler de concert, malgré les incompréhensions, les intérêts divergents et les relations de concurrences.

Dans ce contexte, les genres cinématographiques peuvent être associés à des mondes, composés « de toutes les personnes dont les activités sont nécessaires à la production, [la distribution et la valorisation] des œuvres » (Becker, 2010 [1982], p. 58). Ils se déploient sur des chaînes de coopération reliant les participants selon un ordre établi (Becker, 2010 [1982], p. 58–59). Elles associent des personnes travaillant de manière plus ou moins régulière, qui créent, se coordonnent et anticipent la réception grâce à un système de conventions, qu'elles participent par la même à produire et à perpétuer.

Au sein des sciences de l'information et de la communication, le terme de « sous-filière » (Miège, 2017 [2000], pp. 89–90) a parfois été employé (notamment dans le domaine musical) pour décrire ce type d'espace relativement autonome, organisé autour d'une esthétique spécifique. Si les deux concepts entretiennent des proximités, celui développé par Howard Becker accorde

[47] À cette population il faut ajouter les personnels de renfort (Becker, 2010 [1982], p. 30) dont les activités sont indispensables à la création.

aux conventions une place significative. Il permet notamment d'appréhender les liens de continuité entre des domaines et des espaces trop souvent séparés, comme l'esthétique et le travail, la production et la consommation.

Ainsi considérés, les genres cinématographiques renvoient autant à des conventions qu'à des populations de travailleurs en prise avec les problématiques d'une filière. Pour chacun de ces mondes, les contraintes et moyens financiers, techniques, infrastructurel, professionnels, conduisent à des organisations relativement spécifiques, les conditions matérielles et symboliques nécessaires à la conception et la valorisation d'un long-métrage variant largement selon ses propriétés sémantiques et syntaxiques. À ce titre, il nous semble qu'un continuum[48] peut être établi selon l'intensité capitalistique[49] tendancielle des esthétiques génériques. Il ne s'agit donc pas d'opposer les films selon leur niveau de budget, comme nous le faisons souvent, mais en fonction de leur combinaison productive, c'est-à-dire la répartition entre les facteurs capital et travail. Peuvent ainsi être distingués, d'un côté des métrages qui dépendent en majeure partie d'un coût de main-d'œuvre (acteurs, scénariste, etc.), de l'autre ceux qui nécessitent d'importants moyens matériels (studio, décors, costume, dispositif de prise de vue, équipements techniques, etc.). Il ne s'agit pas simplement d'une distinction comptable, ces répartitions entre les postes de dépenses ont des répercussions directes sur les chaînes de coopération, les habitudes de travail, les formes de valorisation, etc.

Une telle grille de lecture peut nous permettre de mieux saisir la morphologie de la production française et les difficultés des professionnels à investir d'autres genres que le drame et la comédie. Si ces deux esthétiques n'ont a priori que peu de points communs, elles reposent essentiellement l'une et l'autre sur des investissements humains, modelant de fait la morphologie de l'écosystème entrepreneurial et artistique hexagonal.

---

[48] Il est important de ne pas considérer cette opposition comme deux catégories de productions, mais bien comme une ligne de tentions sur laquelle se répartissent les films.

[49] À noter qu'en comparaison avec d'autres industries, la production cinématographique relève dans son ensemble d'une industrie à faible intensité capitalistique.

Conclusion

La perspective socio-économique des genres cinématographiques comme nous l'avons esquissée dans ce texte ne s'inscrit pas en rupture avec les approches textuelles ou contextes. Au contraire, elle cherche à prolonger et lier ces deux tendances de l'analyse. Elle repose sur l'hypothèse d'une continuité inextricable entre les conventions esthétiques et de travail.

Cette perspective implique de déplacer la problématique traditionnelle de la question du sens et de sa localisation à celle des conditions matérielles et symboliques d'existence. En d'autres termes, elle consiste à se demander à quoi *tient* un genre. Ainsi défini, ce programme conduit nécessairement à identifier l'ensemble des personnes engagées dans la production, la distribution et la valorisation afin d'analyser la manière dont elles coopèrent pour faire émerger un corpus d'œuvres et les cadres de leurs interprétations.

Analyser la construction des politiques culturelles dans le secteur cinématographique en France : quand l'État donne la règle du jeu

Clémence Allamand et Caroline Guigay

Comme l'a montré la récente directive sur les Services de médias audiovisuels à l'échelle européenne en novembre 2018, et son application en France par le décret SMAD de juin 2021, la France joue encore et de manière ancienne un rôle moteur tant dans la défense d'une exception et d'une diversité culturelles que dans la régulation du secteur cinématographique. Diverses études se sont intéressées à l'ampleur et la variété des champs d'application des politiques culturelles du cinéma en France, de la censure et de la régulation des métiers cinématographiques (Vezyroglou, 2014) à l'histoire des aides à la création (Creton, 2004 ; Gimello-Mesplomb, 2003), de l'art et essai (Pinto, 2012) ou des enjeux de la démocratisation culturelle (Dubois, 2012). Elles ont permis de mettre en valeur l'évolution dans le temps des principes revendiqués de ces politiques culturelles, entre principe malrausien de la démocratisation culturelle, démocratie culturelle de nature à étendre le champ de ce qui est considéré comme artistique sous Jack Lang, développement du marché cinématographique ou diversité culturelle. Les écrits sur la période récente témoignent tout à la fois de la croissance des logiques managériales, d'une régionalisation des soutiens et des ambiguïtés de la notion de diversité culturelle (Farchy, 2008). Pour certains auteurs, les politiques culturelles contemporaines du cinéma seraient, en rupture avec les grands paradigmes des périodes précédentes, le reflet d'une attitude avant tout gestionnaire (Vernier, 2004 ; Négrier et Teillet, 2014).

Nous proposons ici de réfléchir à cette construction des politiques culturelles en France dans le secteur cinématographique les dernières décennies, en interrogeant en particulier la place de l'État dans sa capacité de structuration du secteur. Pour nourrir cette réflexion, nous mobilisons deux terrains d'enquête : le cas du passage à la projection numérique en France dans les salles de cinéma et celui du soutien public au secteur du court métrage. Ces deux cas d'étude s'intéressent à des acteurs et des secteurs très différents en termes d'économie et d'enjeux de politique publique, mais symboliques tous deux du rôle étatique. Par l'importance de ses aides et de son fonds de soutien ou de ses dispositifs de régulation de la filière, le CNC a en effet le rôle d'un arbitre et d'un financeur capable de favoriser certaines catégories artistiques et certains acteurs. À distance d'une vision rétrospective des politiques culturelles, nous souhaitons mettre en évidence tant les principes revendiqués par l'action publique, qu'insister sur les tâtonnements et la co-construction des dispositifs avec les professionnels, mais aussi sur les conséquences majeures du rôle étatique sur les logiques socio-économiques des acteurs. Il convient en effet de s'interroger sur les dépendances aux dispositifs étatiques que ces politiques entraînent, révélatrices d'un certain paradoxe. Le soutien par l'État a en effet été lu comme une manière d'atténuer les seules dynamiques marchandes et de garantir l'autonomie artistique ou intellectuelle, au sens sociologique, des champs de production et de diffusion culturelle (Bourdieu, 1992). Néanmoins, l'étude concrète et socio-économique des politiques culturelles montre que ce soutien correspond aussi, dans son application, à des logiques hétéronomes, avec des effets parfois éloignés des motivations revendiquées, une hiérarchie des professionnels selon leur lien à l'État ou une forte dépendance créée vis-à-vis de ces soutiens publics (Duval, 2006 ; Alexandre, Noël, Pinto, 2017). Il s'agit ainsi de se demander comment l'importance du rôle étatique modèle les attentes et les pratiques des professionnels, en portant le regard à la fois sur les membres de ces administrations et sur les champs professionnels.

Sur le plan méthodologique, la première partie de cet article s'appuie sur une analyse détaillée de la presse corporative entre 1999 et 2018, de rencontres régulières avec distributeurs et exploitants indépendants au sein d'un groupe de travail sur la programmation initié par le Syndicat des Cinémas d'Art de Recherche et d'Essai (SCARE) entre 2017 et 2019, et de la réalisation de 48 entretiens semi-directifs effectués entre 2011 et 2017 auprès de professionnels du secteur de la diffusion regroupant différents exploitants de la petite, moyenne ou grande exploitation, distributeurs indépendants ou non, programmateurs, représentants syndicaux, dirigeants, projectionnistes, délégués ou coordinateurs associatifs, responsables commerciaux ou techniques, fabricants de matériels, tiers investisseurs et collecteur, etc., Parisiens et provinciaux, au sein des différents secteurs d'activités de la filière de la diffusion cinématographique en cherchant à représenter la diversité des profils des acteurs au sein de chaque secteur.

La deuxième partie est issue d'une observation participante en 2015 lors de l'aide à l'écriture pour le CNC d'un rapport signé par Anne Bennet, ancienne productrice et énarque, sur la production et la diffusion du court métrage. Cette situation a permis de mener des entretiens avec 62 professionnels variés du secteur – producteurs, distributeurs, réalisateurs, diffuseurs télévisuels, exploitants, syndicats, sociétés de droit d'auteur, etc. –, ainsi qu'avec 15 membres d'administrations publiques ou parapubliques. Ces derniers faisaient partie du CNC – service du court métrage, de l'audiovisuel, de l'avance sur recettes, de l'enregistrement et du visa, etc. –, mais également d'autres structures permettant de saisir les divergences de vue entre pouvoirs publics – Agence du court métrage, directions régionales de la culture, chargés de mission régionaux pour le cinéma, Unifrance, CSA, GREC, Maison du film court, Institut français, entre autres. La situation d'observation participante a également permis d'assister à des commissions d'auditions et d'attribution des aides au CNC. Ces diverses sources ont été complétées par l'analyse de la presse corporative et d'archives du Ministère de la Culture.

1. Quelle politique culturelle pour le financement de l'équipement numérique de projection dans les salles de cinéma en France ?

Le premier terrain d'enquête est celui du passage à la projection numérique en France dans les salles de cinéma, qui constitue un enjeu technique, économique et stratégique pour les acteurs de la filière questionnant les rapports de pouvoir en son sein et sous-tendant des enjeux politiques et culturels d'importance.

La première projection numérique a lieu en 1999 aux États-Unis, attestant de la réussite du défi technique que représente cette dernière, mais il faudra attendre une décennie avant que celle-ci ne prenne son envol suite à la sortie d'*Avatar* (James Cameron, 2009). Durant les années 2000, plusieurs initiatives privées voient le jour aux États-Unis puis en Europe pour proposer des solutions de financement de l'équipement numérique, qui fait d'emblée face à un problème : le passage à la projection numérique engendre à terme des économies importantes du côté de la distribution, mais demande un investissement colossal du côté de l'exploitation, sans retour sur investissement *a priori*. Le modèle dominant proposé, initié par les majors hollywoodiennes, propose alors de résoudre ce déséquilibre en instaurant un partage des coûts d'équipement via l'instauration d'une taxe, le *virtual print fee* (VPF, « frais de copie virtuelle » autrement appelé « contribution numérique » en français), que paie le distributeur à l'exploitant. Ce modèle de financement fait apparaître de nouveaux acteurs, les tiers investisseurs, qui proposent une intermédiation technique et financière entre les distributeurs et les salles pour l'installation du matériel et la gestion de ces VPF. Certains acteurs européens dont des français comme CGR commencent à s'équiper via ce système, tandis que la quasi-totalité des salles hors circuits d'exploitation attendent la mise en place d'un dispositif d'aide de l'État.

Permettre le passage au numérique à toutes les salles dans leur diversité

Le maintien de la diversité culturelle en matière d'offre de films et de salles est au centre de la politique française du cinéma. La France dispose en effet d'institutions inégalées dans le reste du monde qui mènent d'importantes actions en faveur de l'accès d'un parc de salles très diversifié aux films. Dans son rapport de 2006, qui avait pour objectif de déterminer les conditions du passage au numérique en France, Daniel Goudineau précise le défi auquel la France se confronte :

> Comment la France peut-elle imaginer d'aborder cette mutation à vocation « mondialiste » ? Les enjeux paraissent clairs, même si l'équation semble difficile à résoudre : préserver la diversité culturelle du cinéma et la part du film français, donc la pluralité des opérateurs ; accompagner la mutation technologique sans perdre la maîtrise territoriale de la distribution, mais sans s'isoler du reste du monde, et en s'inscrivant, si possible, dans le cadre d'une solidarité européenne[50].

Il faut préciser que le modèle des tiers n'est pas adapté au passage au numérique de toutes les salles car ces acteurs ne s'intéressent qu'aux salles qui touchent des VPF. En effet, la perception de ceux-ci dépend de la programmation puisqu'ils ne concernent que l'exploitation des films inédits durant leurs

---

50 Goudineau Daniel, « Adieu à la pellicule ? Les enjeux de la projection numérique », rapport CNC, août 2006, p. 17.

premières semaines de sortie. Les tiers ne financent donc que les salles qui leur permettent d'amortir leur investissement. Par conséquent, cela exclut d'emblée une très grande partie des salles. Or, ne pas garantir l'égalité d'accès des films aux salles et des salles aux films s'inscrit à l'encontre des principes à l'œuvre au sein des politiques culturelles françaises. C'est cette situation d'inégalité de fait qui pousse les professionnels et les syndicats en concertation avec les pouvoirs publics à réfléchir à des solutions pour adapter le modèle en France en prenant en compte la diversité des salles afin qu'elles puissent s'équiper. En témoigne le discours de présentation du bilan du CNC de 2006 fait par le Ministre de la Culture à Cannes :

> Notre objectif premier est la défense de la diversité culturelle. La technique ne doit pas imposer ses lois, ni ses impératifs, qui dans tous les cas doivent être maîtrisés et adaptés à nos exigences communes. La numérisation des contenus est un formidable moyen au service de la diffusion de la culture, elle ne doit en aucun cas la mettre en péril, mais au contraire participer à son développement[51].

Les tentatives de consensus autour d'un modèle européen vont échouer. À l'échelle nationale, en France, la tendance du côté des pouvoirs publics est au développement du modèle des VPF par le biais d'un principe de mutualisation sans l'intervention de tiers investisseurs. Cette solution, consistant en la création d'un fonds de mutualisation par le CNC est finalement abandonnée suite à l'avis défavorable rendu par l'Autorité de la Concurrence en février 2010. En réponse à cet échec, les pouvoirs publics déploient un dispositif d'action en deux volets : d'une part, l'arrivée de la loi du 30 septembre 2010, qui rend obligatoire le versement de VPF des distributeurs aux salles pour les premières semaines d'exploitation des films ; d'autre part, la mise en place d'un dispositif sélectif d'aide à la numérisation, Cinénum, qui concerne les salles « délaissées » par le système des VPF.

L'objectif de préservation de la diversité culturelle se situe à deux niveaux :

- ne « laisser personne au bord du chemin », c'est-à-dire, mener une politique permettant à toutes les salles, aussi diverses soient-elles, d'effectuer leur transition vers la projection numérique ;

---

[51] Renaud Donnedieu De Vabres, Ministre de la Culture, dans son discours de présentation du bilan annuel du CNC, le 22 mai 2006 à Cannes.

- conséquemment, garantir la diversité en matière de programmation, face notamment à la peur d'une domination hollywoodienne accrue en matière de diffusion de contenus cinématographiques.

Garantir l'accès des films aux salles et des salles aux films

Du point de vue des pratiques professionnelles, il est attendu par le secteur que le dispositif étatique mis en place puisse garantir la diversité en matière d'offre de films, ce qui signifie concrètement de permettre aux acteurs de conserver leur indépendance : liberté de programmation pour les salles et liberté de plan de sortie pour les distributeurs. Autrement dit, les conditions de diffusion ne doivent pas être altérées par les modèles et les conditions de financement de l'équipement en projecteurs numériques des salles.

La loi du 30 septembre 2010, au-delà des VPF, institue un comité de concertation composé de professionnels du secteur de la distribution et de l'exploitation ayant pour objectif de définir et d'encadrer les relations commerciales par le biais de recommandations dites « de bonnes pratiques », en veillant au respect de l'un des principes fondamentaux de la loi : garantir la séparation entre la programmation et la négociation du montant et des modalités de versement des VPF. Les nouvelles « règles du jeu » induites par la loi se mettent donc en place sous les principes recherchés de transparence, de neutralité et d'équité entre les différents acteurs de la diffusion du point de vue des conditions de financement du numérique et de la question de l'accès des films aux salles et des salles aux films.

Ces diverses recommandations émanent d'une volonté de régulation du secteur par lui-même, prenant en compte ses évolutions. De ce fait, ce dispositif sera en constante adaptation, au gré de l'évolution des pratiques engendrée par le changement technologique. Les recommandations visent parfois à préciser les modalités d'application de la loi. Par exemple, alors que celle-ci impose aux distributeurs le financement de l'équipement des salles, la recommandation n° 3 fixe, ou plutôt préconise, le taux de participation des distributeurs au financement de l'équipement. Il peut s'agir également de la définition d'éléments mentionnés dans la loi, tels que « sortie nationale », « élargissement du plan initial de sortie » et « exploitation en continuation ». Certaines recommandations sont « complétées » après observation des pratiques. C'est le cas de la recommandation n° 5, qui vise à apporter des précisions à la recommandation n° 1 quatre mois après la publication de cette dernière. La précision porte sur la définition et la différence entre « circulation de copie » et « exploitation en continuation »[52].

Si le comité n'a pas force de loi, la plupart des recommandations sont unanimement suivies, à l'instar des quatre semaines de versement des VPF préconisées au sein de la recommandation n° 5, tandis que la loi n'en imposait que deux. Les recommandations du comité sont également suivies par le Médiateur du cinéma en cas de litige relatif aux VPF et bien que la loi ne définisse pas la forme exécutoire du comité, celui-ci se positionne en quelque sorte comme une *soft-law*.

Avec plus de 1 300 écrans aidés via Cinénum, menant l'intégralité du parc français à la numérisation – tous modes de financement confondus –, cette politique publique a atteint l'objectif qui lui a été fixé. Si l'État joue bien le rôle d'arbitre et de financeur dans le cas du passage au numérique, il faut cependant bien comprendre les limites de ce rôle, car l'État agit dans le cadre de contraintes : un modèle économique plébiscité par les États-Unis, une incapacité de l'Europe à faire consensus, une transition débutée par les acteurs privés sur le territoire selon le modèle états-unien, et le rejet du fonds de mutualisation par l'Autorité de la Concurrence, engendrent des décisions politiques « par réaction ». Si l'État adapte sa politique culturelle dans l'objectif du respect du principe souhaité « immuable » qu'est la préservation de la diversité culturelle, il semblerait qu'en l'espèce, le marché dicte également la règle du jeu, et le passage à la projection numérique résulte d'une co-construction d'un modèle de financement basé sur un entremêlement des intérêts des « plus forts » qui n'ont pas ou peu besoin de l'État, et la défense des intérêts des « plus faibles » pour qui l'intervention étatique est une question de survie.

2. La renaissance d'une catégorie artistique sous l'égide de l'État : le soutien au court métrage

Les politiques culturelles peuvent également s'avérer structurantes dans leur capacité à définir et faire renaître des catégories artistiques, autre forme de la diversité culturelle.

---

[52] L'exploitation en continuation résulte de la gestion des copies par le distributeur. Une exploitation en continuation peut faire l'objet d'une circulation de copie, ou non.

C'est le cas du court métrage, secteur qui constitue une exception culturelle française emblématique de l'importance des soutiens à la création en France. En effet le financement de ces films repose actuellement à plus de 70 % sur le soutien public, et celui apporté par le CNC – environ 13 millions d'euros en 2018 – est de loin le plus important dans le domaine à l'échelle européenne. Si ce soutien est faible au regard de l'ensemble du fonds de soutien du CNC – seulement 3,9 % –, il contribue néanmoins de nos jours à structurer l'activité d'une centaine de sociétés de production, qui produisent environ 500 courts métrages par an, à côté d'une vaste production amateur. Sur le plan méthodologique, il a été possible d'observer cette fabrique des politiques publiques en contribuant à un rapport commandé par le CNC en 2015, permettant de mener des auditions variées. Ceci a mis en valeur les oppositions entre les acteurs que le thème consensuel de la « défense du court métrage » masquait dans les entretiens exploratoires.

L'institutionnalisation du court métrage : reconnaissance symbolique, création d'institutions spécifiques et professionnalisation

Les réglementations et le soutien public ont été décisifs dans la renaissance en plusieurs étapes de cette catégorie culturelle qui avait progressivement disparu des salles à partir des années 1930. En effet le court métrage est une catégorie créée administrativement par l'État – elle rassemble les films inférieurs à 1 300 mètres puis à 1 600 mètres en 1964 et à une heure de projection en 2014 –, et dont la production a été encouragée dans les années 1940 par l'obligation des premières parties de programme composées d'actualités et de courts métrages. À partir des années 1950, les aides publiques se développent, en lien avec la défense du format menée par le collectif des cinéastes et producteurs du Groupe des Trente (Gimello-Mesplomb, 2003), ce qui contribue à un « âge d'or » du court métrage documentaire (Thomas et Bluher, 2005) qui joue encore le rôle d'un référentiel abstrait de l'action publique à la période contemporaine.

Dans les années 1980, face à la progression des publicités qui évincent ces films des salles, la création de festivals comme celui de Clermont-Ferrand en 1979, de Brest en 1986 ou de Pantin en 1992, le soutien des télévisions et l'essor du soutien à la production, amorcent une progressive autonomisation du secteur du court métrage. Celle-ci intervient en parallèle de la reconnaissance d'autres secteurs artistiques, comme le cinéma d'animation, la BD ou les musiques dites populaires, qui ont bénéficié de la bascule sous le ministère de Jack Lang du principe de la démocratisation culturelle à celui de la démocratie culturelle. Ont alors été créées des institutions, comme l'Agence du court métrage (1983), distributeur sous tutelle du CNC composé en 2021 de trente membres et d'un budget de 3 millions d'euros, produisant, diffusant, classant ces films et donnant une organisation collective et une pérennité à des trajectoires artistiques auparavant perçues comme éphémères, dispersées et individuelles. De même, ces films ont été intégrés dans les palmarès des festivals de Cannes ou des Césars et ont donné naissance à des syndicats spécifiques, à côté d'un essor de la diffusion. En 2018, on compte ainsi 482 festivals diffusant des courts métrages en France, qui témoignent de la valeur essentiellement non commerciale de ces films.

Les années 2000 sont un tournant dans la professionnalisation du court métrage par le CNC, sur le principe d'une accumulation et d'une diversification des aides ainsi que d'une forte augmentation de leur montant, puisqu'elles passent d'environ 2 millions d'euros en 1999 à plus de 13 millions en 2017. Un administrateur du CNC alors en poste en témoigne :

> « le contexte de l'époque [en 1999], c'est qu'il y avait peu de producteurs, de sociétés de production actives, qui produisaient régulièrement. Il y avait, comme aujourd'hui, énormément de sociétés de production éphémères, qui se créaient pour un projet, comme ça peut se faire en long métrage aujourd'hui aussi. Ce qui était vraiment à l'époque la pratique normale, la norme, c'était que les films se faisaient sans payer personne, jamais, et que même pour des films qui obtenaient des aides publiques, l'argent était utilisé à la technique, à la régie, mais pour les salaires ça n'était absolument pas envisageable. Les moyennes [des aides] c'était 27 000 euros [...] Et il y avait quelques producteurs, une demi-douzaine, mais assez actifs, qui militaient pour avoir un soutien automatique du côté audiovisuel. » Entretien avec un administrateur du CNC, 17 avril 2017.

Les aides existantes voient leurs montants augmenter entre 2000 et 2010, telle l'aide avant réalisation, équivalent sélectif de l'avance sur recettes pour le court métrage, créé en 1968, qui peut apporter jusqu'à 80 000 euros en 2021, et l'aide après réalisation. Cet ancien Prix de qualité créé en 1953 récompense de 5 000 à 11 000 euros des œuvres finies, qui n'ont pas reçu d'aides mais ont été remarquées en festivals. Des aides sélectives destinées à l'audiovisuel sont également possibles depuis la création au CNC du Cosip

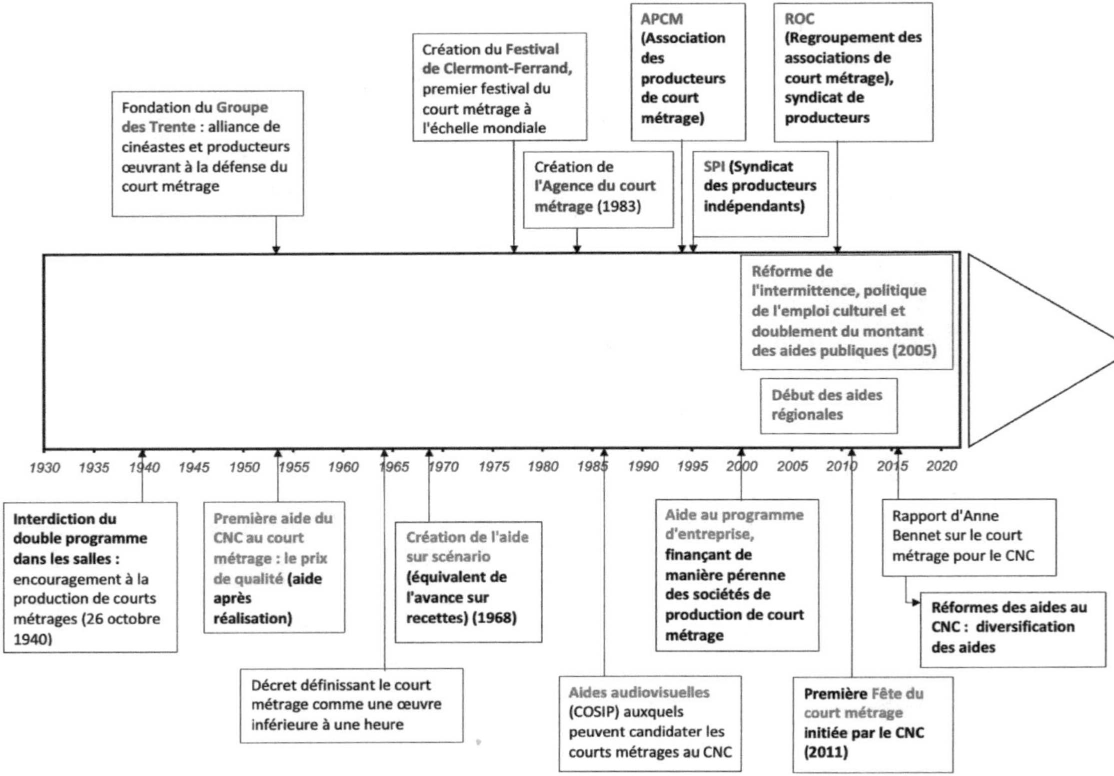

Graphique: Les principales étapes du soutien public au court métrage.

en 1986, à côté d'aides pour la musique ou les nouvelles technologies. Mais c'est surtout l'aide au programme de production créée en 2000, construite en mimétisme du long métrage sur un principe semi-automatique, qui conduit à un véritable renouveau des structures de production pérennes et donc du métier de producteur de court métrage, porté en particulier par le secteur de l'animation. Elle permet en effet de détacher les aides reçues de scénarios précis, ce qui permet davantage de prise de risques, et valorise le suivi des cinéastes mais aussi la diffusion des films par les sociétés de production en en faisant l'un des critères permettant à celles-ci de recevoir une aide du CNC. La Luna Productions créée en 1995 par Sébastien Hussenot a ainsi produit 70 courts métrages et Sacrebleu Productions, principal bénéficiaire avec 27 aides au programme, 76 entre 1995 et 2015. C'est ainsi tout un circuit de production et de diffusion autonome qui se développe en parallèle de celui du long métrage, en étant à la fois protégé de la loi du marché par les subventions publiques et inscrit dans un nouveau marché revendiqué du court métrage.

Tableau: Les 27 principales sociétés de production bénéficiaires de l'aide au programme d'entreprise entre 2000 et 2016

Date de création	Sociétés de production	Nombre d'aides obtenues	Principaux genres
1999	SACREBLEU PRODUCTIONS	29	animation
1995	LES FILMS DU NORD	28	animation
1995	LA LUNA PRODUCTIONS	23	fiction
1997	LOCAL FILMS	23	militant, fiction
2003	AUTOUR DE MINUIT	22	animation
1998	BIZIBI PRODUCTIONS	22	fiction
1981	FOLIMAGE	21	animation
1996	KARE PRODUCTIONS	21	fiction, comédie
1996	SOMBRERO PRODUCTIONS	19	fiction
2004	LA VIE EST BELLE	18	fiction
1992	LARDUX FILMS	17	animation, essai, militant
1998	VIVEMENT LUNDI	15	animation, documentaire
1999	CHATEAU ROUGE PRODUCTIONS	14	fiction
2007	KAZAK PRODUCTIONS	14	fiction, fantastique, comédie

(*Suite*)

Tableau: (*Suite*)

Date de création	Sociétés de production	Nombre d'aides obtenues	Principaux genres
1992	LES FILMS D'AVALON	14	fiction, essai
2002	LES FILMS SAUVAGES	14	fiction
2004	MEZZANINE FILMS	14	essai, documentaire, fiction, militant
1998	4 A 4 PRODUCTIONS	13	fiction
2004	LES FILMS VELVET	12	fiction
2001	DHARAMSALA	11	fiction
2003	ECCE FILMS	11	fiction, essai
2003	LES FILMS DU BELIER	11	fiction
2005	LES FILMS DU WORSO	11	fiction
1997	BIANCA FILMS	10	fiction
2002	CAIMAN PRODUCTIONS	10	fiction
1986	LAZENNEC TOUT COURT	10	fiction, comédie
2000	LES FILMS AU LONG COURS	10	fiction

Tableau réalisé à partir des résultats annuels et nominatifs d'attribution des aides publiés, Archives du CNC.

Si ceci témoigne de l'importance décisive de l'État dans l'existence et la légitimation de catégories artistiques, il est souhaitable de nuancer l'impression que l'on pourrait avoir d'une intentionnalité étatique qui appliquerait de manière descendante des principes décrétés, comme la diversité culturelle.

En effet, les archives et les entretiens révèlent l'intervention fondamentale d'acteurs clés non étatiques dans l'essor de ces politiques culturelles, à l'image du festival de Clermont-Ferrand, rendez-vous politique du court métrage, où est par exemple née l'Agence du court métrage. De même, Alain Rocca (Lazennec Productions), Éric Mahé (Stellaire Prod) et l'essor de certains syndicats dédiés, comme l'APCM, Association des producteurs de courts métrages fondée en 1994, la section Court métrage du SPI (Syndicat des producteurs indépendants) fondée en 1995 et le ROC (Regroupement des organisations du court métrage) créé en 2006, ont joué un rôle clé dans la professionnalisation des années 2000. Ainsi des administrateurs du CNC disaient avoir « un peu perdu la main » lors de la co-construction de ces aides avec les professionnels, ces derniers en ayant renforcé la part automatique au-delà des vœux initiaux du CNC, pour imiter les aides au long métrage. De même, ce sont parfois des motifs tout à fait exogènes au secteur qui ont pu entraîner cette institutionnalisation : dans les années 1940, il s'agit moins d'aider le court métrage que de limiter et de réguler par la fin du double programme la diffusion des longs métrages suite aux crises du secteur dans les années 1930. Dans les années 1950, les aides servent d'essais et de précurseurs à celles mises en place pour les longs métrages, comme l'avance sur recettes en 1960. Au milieu des années 2000 surtout, les aides vont soudainement augmenter lorsque le ministère de la culture décide, en lien avec sa politique de l'emploi culturel et l'intermittence, d'interdire le bénévolat lors du bénéfice d'une subvention publique. Cette obligation du salariat sur les tournages subventionnés conduit le CNC à quasiment doubler les aides données aux courts métrages pour leur permettre de respecter la loi, avec l'apparition de budgets de films subventionnés autour de 70 000 et parfois même plus de 100 000 euros, et une professionnalisation des équipes. De même, de nos jours, le court métrage sert pour l'ensemble de la profession de sas d'attente et d'estimation des risques pour freiner l'essor des premiers longs métrages, face à la saturation des écrans. Par ailleurs, de nombreux débats naissent de cette institutionnalisation.

Contradictions et débats autour du rôle de l'État

De la professionnalisation a en effet émergé l'idée de valoriser un marché du court métrage, revendiqué par l'Agence du court métrage qui a fait de la vente aux télévisions un objectif fort et insiste sur la non-gratuité des locations des films comme élément de valorisation économique et symbolique. Mais la difficulté à définir une vision claire du rôle du court métrage à l'échelle de l'État est patente, de même que les effets de cette renaissance publique ou la légitimité de la catégorie elle-même sont parfois contestés au sein même des administrations, comme ici par Armand Badéyan, directeur de l'Agence du court métrage entre 1991 et 2000, en proie à une forme de schizophrénie administrative :

> « À l'intérieur de ces 400 films, il y a une énorme diversité des parcours et des réponses. Je me sens ridicule tous les matins quand je me lève, car c'est ridicule de passer des années à vouloir s'intéresser à un film de 59 minutes et pas à un film de 61 minutes. C'est aberrant de se préoccuper d'un film seulement sous prétexte qu'il fait moins d'une heure. Faisons très attention dans la notion de

court métrage. La durée n'est pas aussi essentielle que la diversité. C'est seulement parce que nous sommes dans un système de distribution et de diffusion où la durée est considérée comme un paramètre essentiel, c'est ça le problème. » (*Rencontres professionnelles du 29 janvier 1998*, Clermont-Ferrand [cassette audio], Archives du festival).

Une telle question a été explorée au travers de l'institutionnalisation du jazz, du rock (Brandl, 2009), du hip hop ou de l'animation (Noesser, 2016), catégories artistiques instables en termes de définition et transformées par les enjeux des subventions. En essayant de sauver ces films souvent amateurs écartés des salles, l'État a ainsi classé et rassemblé dans une catégorie des films qui ont souvent peu à voir entre eux en dehors de la durée, avec des conséquences sur les logiques artistiques et de production. Les politiques menées ont ainsi eu tendance à infléchir la forme des films, en renforçant la part de la fiction et de l'animation – 90 % des films soutenus –, en rupture avec les années 1940–1960 portées par le documentaire. Les films gags, les films à chute, les « cartes de visites » pour des longs métrages ou ceux évocateurs de l'esthétique « anachronique » des films des premiers temps, sont écartés dans les commissions, qui valorisent les courts métrages comme des œuvres narratives. À l'inverse les moyens métrages – la moitié des aides sur scénario – et les budgets élevés sont renforcés par ces politiques. Le film fantastique *Ceux qui restent debout*, de Jan Sitta (2013) a ainsi été produit avec 170 000 euros en associant aide avant réalisation, préachat de France 2, aide aux nouvelles technologies et soutien de la mairie de Paris, quand les films d'animation atteignent 300 000 euros. Un fossé se creuse ainsi entre les œuvres subventionnées et celles plus amateurs ou ne bénéficiant que d'une aide régionale ou du GREC. Cette césure est d'autant plus marquée que, reflet de la démocratisation du cinéma par le numérique, les demandes ont tant augmenté que les aides au court métrage sont les plus sélectives du CNC – 6 % des demandes. Ainsi le numérique et la démocratisation des vocations qu'il engendre n'ont pas encore été pensés au CNC comme un changement de paradigme, alors même que cette convergence technique tend à relativiser la distinction entre courts et longs métrages.

L'essor de la concurrence entre sociétés de production et la variété des types de diffusion conduisent de plus à une saturation administrative du service des courts métrages au CNC. En effet, celui-ci avait en 2014 reçu 18 000 documents attestant de diffusions de la part des sociétés de production pour l'obtention de l'aide au programme. Pour Nicolas Schmerkin, producteur d'Autour de minuit, « le dossier pour cette aide est énorme » et l'établir prend « près de trois mois à temps plein d'un employé », d'où un sentiment de « tourner en rond », à « candidater à des aides pour rémunérer des employés pour candidater à des aides ». Une telle dépendance, si elle libère d'impératifs commerciaux, tend à engendrer selon les professionnels et membres des commissions des effets pervers dus à une suradaptation aux guichets.

De plus, au sein même de l'État ou du CNC, plusieurs visions sont concurrentes. Les administrateurs ont un gain symbolique à gagner de l'amélioration des budgets, des techniques et des esthétiques du court métrage, face aux départements de la classification ou du long métrage qui dénigrent parfois la qualité des courts métrages. Administrateurs et administrés sont dans un jeu de « miroirs réfléchissants » (Sigalo Santos, 2018), car le prestige du service de l'administration est intimement lié pour ceux qui y travaillent au prestige, ou à l'inverse au déclassement de ceux qui y sont pris en charge et avec qui ils souhaitent généralement nouer des relations véritables et pérennes, loin d'une impersonnalité très théorique de l'État. Ceci est d'autant plus le cas que les administrateurs du secteur au CNC sont en poste depuis plus d'une trentaine d'années et qu'au sein du CNC, les courts métrages sont du fait de leur nombre souvent perçus comme des « gêneurs », que ce soit au service du visa et de l'immatriculation, ou du côté du service de l'audiovisuel réticent à les financer. La difficulté à obtenir des données chiffrées sur le court métrage par les exploitants, ou le refus de l'AFCAE d'intégrer ces films dans le classement art et essai pour ne pas saturer encore davantage les salles de cinéma, illustrent l'appartenance du court métrage au non commercial pour nombre d'acteurs. Certains administrateurs du CNC, comme Morad Kertobi, critiquent par ailleurs la surreprésentation des élèves de la Fémis ou d'auteurs socialement avantagés dans les aides attribuées et plaident pour une démocratisation effective du secteur plus qu'une professionnalisation excessive des films, exprimant un scepticisme vis-à-vis des « équipes de 40 qui se croient sur un tournage de long métrage ». Ils n'ont néanmoins pas toujours les moyens de faire valoir leurs vœux en interne : ainsi Morad Kertobi a dû monter hors du CNC et sans subvention publique « Talents en Court », un programme parrainé par Djamel Debbouze qui aide à la production de courts métrages d'auteurs issus des minorités, et qu'il a associé à des initiatives régionales, par dépit de voir le CNC ne pas s'engager dans cette voie.

De manière générale, au-delà du CNC, l'on voit qu'il existe trois modèles concurrents du rôle du court métrage dans la pensée de l'État, avec chacun ses limites socio-économiques. En premier lieu, le court métrage est parfois pensé et construit comme une école du cinéma, notamment en vue de limiter les risques lors de la réalisation des longs métrages. Mais ce modèle se heurte à l'essor des vocations et aux très longues durées d'attente avant un premier long métrage – 37 ans en moyenne –, qui entraînent le développement de véritables carrières de courts métragistes, comme Annarita Zambrano, Antonin Peretjatko ou Pascal Tessaud. Un autre modèle, défendu par l'Agence du court métrage et certains festivals, est de développer un marché autonome du court métrage, idée qui se heurte à la faiblesse des sorties en salles et au faible pouvoir de l'État sur la diffusion. En effet, la principale revendication des syndicats du secteur depuis vingt ans est l'instauration de quotas d'obligations d'investissement audiovisuel dans le court métrage comme pour le documentaire, mais ils n'ont jamais obtenu gain de cause. Le dernier modèle, plutôt présent en dehors du CNC, défend de manière plus politique, à travers le court métrage, le pluralisme culturel, autant en termes de représentations des minorités et des femmes, en effet plus fortes dans le court métrage, qu'en termes de représentations régionales ou de modes de réalisation plus légers. Ce sont en particulier les régions qui sont impliquées dans ce modèle, au point d'entrer en conflit avec les instances centrales du CNC : certaines DRAC affirment en effet ne pas tenir à respecter scrupuleusement la loi interdisant le recours au bénévolat sur les tournages des courts métrages qu'elles financent, estimant que cette règle imposée d'en haut nuit à la diversité des films.

En 2011, le CNC a mis en place la Fête du court métrage sur le modèle de la Fête de la musique. L'institution mettait à disposition et de manière gratuite des catalogues de courts métrages que tout un chacun pouvait projeter librement. Témoignage de l'ambivalence face à l'intervention publique, le CNC a alors fait l'objet de nombreuses critiques par les professionnels qui reprochaient à l'institution d'accaparer le court métrage comme un bien appartenant à la puissance publique, et d'être en contradiction avec le modèle du marché visant à ne plus présenter les courts métrages comme des biens gratuits.

On voit, au travers de cet exemple, le poids de l'État en termes socio-économiques et artistiques, mais également que l'institutionnalisation n'est pas à lire comme un chemin tout tracé, révélateur d'une forte intentionnalité de l'État : elle résulte aussi de tâtonnements et d'une sédimentation des politiques culturelles, voire d'impératifs tout à fait exogènes, qui donnent lieu à des débats constants entre administration et professionnels. Les multiples corrections apportées aux aides suite au rapport de 2016, qui augmentent le nombre des bénéficiaires par les aides aux résidences d'écriture et la possibilité de nouveaux entrants dans la production, témoignent ainsi d'une réflexion des institutions quant à leur propre pouvoir normatif et donc un « souci de soi » (Bezes, 2009) de l'État et des institutions, avec une volonté de multiplier les aides pour ne pas fermer le secteur.

Conclusion

Ces deux exemples témoignent de la place déterminante de l'État dans le secteur cinématographique. Dans un cas, ce dernier participe à la réussite d'une transition technologique majeure touchant l'intégralité du secteur, témoignant ainsi de sa capacité à réguler le secteur en construisant une politique autour de valeurs communes : celui du maintien de la diversité culturelle sur le territoire via l'instauration d'une loi, et à accompagner les professionnels dans leur passage au numérique en proposant un dispositif d'aide financière en encadrant l'évolution des pratiques par le biais de la mise en place d'outils tels que, par exemple, le comité de concertation.

Dans le second cas, l'État s'est avéré central dans la renaissance d'une catégorie artistique en dehors du marché et en permettant tant la formation des professionnels que certaines formes d'expérimentation artistique et l'essor d'une diffusion non commerciale autour des festivals, au titre d'une défense du court métrage comme école du cinéma, œuvres expérimentales et moyen de pluralisme politique et culturel pour le cinéma dans son ensemble. Ce rôle de financeur à même d'encourager une offre abondante de production de courts métrages subventionnés contraste cependant avec la faible capacité de l'État à encourager la diffusion de ces mêmes films et avec l'essor peu pris en compte d'une abondante production amateur démocratisée par le numérique.

Dans les deux cas, la construction des dispositifs entraîne une forte dépendance des acteurs au système étatique, sur le long terme, notamment sur la pérennité du financement, par exemple, pour le court métrage, de sociétés pérennes de production, et, pour les exploitants, du financement ou non du renouvellement du matériel de projection des salles. Autre conclusion, sur le plan méthodologique : il semble fructueux d'associer des enquêtes de terrain du point de vue des administrateurs de l'État et des professionnels afin de rendre compte des attentes, des éventuels malentendus ou des positionnements politiques divergents autour des objectifs des dispositifs d'aide mis en place.

And the winner is… Pierre Bourdieu ! Apports de la sociologie critique à la socioéconomie à partir du cas des prix cinématographiques

Chloé Delaporte

Si les passerelles sont nombreuses entre « sciences de l'information et de la communication » (SIC), « études cinématographiques et audiovisuelles » et « sociologie », la socioéconomie – orthographiée ici sans trait d'union pour en asseoir la singularité et la non-réductibilité à une juxtaposition des approches sociologique et économique – constitue certainement un point de rencontre privilégié. Nourrie par différentes traditions de recherche et filiations théoriques, la socioéconomie du cinéma et de l'audiovisuel emprunte fréquemment des outils conceptuels et méthodologiques à la sociologie, américaine en particulier. Depuis une vingtaine d'années au sein des SIC françaises, est en effet régulièrement préféré à l'ancrage sociologique critique (s'inscrivant dans le prolongement de l'économie des biens symboliques menée entre autres par Pierre Bourdieu) un ancrage interactionniste, issu des travaux de la sociologie nord-américaine (École de Chicago), des théories de l'étiquetage et des recherches d'Erving Goffman (1963) ou d'Howard Becker (1982). Le plébiscite de la notion de « monde » (Becker), que les chercheurs et chercheuses privilégient souvent à celle de « champ » (Bourdieu), est une manifestation visible de ce relatif[53] abandon de la sociologie bourdieusienne au sein des travaux français sur le cinéma, qu'ils visent à présenter sociologiquement le cinéma de manière générale (Pinto et Mary, 2021), à en étudier la structuration en France (Alexandre, 2015) ou qu'ils s'intéressent plus spécifiquement à un espace de création, tel le documentaire (Lesaunier, 2021). J'entends ici argumenter à contre-courant à partir d'un cas d'étude, constitué par une enquête de terrain personnelle sur les enjeux sociologiques et économiques des prix cinématographiques et audiovisuels français (Delaporte, 2022), qui

[53] Il existe en effet tout un courant de la sociologie française des arts et de la culture qui maintient une orientation bourdieusienne ou, à tout le moins, en mobilise le cadre et les outils théoriques (sur le cinéma, voir par exemple Duval, 2016).

exemplifie l'usage socioéconomique que l'on peut faire de certains concepts propres à la théorie des champs et met en lumière ses apports dans la perspective d'une approche critique du cinéma et de l'audiovisuel.

1. L'économie récompensatoire, un terrain de lutte pour la définition des champs

L'objectif initial de mon enquête sur les prix était d'analyser les palmarès, notamment pour évaluer la « diversité » des lauréats et lauréates, en particulier en termes de genre. Parce qu'il n'existait, malgré leur importance et leur centralité au sein de la filière, aucun ouvrage spécifiquement dédié aux récompenses cinématographiques[54], et que l'examen des récipiendaires requérait une contextualisation historique et une estimation chiffrée du phénomène, la première partie du travail a consisté en un recensement des prix qui existaient ou avaient existé en France, au sein de festivals (Cannes, Deauville, etc.) comme de cérémonies autonomes (César, Prix Louis-Delluc, Prix Jean-Vigo, etc.). Cette opération a dévoilé d'une part l'ampleur de cette « économie récompensatoire », le référencement ayant conduit à indexer plusieurs milliers de prix et à mettre au jour un effet d'inflation à partir des années 1980, et d'autre part sa polymorphie, les dispositifs variant tant dans leur fonctionnement que dans leur intention.

Le plus saisissant dans cette vue panoramique ne concerne toutefois pas tant les prix en eux-mêmes que celles et ceux qui les organisent (les entrepreneurs de l'économie récompensatoire), qui brillent par leur diversité. Au XXIe siècle, tout le monde (ou presque) remet des prix cinématographiques, de l'association de critiques à la marque cosmétique, de la collectivité territoriale au *think tank* de dirigeants des médias, de la fondation d'entreprise au syndicat de professionnels. L'objet de la recherche a été réorienté : des lauréats et lauréates des prix, l'analyse s'est reportée vers les organisateurs et organisatrices des dispositifs. L'enquête reposait dès lors sur une hypothèse simple : s'il existe de plus en plus de prix et surtout de plus en plus d'acteurs socio-économiques différents qui s'engagent dans l'entrepreneuriat récompensatoire, peut-être

[54] Existent en revanche un ouvrage plus général sur les prix culturels dans l'aire anglophone (English, 2005) et un autre, francophone, sur les prix littéraires (Ducas, 2013).

est-ce parce que les prix bénéficient au moins autant aux « récompenseurs » qu'aux récompensés. Cette hypothèse directrice peut être résumée par une formule, « je récompense donc je suis », qui met en lumière l'intérêt qu'ont les récompenseurs à occuper une telle position et la dynamique non plus de *valuation des biens*, mais d'*autovaluation des acteurs*. Cette posture rejoint un certain nombre de travaux en anthropologie et en sociologie, notamment ceux sur le « don » de Marcel Mauss (1925) et, plus largement, ceux qui se sont intéressés à la circulation non marchande des biens. L'économie récompensatoire apparaît alors au cœur d'enjeux de positions sociales et au croisement de plusieurs domaines d'activité : si c'est bien « le cinéma » qui est récompensé, les organisateurs et organisatrices de prix appartiennent à des filières qui en sont parfois très éloignées.

Dans ce contexte, la théorie des champs se présente comme un cadre théorique idoine, à la fois parce qu'elle invite à penser la diversité des acteurs de l'économie récompensatoire en fonction de leur champ d'appartenance et de leurs enjeux propres – là où une approche interactionniste aurait pu les considérer comme participant du et au monde du cinéma – et parce qu'elle permet de mettre l'accent sur les luttes pour le contrôle de la définition de ces champs – là où une approche interactionniste aurait certainement insisté sur les collaborations et mises en réseau. Deux concepts issus de la théorie des champs s'avèrent particulièrement utiles pour comprendre les enjeux qui traversent et motivent la mise en œuvre des milliers de prix cinématographiques remis en France chaque année : l'*illusio* et le capital symbolique.

2. De l'*illusio* cinématographique au blanchiment d'expertise

Le terme « *illusio* » a connu plusieurs évolutions dans les travaux de Pierre Bourdieu, mais on peut le saisir – et s'en servir – à partir de quelques paramètres clés. L'*illusio* peut être défini comme « [une] propension à agir qui naît de la rencontre entre un champ et un système de dispositions ajustées à ce champ » (Bourdieu et Wacquant, 1992, p. 94). Adhésion aux règles du champ, l'*illusio* est ainsi « la condition du fonctionnement d'un jeu dont elle est aussi, au moins partiellement, le produit » (Bourdieu, [1992] 1998, p. 373). Le recours au terme « jeu » est particulièrement important, parce que Bourdieu insiste non seulement sur l'idée de règles acceptées plus ou moins tacitement, mais aussi sur le rôle des participants au jeu, des joueurs, dans le fonctionnement des champs.

Le concept d'*illusio* permet de déconstruire ce qui est perçu et promu par certains comme « une évidence » dans le fonctionnement des champs, en particulier dans les champs de production culturelle dont le cinéma fait partie. Bourdieu définit ainsi l'*illusio* comme « ce qui est perçu comme évidence et qui apparaît comme illusion à celui qui ne participe pas de cette évidence parce qu'il ne participe pas au jeu » (Bourdieu, 1988, p. 14). Étudier scientifiquement l'*illusio* des différents champs artistiques suppose ainsi à la fois de connaître les règles du jeu, mais de ne pas y participer, c'est-à-dire que l'analyse du fonctionnement d'un champ artistique n'est possible :

> « qu'à condition de s'arracher à l'*illusio* et de suspendre la relation de complicité et de connivence qui lie tout homme cultivé au jeu culturel pour constituer ce jeu en objet, mais sans oublier pour autant que cette *illusio* fait partie de la réalité même qu'il s'agit de comprendre et que l'on doit la faire entrer dans le modèle destiné à en rendre raison, ainsi que tout ce qui concourt à la produire et à l'entretenir, comme les discours critiques qui contribuent à la production de la valeur de l'œuvre d'art qu'ils paraissent enregistrer » (Bourdieu, [1992] 1998, pp. 377–378).

Comment identifier, définir et circonscrire alors l'*illusio* du champ cinématographique ? Sur quelles croyances, tacitement partagées par les acteurs du champ, s'appuie-t-elle ? Ses éléments constitutifs varient selon les acteurs, les contextes de formulation et d'énonciation, les positions dans le temps (le moment) et dans l'espace (le champ). Il existe vraisemblablement – mais Bourdieu varie parfois dans ses précisions à ce propos – autant d'*illusio* cinématographiques que d'« espaces de communication » (au sens de Roger Odin, 2011) au sein du champ, divisé et divisible en sous-champs ; comme l'écrit Paul Costey dans son examen des usages académiques de la notion d'*illusio*, « une chose est sûre : une seule *illusio* ne peut rassembler l'intégralité du champ » (Costey, 2005, §5). Les soixante-quatorze entretiens compréhensifs que j'ai réalisés dans le cadre de l'enquête avec des professionnels de l'économie récompensatoire dévoilent cependant certaines redondances, qui dessinent les contours de l'*illusio* cinématographique dominante. L'une des plus récurrente est certainement la rhétorique du « talent », à laquelle s'est par exemple intéressé le sociologue Pierre-Michel Menger (2009). Plus largement – et ceci est particulièrement vrai dans le champ cinématographique français, guidé par une idéologie auteuriste –, persiste la croyance en le fait que l'œuvre cinématographique serait principalement le fruit d'un talent individuel, solitaire, celui du ou de la cinéaste, à rapprocher de ce que Bourdieu nomme « l'idéologie charismatique » (Bourdieu, 1977, p. 5). On pourrait aussi ajouter la sacralisation de la salle comme modalité ultime de consommation des biens cinématographiques, de même que la promotion du désintéressement et de l'indépendance, dont la revendication est saillante au sein des industries culturelles (Alexandre, Noël et Pinto, 2017). Plus fondamentalement, les différentes composantes de l'*illusio* cinématographique reposent sur l'idée d'une valeur immanente des œuvres.

L'existence de telles règles du champ et leur incorporation de la part des acteurs de la filière cinématographique est la condition *sine qua non* de toute l'économie récompensatoire. Si la valeur immanente des biens culturels, ici cinématographiques, provient essentiellement du « talent » de certains artistes que les prix ont simplement pour fonction de révéler, alors la position de celui ou celle qui attribue les récompenses est de l'ordre de l'observation et non de la construction. Récompenser octroie ainsi aux récompenseurs une place de faire-valoir, de révélateur de qualité, qui m'amène à voir dans l'entrepreneuriat récompensatoire un rôle de « caution philanthropique », sorte de sas de désintéressement. C'est cette caution philanthropique qui permet à des acteurs socioéconomiques inscrits dans ou éloignés du champ cinématographique de se mettre officiellement en retrait, comme « au service » des artistes récompensés et du champ du cinéma.

L'entrepreneuriat récompensatoire agit dès lors comme une opération de « blanchiment », qu'il soit d'intention ou, plus subtilement, d'expertise. Nombre de *think tanks* et groupes d'influence, plus ou moins opaques, utilisent en effet l'organisation de prix pour conquérir une position d'expert du champ et protéger leurs intérêts, par exemple en pesant dans les débats sur les politiques publiques de la culture et/ou de l'audiovisuel. Ainsi – et comme je l'ai écrit ailleurs au sujet de la « logique de classe » qui motive une partie des prix (Delaporte, 2022, pp. 241–269) –, des acteurs, dont l'expertise éventuelle n'est pas remise en cause mais teintée de partialité, s'auto-dotent d'un dispositif récompensatoire qui leur octroie la possibilité de s'auto-investir du rôle de jury et de s'auto-récompenser, ce qui – par le jeu d'une communication qui invisibilise en partie ces mécanismes – les légitime en tant qu'experts objectifs du champ dont ils sont pourtant partie prenante. *Blanchir* désigne ici le fait de dissimuler la dimension partisane et intéressée du dispositif de production de l'expertise pour que l'expertise produite puisse être investie et utilisée dans des circuits « légaux », « transparents », au sein desquels les décisions ne sont pas censées servir des intérêts particuliers. On peut prendre l'exemple des prix organisés par l'OTA (Observatoire de la Transition Audiovisuelle), qui agit en sous-main des Étoiles de l'audiovisuel, officiellement mises en œuvre par le médiaClub.

3. Du capital symbolique au gaspillage tactique

Plus flou et instable que les capitaux sociaux, culturels et économiques, le capital symbolique est à comprendre comme un « crédit », de prestige et de notoriété (Bourdieu, 1972, p. 239). Mon enquête montre que l'organisation de prix vise essentiellement à capitaliser socialement (c'est-à-dire à construire et entretenir un réseau de relations) et symboliquement (c'est-à-dire à maintenir et conquérir un prestige octroyant un pouvoir symbolique, notamment un pouvoir de définition des règles du champ). Les capitaux sociaux et symboliques, ici, sont à la fois la fin et le moyen : il est nécessaire d'en posséder suffisamment au préalable pour être susceptible d'être invité à siéger en jury ou pour s'autoriser à organiser soi-même un dispositif, qui permet lui-même *in fine* de faire fructifier les capitaux investis.

La capitalisation symbolique est ce qui motive les dispositifs organisés par des acteurs internes au champ cinématographique, qui ont besoin de conserver leur pouvoir de structuration du champ (*via* la fonction de *gatekeeping* concédée aux prix), mais aussi par des acteurs parfois éloignés, issus par exemple du champ médiatique ou du champ politique. Ce qui relie tous ces acteurs *a priori* issus de champs différents est en fait l'appartenance à la classe dominante. La capitalisation symbolique est donc, aussi, une stratégie de perpétuation et de reproduction de la classe dominante à travers l'organisation de prix cinématographiques.

Ce qui est particulièrement utile dans les travaux de Bourdieu sur le capital symbolique est ce que l'auteur écrit sur « l'exhibition du capital symbolique », à laquelle on pourrait rattacher les nombreuses cérémonies extrêmement coûteuses que mettent en place les acteurs de la classe dominante. On peut penser au Festival de Cannes, aux César ou à d'autres dispositifs moins connus du grand public, comme les Trophées du Film

Français (Delaporte, 2021) ou encore les Lauriers de l'audiovisuel qu'organise le Club de l'audiovisuel. Ainsi :

> « si l'on sait que le capital symbolique est un *crédit*, mais au sens le plus large du terme, c'est-à-dire une espèce d'avance que le groupe et lui seul peut accorder à ceux qui lui donnent le plus de *garanties* matérielles et symboliques, on voit que l'exhibition du capital symbolique (toujours fort coûteuse sur le plan économique) est un des mécanismes qui font (sans doute universellement) que le capital va au capital » (Bourdieu, 1972, p. 238).

On peut faire le lien avec ce que Karl Marx écrit dans *Le Capital* sur la transformation de la survaleur, évoquant l'idée d'un « gaspillage » :

> « À un certain niveau de développement, un degré conventionnel de gaspillage, qui est en même temps étalage de la richesse, et par conséquent moyen de crédit, s'avère même nécessaire pour les affaires du "malheureux" capitaliste. Le luxe entre dans les frais de représentation du capital » (Marx, [1872] 1993, P. 665).

Si les acteurs de la classe dominante investissent ainsi autant de ressources (humaines, financières) dans l'organisation de dispositifs récompensatoire tout en déplorant – au cours des entretiens notamment – la dimension « non rentable » d'une telle démarche, c'est que leur rentabilité se mesure en fait en termes de capitalisation sociale et, surtout, symbolique. C'est d'ailleurs en raison de cette capacité spéculative (au sens symbolique) que les prix cinématographiques sont préférés aux prix audiovisuels par les acteurs les plus extérieurs aux champs de production culturelle qui souhaitent s'engager dans l'entrepreneuriat récompensatoire ; en effet, « au cinéma, l'art, l'aura et la noblesse ; à la télévision le profane, voire le vulgaire » (Creton, 2002, p. 19). L'engagement dans l'économie récompensatoire s'inscrit dès lors dans ce que je désigne comme du « gaspillage tactique », qui relève d'une stratégie d'explicitation et de visibilisation de la puissance de la classe dominante permettant la reproduction de sa position dans le monde social, en particulier capitaliste.

Conclusion(s) : pour une socioéconomie critique

Le premier niveau conclusif, propre aux prix cinématographiques, porte sur le statut que l'on peut accorder en socioéconomie aux récompenses, dont le nombre croît de jour en jour. Si les chercheurs et chercheuses mobilisent les prix comme indicateurs dans leurs travaux, c'est généralement en tant qu'indicateurs de reconnaissance des professionnels du cinéma : tel artiste a eu le Delluc ou le Vigo en telle année, ce qui témoigne de son degré de reconnaissance à telle époque au sein du champ. Or, ce que je montre est que les prix ne sont pas tant les indicateurs des positions socioéconomiques occupées par les lauréats ou lauréates au sein du champ cinématographique que les indicateurs des positions détenues par leurs organisateurs ou organisatrices au sein de leur champ respectif d'activité. Il est donc absolument nécessaire, quand on travaille ou que l'on mobilise l'obtention d'une récompense, de la rapporter prioritairement à celui ou celle qui l'attribue.

Ensuite, l'objectif n'est pas de discuter une lutte paradigmatique entre les approches « à la Becker » et les approches « à la Bourdieu », mais plutôt de mettre en lumière ce que les concepts issus de la sociologie bourdieusienne ont à offrir à la socioéconomie du cinéma et de l'audiovisuel, notamment si on les couple à une approche ethnographique de type « observation directe » ou « observation participante », ce que j'ai mis en œuvre dans le cadre de mon enquête sur les prix. Il s'agit ainsi plus largement de promouvoir une socioéconomie matérialiste et « critique » du cinéma et de l'audiovisuel, qui revient aux conditions fondamentales de production et ne refuse pas la dimension politique de la recherche, en s'autorisant à interroger les effets du modèle économique – le capitalisme – dans lequel évoluent aujourd'hui les filières de production culturelle. Les travaux en économie politique de la communication (Bouquillion, 2008 ; Bouquillion, Miège et Mœglin, 2013) offrent, notamment à travers les travaux sur les industries culturelles, un arsenal théorique solide pour mener à bien cette entreprise.

Penser la filière cinématographique comme un espace de positions, traversé par des rapports de pouvoir et de domination, implique par ailleurs une conception multiscalaire de la domination sociale, qui ne soit pas uniquement fondée sur la division par classes. Parce que les discriminations qui s'exercent se fondent sur la classe, mais aussi sur le genre, l'âge, la race, etc., il convient d'intégrer la pluralité de ces déterminations et leur interpénétration à l'analyse du champ : un metteur en scène masculin, blanc, âgé et d'ascendance bourgeoise a plus de chance qu'une jeune cinéaste noire issue des classes populaires de recevoir un prix, mais aussi d'en organiser un. La blanchité manifeste de l'économie récompensatoire française, de même que la récurrente assignation des professionnelles aux postes les moins valorisées (elles ont statistiquement plus de chances d'être maîtresse de cérémonie que présidente de jury), doit contraindre l'analyste à penser ces discriminations comme des logiques centrales, et non pas marginales, du champ cinématographique. La sociologie critique n'est peut-être ici pas suffisante et c'est certainement du côté des *cultural studies*[55] qu'il faut chercher les outils conceptuels et théoriques pour comprendre, par exemple, pourquoi il ne choque personne en France que l'on remette des prix destinés à des cinéastes femmes (comme le récent Prix Alice-Guy), mais qu'il serait strictement impossible de remettre un prix du ou de la meilleur(e) cinéaste racisé(e).

La socioéconomie du cinéma et de l'audiovisuel gagne ainsi à puiser dans les différentes approches critiques pour poursuivre son entreprise théorique et empirique d'analyse du champ cinématographique et des stratégies de ses acteurs, que ces approches soient développées au sein de la sociologie, des études cinématographiques et audiovisuelles et de la communication, comme de l'histoire, de l'économie, de l'anthropologie, etc. Le cinéma et l'audiovisuel ne sont pas des disciplines mais des objets – qu'on les entende comme industries, filières, champs, mondes ou arts – et c'est certainement dans sa capacité transdisciplinaire que la socioéconomie en saisira le plus finement tous les enjeux.

---

[55] Voir à ce propos les trois tomes du projet « Matérialisme, culture et communication » (Granjon, 2016 ; Cervulle, Quemener et Vörös, 2016 ; Granjon, Guyot et Magis, 2019).

Vers une sociologie économique de la production cinématographique : retour croisé sur une double expérience de recherche

Gwenaële Rot et Laure de Verdalle

Nous proposons de revenir ici sur un ensemble de travaux que nous avons conduits – ensemble et séparément – depuis une quinzaine d'années, sur la production cinématographique et qui ont donné lieu à deux ouvrages de recherche (Rot, 2019 ; de Verdalle, 2021). Sociologues du travail, attentives aux enjeux d'organisation ainsi qu'aux processus de décision qui concourent à rendre possibles les projets de films et à leur donner forme, nous désignons par le terme de « production cinématographique » non seulement le processus de financement des films mais aussi la phase de leur fabrication concrète.

Pour l'une comme pour l'autre, le cinéma n'a pas été notre premier objet de recherche, nous sommes donc arrivées sur ces terrains cinématographiques avec des questionnements et des perspectives analytiques forgées à partir d'autres objets, parfois très éloignés. Une thèse consacrée à l'industrie automobile et à l'étude des transformations du travail aux usines Renault à la fin des années 1990 (Rot, 2006) a ainsi conduit l'une d'entre nous à envisager une comparaison entre cette industrie de série, où domine encore le travail à la chaîne, et des secteurs relevant d'autres logiques de production. Son choix se porte sur le cinéma, une industrie culturelle, de prototype, au sein de laquelle elle analyse « les pratiques individuelles et collectives de travail et les récurrences perceptibles au-delà de la singularité de chaque tournage » (Rot, 2007, p. 8). Pour l'autre, ce sont les enjeux d'un entrepreneuriat artistique croisé sur le terrain du théâtre est-allemand, en pleine recomposition au tournant des années 2000 (de Verdalle, 2006), qui nourrissent un ensemble de questionnements autour de l'articulation des logiques économiques et artistiques dans le travail de création et dans la définition de ses frontières. Le cinéma offre, à cet égard, un passionnant espace d'investigation, témoignant de la complexité des enjeux de qualification et de requalification permanente de tout un ensemble d'activités relevant de la production des films.

Quand nos parcours se sont rejoints, nous avions, l'une comme l'autre, le souci d'appréhender le cinéma avec notre regard et nos méthodes de sociologues, spécialistes du travail, des professions et des organisations productives. Nous avons abordé la filière cinématographique à travers plusieurs terrains d'enquête au long cours, qui nous ont permis de saisir des pratiques professionnelles, d'analyser des situations de travail, et d'éclairer des rapports de concurrence ou de collaboration entre les différents acteurs et actrices qui œuvrent à l'élaboration et à la fabrication des films. À ce titre, il est important de rappeler que nos travaux s'inscrivent aussi dans un champ de recherche qui a connu un fort développement en France ces quinze dernières années, la sociologie économique, qui recouvre l'analyse sociologique des appariements marchands, de la qualité, des processus d'évaluation et de valorisation etc[56].

Nous voudrions, dans cette contribution, expliquer plus précisément en quoi consiste notre regard sur le cinéma, puis, en nous appuyant sur quelques exemples empruntés à nos différents terrains d'enquête, montrer ce que l'approche sociologique que nous mettons en œuvre peut apporter à la compréhension du processus de fabrication des œuvres cinématographiques.

1. Analyser le travail cinématographique en sociologue

La mondialisation des activités cinématographiques a donné lieu à un ensemble de recherches nord-américaines en socio-économie et géographie du cinéma portant sur la concurrence des territoires et la labilité des centres de production cinématographique (Christopherson et Storper 1986 ; Scott 2000 ; Christopherson 2006 ; Wasko et Erickson 2008 ; Elmer, Davis *et al.* 2010). Ces travaux négligent toutefois l'analyse du travail concret engagé par les équipes de film pour réunir des partenaires apportant des moyens financiers et matériels puis pour accompagner l'installation d'un tournage sur un territoire, passant ainsi souvent sous silence le rôle de celles et ceux qui interviennent aux différentes étapes de ce processus.

Pour comprendre ce qui se joue à travers la fabrication des films, nous avons donc commencé par prendre au sérieux l'idée que le cinéma est une

---

[56] Pour une synthèse et une mise en perspective de ces différents travaux voir notamment Philippe Steiner, et François Vatin, *Traité de sociologie économique*, Presses universitaires de France, Paris, 2009.

activité de création collective (Becker, 1988), reposant sur une forte division du travail, impliquant concertation et coordination, au sein d'un collectif de travail dont l'ampleur peut varier en fonction des projets, mais qui implique toujours une grande variété d'intervenant·es.

Le cinéma, une activité de création collective

À l'occasion d'un premier chantier auquel de jeunes chercheurs et chercheuses avaient été associés nous nous sommes intéressées au cinéma à partir de ses coulisses. Ce chantier a donné lieu à un premier ouvrage collectif, *Le cinéma. Travail et organisation*, publié en 2013.

Ce livre mettait en avant des professions du cinéma encore assez peu étudiées (distributeurs et distributrices, scriptes, chefs opérateurs et opératrices, agents et agentes de talents etc.). Il s'agissait également d'analyser les chaînes d'action et de décisions qui font exister les films. Pour cela, nous avions aussi opéré un décentrage en ne nous focalisant pas sur un auteur ou une autrice et une œuvre singulière mais en analysant des processus récurrents (en termes d'organisation du travail), repérables de films en films au-delà de leur singularité. La difficulté majeure, dans ce type d'approche, est d'arriver à multiplier les cas pour penser ensemble le prototype qu'est le film et les logiques communes qui se manifestent dès lors qu'il s'agit de financer un projet, de constituer une équipe, d'organiser le travail sur un plateau. Prendre un certain recul par rapport aux rhétoriques artistiques qui dominent généralement le travail de création et faire le choix de déplacer notre regard vers des activités parfois peu visibles (Pasquier, 2008) nous permettait également de réfléchir, de façon plus transversale aux dynamiques collectives qui sous-tendent la production cinématographique et aux formes d'interdépendances qui les caractérisent.

Dans le cadre de ce projet collectif, nos enquêtes respectives nous ont conduites à nous intéresser à certaines activités du cinéma. Nos travaux ont porté d'une part sur les producteurs et productrices de films qui, contrairement à d'autres groupes professionnels, dont les interventions sur les projets sont plus ponctuelles, ont la caractéristique de pouvoir, à des degrés divers, peser sur la définition, les contours et les conditions de réalisation des films. Cela tient notamment au caractère précoce de leurs interventions, à leur rôle (réunir des financements, suivre le travail d'élaboration du projet et le valoriser auprès d'éventuels partenaires), et à la proximité relationnelle entretenue avec des artistes qu'ils et elles accompagnent parfois dans la durée.

C'est d'autre part la préparation et le déroulement des tournages qui a retenu notre attention, en ce que ces moments mettent en jeu toute une série d'arbitrages sur les projets de films qui font intervenir un vaste ensemble de professions dont les activités, à des degrés divers, peuvent aussi venir empiéter sur le territoire des cinéastes.

Ces différents terrains d'enquête éclairent donc à la fois les contraintes économiques, matérielles, humaines, temporelles, qui entourent l'élaboration des projets de films, mais aussi les compromis, les solutions productives qui sont inventées et mises en œuvre pour redessiner si besoin les contours de ces projets et réussir à les faire advenir. Ce faisant, nous avons également réfléchi aux temporalités multiples dans lesquelles s'inscrivent les activités cinématographiques : en effet, la temporalité du projet n'est pas la même pour chacun des intervenant·es, et elle s'articule avec d'autres temporalités, propres à chaque type d'activité, tout en contribuant, à plus long terme, à des dynamiques de carrières bien spécifiques, qui font intervenir des logiques relationnelles parfois intenses mais aussi des formes de projection dans l'avenir et de rapport au futur tout à fait singulières.

Faire du cinéma un objet d'enquête sociologique

Autre caractéristique structurante de notre approche : nos analyses du travail cinématographique reposent sur une démarche résolument empirique. Nous avons mis en œuvre différentes méthodes d'enquête, en essayant de suivre des films du projet au tournage et de diversifier les formats économiques (et les genres de films, ce qui recoupe en partie la question des caractéristiques économiques des projets).

Nous avons d'abord conduit de nombreux entretiens auprès de professionnel·es présentant des trajectoires contrastées. Ils et elles pouvaient être en début, en milieu, ou en fin de carrière, avec des niveaux ou des volumes d'activité variables (notamment chez les producteurs et productrices) et des degrés de reconnaissance professionnelle et d'insertion dans le secteur assez divers[57]. Ces entretiens comportaient toujours une forte dimension biographique, mais

57 Cette diversification des profils comprend toutefois une limite : nous n'avons pas rencontré de personnes sorties du milieu du cinéma, ce qui serait également intéressant, au regard des dynamiques de carrière incertaines auxquelles sont confronté·es les professionnel·les du secteur.

ils visaient aussi à recueillir des retours d'expérience sur des cas précis, des récits de pratique, des descriptions de projets qui nous permettaient ensuite d'analyser les conditions dans lesquelles nos interlocuteurs et interlocutrices exerçaient leurs activités, le type de relation de travail et les formes d'interdépendance dans lesquelles ils et elles étaient engagées, etc.

L'enquête sur les tournages n'a bien sûr été possible qu'en articulant ces entretiens avec de nombreuses observations, qui ont fait varier les formats de films (court métrage, film d'auteur, film « d'époque », comédie, coproduction internationale) et les lieux de tournage (en studio ou en décors naturels). Pour réaliser ces observations, différentes entrées ont pu être mobilisées : certaines ont été très spontanées, quand des tournages pouvaient être observés dans la rue, d'autres ont été rendues possibles grâce à des invitations, par l'intermédiaire d'une personne interviewée, ce qui permettait d'articuler plus étroitement encore les données recueillies à travers ces observations et les récits issus des entretiens.

Enfin, des documents de travail ont aussi pu être exploités, comme des plans de travail, des scénarios annotés des scripts obtenus lors des entretiens ou déposés aux archives de la cinémathèque française.

2. Comprendre comment se mettent en place des « compromis » productifs

Nous sommes donc attentives aux contextes dans lesquels se déploie le travail cinématographique et aux enjeux propres à ce travail collectif, qui suppose un souci constant de coordination et d'organisation. Mais si nos recherches s'inscrivent dans une perspective socio-économique, c'est aussi parce que nous défendons une approche qui ne dissocie pas les logiques artistiques et économiques, mais qui pense au contraire leur articulation.

Les projets de film sont généralement portés par un réalisateur ou une réalisatrice (qui, dans le contexte français et notamment dans le cinéma dit « d'auteur » est souvent à l'origine d'un scénario original). Ils n'en restent pas moins des objets malléables, soumis à toute une série d'épreuves, de confrontations, qui vont contribuer à forger leurs caractéristiques finales. Ce processus recouvre les différentes étapes de la fabrication des films, du travail de développement au tournage, puis au montage. Ce que nous analysons, ce sont précisément ces moments pendant lesquels s'élaborent des compromis productifs, qui consistent à chercher la meilleure (ou la moins mauvaise) solution pour permettre au projet de se poursuivre et finalement d'exister. Aux côtés des réalisateurs et des réalisatrices, les professionnel·les que nous avons étudié·es ont en commun de participer très directement à ces choix qui jalonnent la vie du projet de film.

Développer des projets et réagir aux contraintes de production

Les producteurs et les productrices sont souvent parmi les premiers interlocuteurs et interlocutrices des cinéastes. Ils et elles sont généralement présent·es sur le temps long de l'élaboration des projets de films, qui doivent être défendus auprès des multiples partenaires susceptibles de le financer. En retour, il leur faut ensuite, si besoin, convaincre le réalisateur ou la réalisatrice de la nécessité d'infléchir le projet, par exemple lorsque les fonds réunis s'avèrent insuffisants ou quand les réactions des éventuels partenaires suggèrent des adaptations, des révisions, des réécritures qui peuvent être plus ou moins importantes.

Les travaux sur le management des projets culturels, comme ceux de Richard Peterson (1986) ou de Paul DiMaggio (1987) dans les années 1980, conçoivent généralement les fonctions de management artistique comme dissociées du travail de création. L'interpénétration des fonctions artistiques et économiques a, au mieux, été pensée sous l'angle d'un continuum de compatibilité (ou au contraire de tension) entre des préoccupations gestionnaires et des postures artistiques. À partir de plusieurs cas de structures culturelles françaises, dont les activités relèvent de la musique, du secteur de l'édition ou de la production audiovisuelle, Ève Chiapello (1998) étudie par exemple comment les responsables de ces structures réagissent quand ils ou elles sont confrontées à des impératifs de gestion. Plus récemment, des travaux se sont intéressés à différentes figures de professionnel·les de l'intermédiation artistique (Jeanpierre et Roueff, 2014 ; Lizé, Naudier et Sofio, 2014), qui participent de la circulation et de l'articulation des logiques artistiques et économiques.

Mais ces travaux n'interrogent pas directement la manière dont ces professionnel·es participent à la définition des biens produits. Or, si le type de financement visé et sollicité, les caractéristiques des partenaires impliqués contribuent certes à fixer un niveau de budget disponible, et à positionner un projet dans un espace cinématographique fortement segmenté par ces hiérarchies budgétaires, les conséquences de ces choix stratégiques et budgétaires ne se limitent pas à cela. En effet, la nature même de ces appariements financiers et productifs détermine les conditions concrètes dans lesquels les films sont fabriqués. Les arbitrages réalisés en amont, alors que le projet est encore largement malléable, sont bien sûr susceptibles d'infléchir ses caractéristiques, et en cela les producteurs et productrices sont bien « un élément essentiel du processus créatif » comme le rappelaient les organisateurs et organisatrices d'un colloque consacré à cette profession (Creton, Dehée, Layerle, Moine, 2011). Mais les décisions prises vont aussi exercer des effets à moyen et long terme, qui se manifesteront tout au long de la chaîne de fabrication du film.

Les producteurs et les productrices évoquent volontiers leur capacité à trouver la « bonne » économie dans laquelle le film doit, et avant tout peut, se faire. Ils et elles jonglent avec une pluralité de modèles économiques, et arbitrent en fonction de leur capacité à lever certains types de fonds. Il s'agit aussi de prendre acte des « contraintes » qui pèsent sur les projets, pour essayer, selon leurs termes de les suivre ou de les articuler « intelligemment », comme le rappelle ce producteur dont la société, qui produit des courts et des longs métrages, existe depuis dix ans :

> « Tout ça va ensemble. Quand on va vers le marché, on est un peu contraint de travailler, pas contraint, on n'est jamais forcé, mais on a besoin de comédiens attractifs pour le marché, voilà, "bankables", ce n'est pas très joli, mais bien sûr, à partir du moment où on vise des financements de ce type-là, on est obligé de travailler avec des comédiens connus, et même très connus. (…) Quand on fait une comédie, on a conscience de ça. C'est la nature même du projet qui fait qu'on doit s'imposer un certain nombre de choses. »

Par ailleurs, la faible intensité capitalistique de l'activité cinématographique la rend sensible aux différentiels de coût de main d'œuvre et de décor, et aux ressources financières (subventions, niches fiscales) qui peuvent être associées à certains territoires. Monter une coproduction internationale permet ainsi de bénéficier de crédits d'impôts ; tourner un film dans plusieurs régions donne accès à différents types de subventions qu'il est possible de cumuler à condition des respecter les contreparties portant sur la localisation des tournages. En règle générale, les producteurs et les productrices sollicitant des aides régionales le font de manière cohérente avec les exigences du scénario. Néanmoins, les faibles marges de manœuvre budgétaires qui caractérisent certains projets obligent parfois à quelques contorsions. Et dans certains cas, des politiques régionales de suivi d'un auteur ou d'une autrice poussent à choisir des solutions qui ne sont pas toujours optimales pour l'organisation du tournage. C'est ce que décrit une productrice qui accompagne un réalisateur sur un premier projet de long métrage, après deux courts métrages soutenus financièrement par la même région :

> « (Ce film), on l'a tourné (…) sur trois régions, pour des questions de financements. (…) On avait deux besoins, on avait besoin de la mer et de la montagne. Voilà, donc pour la mer on a fait PACA, pour la montagne on a fait la Franche Comté, sauf qu'on n'a pas eu l'aide de la Franche Comté, et parallèlement à ça, comme (le réalisateur) avait fait tous ses films avec la Haute Normandie, mais c'était pas la mer qu'il voulait et c'était pas la montagne, (…) mais on a quand même présenté la Haute Normandie, en tournant les décors intérieurs chez eux. Et on a eu la Haute Normandie. Donc paradoxalement, pour des raisons vraiment financières on est allés en Haute Normandie parce qu'eux ont une politique de soutien d'un auteur qu'ils suivaient depuis le premier court métrage, mais c'est vrai que ça complexifiait pas mal le tournage. »

Ces choix stratégiques peuvent aussi opposer le producteur ou la productrice, qui fait face aux exigences concrètes de son devis, et le réalisateur ou la réalisatrice, qui se projette dans tel ou tel type d'environnement. Si ces contraintes peuvent s'avérer productives, parce qu'elles conduisent à la découverte de lieux originaux, elles peuvent aussi s'avérer conflictuelles, surtout dans des contextes budgétaires tendus. Et en retour ces choix géographiques auront une incidence directe sur le travail même des chefs décorateurs et de leur équipe qui devront faire passer un lieu pour ce qu'il n'est pas.

Il est donc intéressant de regarder comment les acteurs et actrices de la filière saisissent ces opportunités de production, ou réagissent aux contraintes qui leur sont associées, ce que l'analyse du choix des lieux de tournage et de l'organisation du travail qui en résulte éclaire de manière évidente.

Du territoire au décor

La connexité, la proximité spatiale, les effets d'agglomération (en particulier la force d'attractivité parisienne) comptent dans la localisation des tournages. Dans ce contexte, la représentation des métropoles comme archipel est pertinente : des relations de contiguïté se mêlent aux relations de connexité dans le cadre d'une division du travail se déployant sur des territoires concentrés lorsqu'il s'agit de penser certaines économies d'échelle mais aussi dispersés lorsqu'il faut jongler avec différents guichets de financement qui fonctionnent sous condition de territorialisation.

Choisir un lieu de tournage qui deviendra un décor de cinéma est déterminant, car le lieu de tournage est non seulement un matériau de travail mais aussi un espace de travail pour l'équipe. Tout comme la recherche de comédien·nes, les décors font l'objet d'un véritable casting lorsqu'ils ne sont pas reconstruits en studio. Le choix d'un décor repose ainsi sur un processus complexe portant d'une part sur la traduction des attentes du réalisateur ou de la réalisatrice (parfois imprécises) et d'autre part sur l'évaluation des qualités des lieux. « *En fait ce qu'on recherche dans les décors extérieurs, c'est d'y amener le minimum de décoration et d'avoir déjà l'univers du personnage qui est raconté* » résumait une repéreuse interviewée à propos des films à petits budget. Un décor « dans son jus », correspondant à l'univers filmique du réalisateur, permet effectivement de gagner de l'argent en réduisant le travail de décoration à de l'assemblage ou à la fabrication de construction plus limitées, mais aussi du temps dans la préparation du décor.

Dans la pratique, la recherche d'un décor, n'a rien d'évident. Choisir un futur décor de cinéma implique une série de compromis à partir d'une combinaison de critères esthétiques, économiques, logistiques qui ne font pas toujours consensus au sein d'une équipe de film. Différents corps de métiers (chefs opérateurs et opératrices, décorateurs et décoratrices, régisseurs) attendent du futur décor qu'il présente un certain nombre de caractéristiques dont le ou la cinéaste ne saisit pas forcément l'importance. Ainsi pour les chefs décorateurs ou décoratrices le repérage qui conduit à la sélection futur lieux de tournage détermine l'économie générale du travail de décoration sur l'ensemble du film. Si le lieu demande un travail de décoration trop important, il peut être préférable d'y renoncer :

> « Ou moi je peux dire "ça me demande beaucoup trop de boulot par rapport aux moyens que j'ai". Après c'est une histoire de moyens, hein. Donc ça peut être moi de mon point de vue dire : "le lieu est intéressant, mais pour l'amener vers le décor qu'on veut faire ça demande une mise en œuvre dont je sais dès à présent que je n'aurais pas les moyens". Ou alors il faudra que j'adapte pour un résultat qui ne sera pas à la hauteur de vos attentes, de mes attentes, donc… en conséquence de quoi, je vote pas pour ce décor quoi ! » (Chef décorateur)

De tels arbitrages prennent en compte l'importance du décor dans le scénario (décor principal ou secondaire), son caractère substituable, la durée du tournage prévue dans ce lieu, sa proximité avec d'autres décors envisagés mais aussi son intérêt pour les autres corps de métier.

En effet, le lieu est aussi important pour le chef opérateur ou la cheffe opératrice, puisque selon son orientation et l'espace disponible, le travail d'éclairage sera plus ou moins facilité. Le régisseur, quant à lui, sera particulièrement attentif aux enjeux de logistique (par exemple, à la possibilité de garer des camions sur le site ou d'installer une cantine à proximité du plateau.). La caractérisation de la qualité d'un lieu de tournage relève d'un processus métrologique parfois controversé. Des tensions surgissent quand les évaluations relatives à la qualité des lieux ne convergent pas, puisque les différents corps de métier qui interviennent dans la chaîne de production scrutent le lieu aussi par rapport à leurs propres normes professionnelles.

Les différents repérages effectués en amont du tournage sont donc destinés à éprouver plusieurs qualités : l'adéquation du lieu avec l'intention cinématographique (qui elle-même peut évoluer au cours du temps) et sa capacité à être travaillé (transformé en décor de cinéma, éclairé), son coût de location et de transformation, sa disponibilité par rapport à rapport au plan de travail envisagé. Parmi les arbitrages productifs existants concernant le choix des lieux de tournage des jeux subtils peuvent aussi avoir lieu entre casting des décors et casting des comédien·nes selon l'importance respective des uns et des autres, comme l'explique cette assistante à la réalisation :

La contrainte première c'est le décor ou c'est la disponibilité des comédiens ou c'est les deux ?

C'est les deux. On commence par le décor. Généralement on a les décors avant d'avoir les comédiens. Parce que le problème pour "dealer" les comédiens, c'est que le directeur de production a besoin de savoir le nombre de cachets que va avoir le comédien pour pouvoir le dealer au plus juste. Parce que s'il le deale trop tôt il va lui dire : "ah voilà t'as cinq jours" et puis finalement on change le plan de travail pour x ou y raisons, il n'en a plus que quatre [...]. Si on veut absolument tel comédien on peut changer le plan de travail pour avoir le comédien, ça arrive aussi, du coup on perd le côté optimisé du plan de travail, on fait beaucoup de... enfin on change de décor, on fait des va et vient pour avoir l'acteur. Et ça, ça va dépendre de la production, du réalisateur, des décors, quelles sont les possibilités [de remplacer un décor par un autre]. Après on se retrouve des fois devant un mur, c'est-à-dire c'est soit le décor, soit l'acteur. Après on va dire que ça va dépendre de l'importance de l'acteur, du rôle, si c'est un petit rôle on va prendre quelqu'un d'autre, on va pas chambouler tout pour un acteur s'il n'est pas disponible [alors qu'on a le décor].

La difficulté, dès lors qu'il s'agit de choisir un lieu de tournage, c'est-à-dire un futur décor de cinéma, vient du fait que l'on se situe ici dans une « économie des singularités » au sens que Lucien Karpik (2007) donne à ce terme : de fait, la qualité réelle d'un lieu ne s'éprouve véritablement qu'au moment du tournage en présence des comédien·nes qui se l'approprient plus ou moins facilement et de toute l'équipe technique qui avec son matériel envahit l'espace du décor. Le choix de certains lieux de tournage a des répercussions directes sur la pénibilité du travail des machinistes et des électriciens qui installent des tours, des nacelles, des projecteurs, des travellings. Lorsque les lieux sont difficiles d'accès, la manutention peut être plus fatigante ; en terrain accidenté l'installation des éclairages ou d'un *travelling* est plus difficile et plus longue. L'architecture même du lieu peut contraindre à certains renoncements, par exemple quand, faute de hauteur sous plafond suffisante, l'équipe du son doit renoncer à percher et se rabat sur l'usage de micros HF (Haute Fréquence), placés sur le corps des comédiens.

Lorsque le moteur est demandé, en fonction de la configuration des lieux, et du positionnement de chacun dans l'espace il est parfois difficile de *se percevoir* au travail et de percevoir l'autre dans l'espace. Pour les équipes chargées de la captation des images et du son, arriver à se coordonner sans frottement implique de renouveler à chaque changement de plan l'évaluation de l'espace de travail dans sa dimension géographique, et esthétique. Cela suppose aussi, dans le cours de l'action cinématographique, l'observation des postures et des mouvements des corps dans un contexte de co-présence, afin de pouvoir faire sa place sans menacer celle des autres intervenant·es[58].

Par ailleurs le lieu de tournage n'est pas qu'un espace géographique et un matériau esthétique, il est aussi, un espace social parfois récalcitrant. Le tournage bouleverse l'environnement dans lequel il s'ancre et peut créer des réactions de rejet lorsqu'il conduit par exemple à bloquer trop longuement la circulation des riverains ou des automobilistes, ou perturbe les trafics de drogue d'une cité. La répétition de tournages sur un même lieu, ou au

[58] Sur la question des corps au travail nous renvoyons à notre contribution dans Thierry Arnal, Thierry Pillon Maité Clavel (dir.) *Le corps au travail. Performance, discipline, fatigue*, New Digital Frontiers, 2021 [en ligne].

contraire leur caractère exceptionnel, la manière dont les équipes se comportent ne sont pas sans incidence sur l'acceptabilité des tournages dans la durée et en définitive, sur les capacités d'accueil des tournages. Il existe des connections étroites entre le déroulement de l'activité et la construction de l'intolérance ou à l'inverse de la tolérance sociale à l'égard d'une activité souvent envahissante. De cette tolérance dépend aussi « l'offre » de décors disponibles au cours du temps.

Conclusion : délibérer autour des projets

Nous avons voulu, à travers cette contribution, montrer que la dimension collective, et parfois conflictuelle, des décisions qui sont prises, à chaque étape du projet cinématographique, justifie de déplacer notre regard vers des professionnel·les moins visibles que les réalisateurs et réalisatrices, mais dont les activités se trouvent au cœur des enjeux d'articulation entre logiques artistiques et logiques économiques.

Comme le rappelle Frédéric Graber (2011) à partir d'un terrain de recherche très différent (les travaux publics), le projet est « un objet largement ouvert à la critique ». Néanmoins, des irréversibilités se créent progressivement, des étapes sont franchies, qui supposent de fixer un certain nombre de décisions et de construire du consensus. C'est cette dynamique délibérative qui peut et doit être analysée, pour comprendre comment se mettent en place des compromis productifs qui donnent forme aux projets de films. Et les tensions qui émergent au cours de ce processus peuvent bien sûr venir éclairer les rapports de force qui traversent les relations de travail.

CHAPITRE X

Interculturalité : enjeux, limites, perspectives

Kristian Feigelson

En mémoire de Loup Verlet (1931–2019)
« Si l'on veut se raconter soi-même, on
ne raconte rien du tout. On ne se raconte
bien soi-même qu'en racontant les autres »
Jean Renoir, *Écrits 1926–1971*, Paris, Belfond, 1974

Les organisateurs du colloque « Approches socio-économiques du cinéma et de l'audiovisuel en France : objets, méthodes, perspectives » ont souhaité que j'y fasse écho à partir de mes propres travaux inscrits dans le cadre de l'IRCAV sur la thématique de l'interculturalité, ses enjeux, ses limites et ses perspectives. Mes dernières recherches ont plutôt porté sur une histoire et une sociologie des anonymes afin de contribuer à leur redonner une identité souvent ignorée[59], mais il s'agit ici, en revisitant tout un parcours de recherche, d'interroger la pertinence et la portée d'analyses en termes d'interculturalité qui sont de nos jours inhérentes à toute la réflexion des sciences sociales[60]. Cette notion a constitué dans le passé une donnée essentiellement sociologique, ou plutôt anthropologique, pour aujourd'hui devoir aussi concerner le domaine des médias. Je vais donc me référer à des recherches menées depuis plusieurs années en cherchant à éviter de tomber dans un exercice d'égo-histoire[61]. Je m'y étais déjà penché en 2006 lors de l'exercice d'Habilitation à

59 Thématique reprise le 17 février 2023 dans une autre conférence à Fort de France à l'Université des Antilles en écho aux questionnements sur la créolité.

60 Une réflexion entamée dans un précédent article sous un angle plutôt épistémologique à propos du statut de la sociologie, discipline crée à la fin du XIXe siècle, elle-même frontière au croisement d'autres disciplines comme d'objets audiovisuels très variés, « L'esthétique au prisme de la sociologie » in *Cahiers Louis Lumière* 14/ mai 2021.

61 De fait, en rompant avec une règle tacite ou souvent établie, je citerais ici, uniquement les travaux auxquels j'ai pu participer ou produire pour revenir sur ce cheminement d'interculturalité. Une manière peut-être d'historiser ce concept d'interculturalité en montrant sa genèse dans mes propres travaux.

diriger des recherches pour essayer de réfléchir, après différentes enquêtes menées sur les métiers et professions de l'audiovisuel, aux enjeux épistémologiques de mes travaux[62]. D'autant plus que ces objets renvoyaient déjà à des contextes d'interculturalité, si l'on considère que j'ai mené une grande partie de mes recherches à l'étranger et sur des milieux professionnels (mais pas uniquement) travaillant dans des contextes d'internationalisation.

J'essaie ici de me référer à la dimension critique et souvent collective de ces travaux dans l'esprit que je me fais des sciences sociales aujourd'hui. Cette perspective pourrait donc renvoyer non seulement à une réflexion collectivement admise, mais au statut des sciences sociales qui ont longtemps fait prévaloir un pôle européo-centré comme axe de référence privilégié à bien des réflexions. Mais ces catégories d'analyse semblent être devenues depuis longtemps caduques. Une démarche renvoyant aux enjeux de l'interculturalité renverse en quelque sorte les paradigmes tout en s'éloignant des traces d'un modèle de réflexion de départ européo-centré. Une nouvelle démarche implique de se référer à des sources les plus variées, qu'elles soient écrites ou orales, le travail de sociologue impliquant à la fois l'enquête de terrain et la consultation d'archives pour faire aboutir un projet de recherche qui au départ est souvent miné par l'incertitude. Je vais donc m'efforcer ici de poser de nouvelles questions, montrant à la fois les enjeux mais aussi les limites et perspectives de ces approches en combinant les techniques mises en œuvre dans mes parcours de recherche, leurs objets et leurs problématiques. De fait, certaines formulations pourront sembler encore prématurées d'autant plus qu'elles se sont enrichies depuis lors, à la fois d'autres travaux, mais bien évidemment aussi d'interprétations nouvelles sur ces questions.

1. Enjeux

Cette notion d'interculturalité se révèle aussi être un outil adéquat pour mesurer les différences, redonner du sens pour rompre avec des explications

62 Mon habilitation à diriger des recherches en décembre 2006 sous la direction de Michael Palmer, (jury : Laurent Creton, Monique Dagnaud, Marc Ferro, Pierre-Michel Menger, Jean Radvanyi, Jacques Walter), revisitait mon parcours personnel et professionnel pour proposer une réflexion d'ensemble sur les métiers et profession du cinéma qui paraitra sous *La fabrique filmique : métiers et profession*, Paris, Armand Colin, 2011.

purement naturalistes dans un contexte de débats parfois vifs sur ces thématiques. De retour en 2022 du Japon, de l'Université de Tokyo où mes travaux portaient sur des translations entre l'ex-URSS et le Japon dans le contexte de la Seconde Guerre mondiale, ces enjeux de l'interculturalité m'ont de nouveau interpellé. Je pourrais citer par exemple un dernier jury international d'une thèse où j'étais rapporteur, soutenue à Melbourne en anglais par un candidat bengali vivant au Japon, et dont le sujet portait sur un réalisateur britannique vivant en France et ayant filmé pour les besoins de sa cause, la Commune de Paris[63].

Les exemples sont devenus légion dans un univers académique aujourd'hui plus globalisé et où l'économie numérique a contribué à accélérer ces passages de frontières. Mais comment aborder ces questions ? Comment en comprendre les limites lorsqu'on travaille toujours aux frontières[64] ? Elles peuvent être autant géographiques que disciplinaires, culturelles que géo-politiques. De fait, c'est sans doute ce phénomène de porosité qui nous permet au fond de franchir des frontières ou d'être transfrontières dans la recherche ? Et comment l'expérimenter comme j'ai pu le faire au départ dans le cadre de travaux plutôt centrés sur le cinéma et l'histoire pour en pointer les différentes interactions[65] ?

---

63 Thèse de Mohamed Monyul Alem, *Revolution in Peter Watkins : la Commune* (dir) Dean Williams, Université Monash/Melbourne, octobre 2020, parmi plus d'une trentaine de jurys de thèses soutenues en France et à l'étranger depuis 2007, pouvant aussi aborder ou interroger ces questions d'interculturalité dans l'audiovisuel.

64 Cette question finalement essentielle des frontières sous un angle à la fois disciplinaire mais aussi géopolitique, j'ai pu l'aborder dans différents travaux sur l'URSS puis l'ex-URSS au sein de l'Ehess, puis de l'Imseco/ CNRS, la FEDN, l'Observatoire des États-Post Soviétiques (Inalco) qui ont tous donné lieu à des publications dans le cadre de collectifs de chercheurs. L'objet URSS y était décrit sous l'angle de ses frontières au sens concret et métaphoriques, après l'avoir abordé sous l'angle audiovisuel dans ma thèse en 1983 ce qui m'obligeait déjà à aborder les questions d'une société multiculturelle.

65 Notamment dans *Film et histoire*, Marc Ferro (dir.), Paris, Ehess ; *L'URSS et sa télévision*, Kristian Feigelson, Paris, INA/Champ Vallon, 1990, « Les contours de l'invisible » in *Autrefois la Russie : photographie russe 1860–1917* (dir.) Kristian Feigelson, Paris, Lliana Levi, 1990 ; *De Russie et d'ailleurs : feux croisés sur l'histoire*, (dir.) Martine Godet, Paris, IES,1995 ; *Cinéma hongrois : le temps et l'histoire* (dir.) Kristian Feigelson/Jarmo Valkola, *Théorème 7*, Paris, PSN, 2003 ; *Caméra politique : cinéma et stalinisme*, (dir.) Kristian Feigelson, *Théorème 8*, Paris, PSN, 2005 traduit en tchèque et en turc, et de nombreuses autres publications.

Une telle notion d'interculturalité, si elle demande à être approfondie, s'inscrit-elle dans un cadre universaliste ou plutôt particulariste ? Elle peut par exemple dépasser la seule dimension géographique liée à une aire culturelle, sembler réductrice, pour renvoyer encore à d'autres questionnements comme ceux axés plutôt sur la mémoire ou l'oubli, au-delà de celles liées au cinéma et à l'histoire ou à des aires culturelles spécifiques[66] ? Comment alors concilier encore d'autres problématiques frontalières comme celles du global et du local, jusqu'à en reprendre le concept plus moderne de « glocal » (Arjun Appadurai *Modernity at Large*, Minneapolis, University of Minnesota Press, 1996) pour mettre en perspective ces effets ? Le cadre français apparaît fort contraignant, avec l'existence de sections du CNU, compartimentés comme j'en ai fait l'expérience, ayant voyagé au sein de trois sections différentes.

Certains sujets ou thématiques de recherche, comme récemment « Filmer le Goulag » m'ont obligé à traverser plusieurs continents ou aires culturelles pour enquêter de la Mer Blanche près du Pôle Nord aux États-Unis, Brésil et Japon, de l'Asie centrale à l'Europe via la Russie étant donné le caractère paradoxalement très international de cet objet[67]. D'autres thématiques de recherche sur des questions d'industrialisation des images (Brésil, Inde, Asie de l'Est, Proche-Orient) m'ont aussi permis aussi de redéployer des travaux comparatifs et de travailler, toujours à la croisée des chemins avec des chercheurs issus d'horizons différents, exigeant d'appréhender des modalités toujours nouvelles d'interprétations. Puis le fait d'avoir travaillé pour ma thèse de doctorat sur l'URSS lors de mes premiers travaux et publications sur une société finalement très multiculturelle, a favorisé ces perspectives

[66] Comme par exemple dans « Le labyrinthe, un dispositif d'expérimentation sensible » in *Cahiers Louis Lumière*, 4/2007 traduit en anglais et en hongrois ; *Politique des médias et usages du passé en Russie* in *Guerres de mémoires dans le monde : enjeux, médias, identités*, in *Hermès*/ CNRS n° 52, 2008 (dir.) Marc Ferro.

[67] Un programme de recherche initié après une première enquête aux îles Solovkis (Russie) qui donna lieu à différentes conférences comme programmes de cinémathèques dans le monde et articles publiés, permettant de revisiter la dimension interculturelle au sens propre des camps de travail soviétique filmés en URSS à la fin des années 1920.

comparatives, obligeant à décoder toute une série d'observations[68]. Sans doute dans le but d'en mobiliser de nouvelles pour comprendre aussi le phénomène soviétique et post-soviétique qui interpelle une grande partie du monde jusqu'à aujourd'hui. D'autant plus que nos propres histoires de chercheurs s'inscrivent aussi dans des inconscients collectifs qui permettent d'expliquer nos choix et nos investissements.

De fait, les enjeux de l'interculturalité pourraient épouser une biographie familiale, au croisements de parentalités issues elles-mêmes de cultures différentes, obligeant à interpréter dans des langues différentes, mais aussi à contenir la bonne distance d'un sociologue dans laquelle je me suis reconnu ensuite pour à la fois travailler sur des objets très diversifiés (de la prison à la télévision, du cinéma à l'URSS, des industries des images en Inde, Asie de l'Est ou encore plus récemment dans le monde turcophone)[69]. Mais aussi dans le cadre de rencontres livresques et intellectuelles qui ont pu forger un parcours aux frontières. Ces éclaireurs ont tous disparus depuis et je ne peux que leurs rendre hommage ici : Cornelius Castoriadis, Pierre Clastres, Marc Ferro, Michel Foucault, Claude Lefort, Evelyne Pisier, et d'autres. Mais bien sûr, de nombreux autres apparurent, lorsque je rejoignais l'IRCAV à la Sorbonne Nouvelle en 1996.

Comment alors mesurer ces notions d'interculturalité, finalement relativement anciennes, lorsque l'on travaille de surcroît dans un département de Cinéma et Audiovisuel d'une université des Arts et de la Culture, dans un espace plutôt francophone, mais où le rapport à l'autre comme à l'étranger prévaut ? Tant par les nombreux étudiants venus d'ailleurs que par la diversité des sujets de thèses soutenues. Mais aussi dans la rencontre avec de nombreux collègues au quotidien, issu eux-mêmes de cette diversité. Cette pluralité, si on peut la qualifier ainsi à une époque plutôt sombre, imposant de nouvelles normes avec son « politiquement correct » dans les sciences sociales, nous donne à réfléchir, mais renforce sans doute aussi notre capacité à réfléchir

68 Thèse soutenue en septembre 1983, près de dix ans après une recherche de terrain menée en URSS pendant un an à l'université de Léningrad, *Les fonctions de l'image en URSS*, sous la direction de Marc Ferro (Ehess), avec Evelyne Pisier (Paris 1) et Hélène Carrère d'Encausse (IEP).

69 Cf. l'entretien donné à ce sujet, « Les papiers de vos parents s'il vous plait ! » in *Le Monde*, 30 mars, 2007, suivi d'une tribune dans *Libération*, « Naître ou ne pas être Français », 6 mars 2008.

et travailler ensemble dans le cadre d'une pluridisciplinarité étant, au fil des années, devenue effective à l'IRCAV.

2. Limites

Cette question de la différence est déjà donc au cœur de nos problématiques communes. Sans doute que l'objet audiovisuel s'y prête, étant à la fois complexe et transfrontière. Cela s'impose comme une évidence, mais cela nous engage aussi. Le débat avait pris corps avec la sociologie classique, notamment outre-Atlantique, où l'on put construire certains outils conceptuels, pour y repenser les cas du communautarisme ou du « vivre-ensemble », à partir souvent des seules questions de l'immigration. La sociologie à ses débuts ne consistait donc pas seulement à étudier la nature des sociétés et leurs mécanismes pour en comprendre les fonctionnements. Par exemple, en contre-pied de l'interculturalité et ses effets liés aux questions de l'immigration, d'autres concepts sont apparus comme ceux de l'intégration ou de la cohésion sociale. La mondialisation a réintroduit ensuite d'autres questionnements. De fait aussi, quel rôle peut avoir la sociologie dans son rapport à l'économie pour prendre en compte l'évolution des rapports sociaux ? Si la sociologie se réduit à l'explication de pratiques individuelles ou à des facteurs locaux au regard, par exemple, d'une économie qui dresserait la question des lois du marché et leurs dimensions globales (Braudel, 1985), revisitée dans un cadre multipolaire, en inversant la domination anglo-saxonne sous l'angle de différentes autres économies-monde ? Doit-on alors faire prévaloir une logique économique qui serait devenue dominante sur une pensée sociologique, elle-même très plurielle et divisée en courants ? D'autant plus que l'émergence rapide de l'économie numérique a contribué aujourd'hui à faire éclater cette notion traditionnelle de frontière. Quel serait alors le statut d'une sociologie de l'action pour éclairer les relations entre l'acteur et le système (Crozier, Friedberg, 1977) dans un contexte de multiculturalité ? Mais aussi dans le cadre de systèmes de communications interindividuelles où prédominent un ensemble d'interactions pour devoir les discerner et comprendre (Becker, 2006).

Les processus de création sont abordés au prisme de la sociologie interactionniste pour mieux prendre en compte la notion de réseau. Puis d'autres travaux philosophiques, notamment, ont aussi repensé cette question du multiculturalisme et ses différents courants dans l'après-guerre, du post-structuralisme à la post-modernité, etc. On a pu évoquer, entre altérité et modernité, certaines de ces catégories façonnées par Lévinas (1981), puis Ricœur (2003), jusqu'au pluralisme et aux réseaux/rhizomes de Deleuze et Guattari (1980), à la déconstruction ou différenciation par Derrida (1967). Des courants que l'on a retrouvés plus ou moins cités dans les thèses de cinéma et audiovisuel comme référents d'une certaine pensée contemporaine, pour, comme toujours, être dépassés sinon revus par d'autres (études de genres et post-coloniales, importées souvent d'outre-Atlantique).

Bien que vivant et travaillant en France, mon expérience personnelle de parcours de différents continents (Afrique, Asie, Amérique Latine, Europe, Proche-Orient) m'a permis concrètement et effectivement de ne pas dissocier l'interculturalité de la question du multiculturalisme, qui a émergé le plus souvent avec la fin des Empires coloniaux (France, Grande-Bretagne, Espagne, Portugal, Pays-Bas) d'autant plus que j'intervenais à l'occasion de publications et de conférences dans les anciennes colonies de pays tous marqués par cet héritage. Certaines de ces sociétés où j'ai pu travailler ou intervenir étant plus ou moins marquées, mais à des degrés divers, comme au Brésil, aux États-Unis ou en Inde et ex-URSS, par ces questions du multiculturalisme, soit en termes d'intégration soit en termes de ségrégation et communautarisme. Si l'on conçoit aussi que le XXe siècle, renforçant ces tendances, a été par ailleurs celui des génocides comme des migrations impliquant autant de brassages de populations que d'exclusions.

Ces questions anciennes autour de la pluralité ont été aussi développées avec l'apport des nouvelles technologies de la communication, puis le phénomène de la globalisation, nous obligeant tous à repenser autrement dans le cadre de changements très rapides et parfois brutaux, de nouveaux acteurs du système des médias que nous étudions. Nos publications ont permis en partie de comprendre ces nouvelles offres et demandes, ou du moins obliger à analyser d'autres polarités que celles d'Hollywood pour analyser de nouvelles formes d'interdépendances sinon de dominations effectives. Par exemple, les hiérarchies sociales analysées peuvent révéler ou déterminer aussi d'autres types de hiérarchies plus culturelles. Et, dès ses origines, Hollywood incarne un pôle de multiculturalités bien plus qu'un seul univers proprement américain. Les croisements culturels se jouent à plusieurs niveaux, impliquent différentes strates et obligeraient à reconsidérer ici la notion d'interculturalités au sens pluriel et non singulier du terme. Nommer est une manière à la fois de poser une problématique tout en s'efforçant de la résoudre dans la recherche.

Nombre de travaux abordent donc ces questions en termes de transferts culturels, là ou une perception plus transnationale de ces objets a pris peu à peu place, renouvelant une approche jugée idéologisée, qui auparavant croisait celle de l'État-nation devenue peu à peu caduque, avec celle de la globalisation considérée maintenant comme trop uniformisante, sinon réductrice (Katalin Pór, 2021). Les notions de frontière évoluent elles-mêmes et la notion d'espace d'activité peut se substituer au périmètre restreint d'État-nation. De fait, la question des industries culturelles à ses moments de croisement entre État-nation et Globalisation, laissait peu à peu place dans l'après-guerre (Theodor Adorno, Max Horkheimer, 1974) à une perspective nouvelle susceptible de réinvestir un ensemble d'acteurs jusqu'ici ignorés de ces travaux en socio-économie (Mette Hjort, Duncan Petrie, 2008). Cette question étant depuis retravaillée par les *Post-Colonial Studies* issues plutôt du monde anglo-saxon originellement, qui souhaitaient mettre à jour les productions de groupes ethniques ou culturels diversifiés (Hamid Naficy, 2001).

Bien qu'à chaque fois de nouveaux clivages puissent renvoyer à des mécanismes identitaires plus profonds au risque d'élaborer de nouvelles propositions normatives au sein de ces mêmes groupes, où aucune identité ne semble jamais acquise mais reste toujours en construction. Là où, par exemple, la création dans tous les domaines de la vie culturelle envahie aujourd'hui par une nouvelle forme de culture du boycottage fondée sur des assignations identitaires, obéit dans certaines sociétés à des critères nouveaux obligeant par exemple des groupes ethniques minoritaires sous-représentés à imposer leurs lois, jugeant telle ou telle production offensante ou contraire à leurs valeurs, et judiciarisant le champ de la recherche[70].

Dans le passé, l'univers technologisé des médias dominants depuis plusieurs décennies, fondé sur l'innovation permanente, avait fortement engagé, en Occident surtout, mais ailleurs aussi, notamment dans ses ex-colonies, un processus d'homogénéisation culturelle dans un rapport de conformité à ses

70 Kristian Feigelson et Pierre Sorlin, « Le poids des images, le prix des mots », in *Libération* 4 mai 2009, et la conférence donnée le 17 janvier 2022 à l'université de Mwanza/Tanzanie sur la controverse autour du film « *Le Cauchemar de Darwin* » (2004) à Mwanza, sur les lieux mêmes du tournage.

normes, induisant à la marge l'émergence d'un cinéma d'auteur alternatif. Il est aujourd'hui relayé par l'expansion nouvelle de réseaux sociaux revendiquant d'autres polarités, utiles dans cet esprit à analyser pour le chercheur. Par le passé, les anthropologues évoquaient ces phénomènes sous l'angle de l'acculturation. Celle-ci est aussi une modalité d'évolution à prendre en compte dans l'analyse des phénomènes sociaux. Elle implique d'autres notions importantes comme celle d'autonomie ou d'identité. Comment alors prendre en compte les données de cette appropriation par le bas, d'autant plus qu'elles témoignent aussi de processus de croisements et de métissages ? Notamment lorsque l'on se penche sur l'analyse de sociétés où les rythmes de temporalité sont différents et sans rapports directs avec la chronologie des médias ?

Ces analyses impliquent dans ces sociétés traversées d'autres codes culturels de décryptage pour comprendre les phénomènes d'assujettissements internes entre groupes dominants et groupes dominés, ou de phénomènes d'exclusion que le sociologue peut observer. Les approches peuvent donc devenir multiples pour prendre en considération dans des programmes de recherche la condition de ceux étant soit exclus ou à la marge, qui pourraient successivement catégoriser dans mes travaux passés comme plus récents « les indiens guayaki », les « prisonniers », « les anonymes du cinéma » en s'intéressant aux catégories des techniciens jamais vraiment abordés[71]. Mes dernières recherches portaient plutôt sur une histoire des anonymes, contribuer à leur redonner une identité souvent ignorée dans différents autres travaux. La recherche implique donc, au-delà d'une perspective interculturelle, de voir comment ce qui semble à la marge peut vraiment devenir central dans l'analyse.

Ces situations exigent sans doute une forme de nouvelle mobilité pour les comprendre, d'autant plus qu'elles impliquent des changements rapides sous l'impulsion de ces transformations induites par les médias. Cela nous oblige en permanence à mobiliser nos propres outils d'investigation issus des sciences sociales pour à la fois découper ou recadrer nos problématiques de départ devenues évolutives, repenser à notre niveau l'innovation théorique à partir d'hypothèses disséminées, s'ouvrir à l'autre et aux différences pour

[71] Voir à cet égard une série de premiers articles tirés de ces catégories, « Le charme discret des prisons suédoises » in *Toujours les prisons*, *Esprit*, 11/1979 ; « Le gai savoir de Pierre Clastres » in *L'Homme et la Société* 65/66, 1982 ; *La fabrique filmique : métiers et professions*, Paris, Armand Colin, 2011.

prendre en compte la diversité pratique de nos terrains. Cette exigence du terrain, essence du travail du sociologue, suppose aussi dans ce contexte d'interculturalité une connaissance des langues au-delà de devoir décrypter les sources primaires ou codes culturels afin de mieux comprendre les enjeux de toute médiation.

La question du terrain est cruciale car elle permet, comme dans la médecine expérimentale de Claude Bernard, de revisiter nos propositions conceptuelles ou de réviser nos hypothèses dans le domaine des médias pour emprunter des concepts issus d'autres champs, notamment à partir de la sociologie médicale de l'école de Chicago (Eliot Freidson, 1984)[72]. C'est dans ses allers/retours avec le terrain que finalement s'ancre une certaine expérience de la recherche. Elle implique la rigueur de l'observation, mais aussi la construction conceptuelle nécessaire pour en faire le rendu adéquat. De ce point de vue, les sciences sociales, de tout temps, malgré leurs exigences d'autonomie épistémologique, ne sont pas étrangères à leur propre contexte de production intellectuelle. De fait, l'enquête de terrain permet de mesurer nos propres contradictions ou d'aller à contre-courant d'idées dominantes. Notamment de remettre aussi en question à partir des données recueillies des vérités jugées immuables. Les sciences sociales dans leur portée critique, faute de détenir une vérité, peuvent avoir cette fonction modeste. Nombre d'enquêtes que j'ai pu mener ont pu porter sur des objets extrêmement divers, au-delà de la seule question des médias. Mais il a toujours fallu, me semble-t-il, en mesurer à la fois la cohérence symbolique et la dimension des pratiques observées. Enquêter sur telles collectivités ou sur tels groupes professionnels pour s'efforcer de comprendre les modalités variées dans lesquelles cette notion d'interculturalité à l'œuvre peut fonctionner. Les enquêtes de terrain, révèlent non seulement la diversité de ces modalités, mais dans leurs rendus donnent à comprendre des résultats parfois très contrastés, sinon inattendus. Elles permettent de dépasser les idées reçues, ce qui en soi est une finalité dans le rôle donné aux sciences sociales, pour nous efforcer de renouveler nos concepts ou nos problématiques de départ. L'École des *Annales* et la sociologie interactionniste américaine ont pu à cet égard, dans mes démarches de recherche en sciences sociales, servir de modèles théoriques pour les valider. De fait, ce qui peut

---

72 Eliot Freidson, *La profession médicale*, Paris, Payot, 1984, et Kristian Feigelson (dir.), *Malades et médecins à l'écran*, Paris, revue *Théorème*, Presses Sorbonne Nouvelle, 2025.

nous sembler périphérique, tant dans nos objets que dans nos problématiques, peut alors redevenir central dans la recherche, tout en réfléchissant à la dimension éthique de ces pratiques.

On peut donc penser que l'interculturalité comme pratique passe encore par des catégories elles-mêmes complexes et diversifiées demandant à être repensées. Il faudrait aussi mieux les historiciser pour comprendre leurs limites et ne pas les réduire à des abstractions. A la lumière de ce que l'historien Marc Bloch des *Annales* pouvait repenser lui-même ce champ des possibles lorsqu'il dénotait que « le questionnement reste l'enjeu de toute recherche. »

3. Perspectives

Au sein de ces propositions visant à réfléchir l'interculturalité comme facteur de disparités nouvelles et de clivages au contact de l'univers des médias, on devrait interroger la médiation en soi qui est un seuil obligeant à repenser toute une série de relations nouvelles dans ce champ. Par qui passe-t-elle ? Que demande-t-elle ? Ne relève-t-elle que de l'ordre de la réception ? Implique-t-elle de nouveaux spectateurs sur toute la chaîne socio-économique au-delà des instances traditionnelles bien étudiées de la chaîne production-distribution-exploitation- réception ?

Il existe là des enjeux symboliques à décrypter, d'autant plus que nombre de ces logiques économiques, ou sinon sociales, semblent parfois échapper à l'action de leurs propres protagonistes. En les analysant, le travail du sociologue n'est pas seulement de les restituer, mais aussi de s'attacher à en montrer les singularités. A la différence d'un travail militant, celui du chercheur doit chercher à respecter la bonne distanciation, si l'on conçoit que la contamination du savoir par l'idéologie nuit à toute réflexion un tant soit peu objective dans les sciences sociales (version marxiste des « *exploités* », version tiers-mondiste des « *opprimés* », version wokiste des « *discriminés* », etc.) au profit souvent d'une prétendue *French Theory* réinterprétée outre-Atlantique, ou au bénéfice de certains acteurs.

Les champs d'investigation sont donc très nombreux et impliquent cette dimension comparative, pour à la fois établir des faits, dégager des cadres conceptuels plus ou moins pertinents, montrer aussi les limites de nos analyses. Également les limites de la comparaison. Sans doute, quitte à le redire, il ne faudrait pas en termes de perspectives éluder la spécificité des contextes, et parvenir à les décrypter dans leurs complexités ou leurs singularités. Il ne suffit d'ailleurs pas d'emprunter cette seule notion d'interculturalité, qui pourrait elle aussi devenir dominante, pour devoir imposer une lecture biaisée de la réalité. D'autant plus si l'on conçoit que dans le décryptage des discours réside aussi une dimension inconsciente, sinon cachée, à prendre en compte.

De fait, ne pas préjuger des situations en fonction de nos propres représentations accommodantes à nos propres réalités. En dévoilant de l'intérieur le fonctionnement des systèmes que nous étudions dans le champ des médias, nous contribuons sans aucun doute indirectement par ces travaux à soulever de nouveaux paradigmes au sein des sciences sociales : en montrer les enjeux, les limites mais aussi les perspectives.

Comment aborder l'interculturel dans l'industrie de l'audiovisuel ? Retour sur l'approche CinEcoSA

Nolwenn Mingant et Cecilia Tirtaine

Cet article a pour objectif de présenter l'approche spécifique développée par CinEcoSA afin d'appréhender sa place au sein du paysage de la recherche sur l'économie du cinéma en France et dans le monde. Constituée d'abord en équipe en 2008, CinEcoSA (Cinéma, Économie & Sociétés Anglophones) est devenue en 2009 une association Loi 1901. Sa création partait d'un constat : la recherche en socio-économie du cinéma en France met peu en lumière les enjeux culturels et souvent interculturels qui se jouent dans cette industrie. Dès sa création, CinEcoSA se démarque donc par des recherches où le culturel ne renvoie pas uniquement aux politiques culturelles ou aux pratiques culturelles, comme c'est majoritairement le cas en France. Elle se démarque aussi par son organisation, qui rassemble une équipe de chercheur.es française.es et étranger.es pour chaque cycle de recherche spécifique, ce qui lui permet d'explorer les questionnements culturels et interculturels dans une perspective d'emblée transdisciplinaire et transnationale.

L'entrée par le culturel appelle en effet à des collaborations au-delà des frontières disciplinaires, frontières qui varient d'ailleurs d'un contexte universitaire national à l'autre. La diversité de ces disciplines et des regards développés par des universitaires, mais aussi des professionnel.les, issu.es de traditions cinématographiques nationales différentes, contribue aux projets de recherche de l'association. L'approche transnationale est également un point fort de CinEcoSA, d'abord à travers un regard comparatiste, qui s'attache à inclure des études sur différents pays et continents, mais surtout par une insistance sur l'étude des dynamiques et échanges interculturels. Ce sont en définitive des processus de circulation que CinEcoSA propose de mettre en lumière : la circulation des films et séries télévisées, la circulation des professionnel.les de cinéma et la circulation des modèles industriels. Dans cet article, nous reviendrons donc sur l'originalité de cette association et de son mode de fonctionnement, ainsi que la façon dont elle a exploré des questionnements culturels et interculturels dans ses cycles de recherche, et montrerons comment l'approche spécifique qu'elle a développée offre une grille de lecture innovante de l'industrie du cinéma, que nous avons nommé Transcultural Production Studies.

1. Association originale

CinEcoSA rassemble des chercheur.es français.es et internationaux.les travaillant sur l'industrie du cinéma et de l'audiovisuel dans les sociétés anglophones, promouvant une approche centrée sur des questions culturelles. En 2008, Nolwenn Mingant, Cecilia Tirtaine, Joël Augros et Nathalie Dupont se réunissent pour fonder ce groupe, constatant un vide dans le paysage de la recherche en France sur ces questions, décidant d'opter pour le statut d'association régie par la Loi 1901 un an plus tard. Il ne s'agit donc pas d'un laboratoire de recherche, ni d'une équipe d'accueil, ni de l'axe ou du sous-axe d'un laboratoire. L'association n'est pas non plus rattachée à une équipe d'accueil unique. Elle bénéficie du soutien financier et logistique des équipes de recherche auxquelles sont affiliés ses membres fondateurs, mais demeure un électron libre puisque son organisation ne se conforme pas aux critères habituels des instances universitaires françaises. Au fil des années, ses activités ont été activement soutenues par le CREA (Centre de Recherches Anglophones, EA 370, Université Paris Nanterre), CREW (Centre for Research on the English-Speaking World, EA 4399, Université Sorbonne Nouvelle), l'IRCAV (Institut de Recherche sur le Cinéma et l'Audiovisuel, EA 185, Université Sorbonne Nouvelle), ESTCA (Esthétique, Sciences et Technologies du Cinéma et de l'Audiovisuel, EA 2302, Université Paris 8 Vincennes-Saint-Denis), le CRINI (Centre de Recherche sur les Identités, les Nations et l'Interculturalité, EA 1162, Nantes Université), CLARE/ARTES (Cultures, Littératures, Arts, Représentations, Esthétiques / Atelier de Recherches Transdisciplinaires Esthétique et Société, EA 4593, Université Bordeaux-Montaigne), le 3L.AM (Langues, Littératures, Linguistique des Université d'Angers et du Mans, EA 4335) et la Maison des Sciences de l'Homme Ange-Guépin.

Pour chaque cycle de recherche, une équipe de recherche *ad hoc* est mise en place, sur la base d'appels à communication, créant au fil des projets un réseau international de chercheur.es intervenant de manière régulière ou ponctuelle selon les thématiques. Cette forme d'organisation très particulière, combinant la stabilité d'un réseau et la constitution d'équipes *ad hoc*, permet à CinEcoSA d'être toujours dans une dynamique d'ouverture et d'inclusion de différentes perspectives. Après une journée inaugurale en 2009 autour des relations entre industries audiovisuelles anglophones, CinEcoSA a organisé trois cycles de recherche autour du marketing cinématographique (2010–2015), des politiques publiques de l'audiovisuel (2013–2018) et des industries de la traduction audiovisuelle (2017–2018). En 2021, CinEcoSA a lancé un quatrième cycle autour des collaborations interculturelles et des cultures de production.

L'originalité de CinEcoSA provient aussi de son ancrage théorique, qui se situe à l'intersection de plusieurs approches. La formation et l'origine des membres fondateurs du groupe y ont amplement contribué, Joël Augros étant spécialiste de l'économie du cinéma, dans un Département d'études cinématographiques, tandis que Nolwenn Mingant, Cecilia Tirtaine et Nathalie Dupont sont spécialistes des études anglophones. La première approche est celle de l'économie du cinéma à la française développée au GRÉCA par Laurent Creton, qui met l'accent sur les logiques d'acteurs, leurs comportements et leurs stratégies. CinEcoSA puise largement dans cette approche méso-économique en mettant un point d'honneur à inclure des entretiens avec des professionnel.les du cinéma dans ses publications et à inviter des professionnel.les pour parler de leur métier et des enjeux au sein de la filière lors des manifestations que le groupe organise.

CinEcoSA est également fortement ancrée dans la tradition états-unienne de recherche en cinéma, notamment la perspective historique de la filière développée par des chercheurs tels que Tino Balio et Douglas Gomery dans les années 1980, et l'approche d'économie politique. A partir des année 1990, des chercheur.es tel.les que Janet Wasko et Toby Miller mettent ainsi particulièrement l'accent sur les questions d'asymétrie du pouvoir et de domination. L'influence des Études anglophones dans l'approche de CinEcoSA est également marquante, principalement celle des études civilisationnistes, inspirées des Cultural Studies. L'analyse de produits de la culture populaire ou de masse, souvent jugés peu nobles, a trouvé toute sa légitimé avec le développement de l'école de Birmingham à partir de la fin des années 1960. Les Cultural Studies britanniques posent la culture de masse comme objet d'étude valide et se proposent de mettre en lumière à la fois les formes de sociabilité créées autour de cet objet et les modes de réappropriation et de résistance par les classes populaires. La notion de pouvoir et d'idéologie est donc centrale : il s'agit d'étudier le rôle socio-culturel des médias (Havens *et al.*, 2009) dans le but de « complexifier le modèle dominant/dominés en faisant de ces derniers des consommateurs actifs » (Van Damme, 2004).

Les questions de représentations comme cristallisant les concepts de norme et d'acceptabilité sociale à une période donnée est aussi la grille de lecture adoptée par les Cultural Studies telles qu'elles ont été développées aux États-Unis dans les années 1980. Ouvertement militantes, ces Cultural Studies mettent en lumière « l'étude des cultures minoritaires et/ou minorées – ce qui n'est pas toujours synonyme – de l'espace occidental et, pour commencer, de l'espace américain, dominé par la référence certes au *wasp* (Blanc/Anglo-Saxon/Protestant) mais aussi à l'Individu, à l'Hétérosexuel, au Bourgeois, etc. » (Ory, 2005). C'est le moment du développement des études portant sur des minorités spécifiques (noirs-américains, indiens, Chicanos) mais également des Gender Studies. Si certains aspects des Cultural Studies dans leur acceptation états-unienne sont très éloignées des approches de CinEcoSA, particulièrement la centralité du texte et de la « French Theory », cette approche aujourd'hui incontournable participe à poser les termes d'une exploration des identités et de leur construction dans chaque cycle de recherche.

Étant à la croisée d'approches françaises et états-uniennes et britanniques, CinEcoSA se démarque également, dès sa fondation, par sa définition du « culturel ». Le culturel ne renvoie pas pour CinEcoSA uniquement aux politiques culturelles ou au pratiques culturelles, comme c'est majoritairement le cas en France dans la recherche sur le cinéma. En France, les questions culturelles ont été abordées principalement à travers le prisme des politiques culturelles, notamment la défense de l'exception culturelle (Joëlle Farchy, Fabrice Rochelandet, Philippe Bouquillion) ou des pratiques culturelles, avec en particulier les théories de la réception (Jean-Marc Leveratto, Fabrice Montebello). L'un des chapitres de notre ouvrage sur le marketing cinématographique (Mingant *et al.*, 2015) illustre la définition différente que CinEcoSA propose du mot « culturel », en l'élargissant aux enjeux interculturels. Ce chapitre, écrit par Ben Goldsmith, figure en Post-Scriptum à l'ouvrage, que nous avons consacré à la face invisible du marketing cinématographique, un aspect du marketing moins connu du public, une forme de marketing B-to-B. Le chapitre « It's Africa. It's Arizona. It's Antarctica. It's Afghanistan. Actually, it's Alberta. » porte sur les régions qui font leur auto-promotion pour attirer les tournages. Goldsmith y évoque brièvement les retombées économiques positives de tels tournages pour les régions d'accueil, mais il étudie aussi et surtout la promotion faite par celles-ci et le rôle, notamment, des Commissions du film, qui mettent en avant les avantages qu'il y a à venir tourner dans ces régions : les arguments économiques (abattements fiscaux, notamment), les infrastructures, la main d'œuvre – mais aussi les arguments culturels (région comme doublure pour un autre lieu ou non, malléabilité et plasticité, etc.). Cette étude est caractéristique de l'approche de CinEcoSA, puisqu'elle met en avant les contacts entre cultures au sens large – cultures professionnelles et cultures nationales – et les enjeux culturels qui en résultent. La thématique est liée à celle du cycle que CinEcoSA entama à la suite, sur les politiques de l'audiovisuel, où, de toute évidence, le culturel occupe une place importante.

2. Approche interdisciplinaire et transnationale

L'angle d'étude des industries de l'audiovisuel par le prisme du culturel et de l'interculturel a d'emblée engendré une approche disciplinaire dans les différents projets menés par CinEcoSA. Chaque cycle d'étude est parti d'une thématique particulière autour de laquelle le groupe a réuni une équipe, voire un réseau de chercheur.es souhaitant travailler sur ce sujet, quels que soient leur perspective et leur ancrage disciplinaire. Ces différents regards développés par des universitaires issu.es de traditions nationales différentes contribuent aux projets de recherche. La perspective des professionnel.les issu.es de milieux différents ou travaillant dans des contextes différents et avec des cultures différentes servent aussi de base à l'approche interdisciplinaire que nous défendons. Dans l'ouvrage que nous avons dirigé sur les politiques de l'audiovisuel (Mingant & Tirtaine, 2018), les chapitres ont été écrits par des chercheur.es aux disciplines variées, afin d'avoir différentes perspectives sur un même domaine, variant ainsi les questionnements et points d'observation : de la sociologie aux sciences de la communication et de l'information et au journalisme, en passant par les Film and Media Studies, les Video Games Studies, les relations internationales, la traductologie, le droit et les études aréales. Les entretiens avec des professionnel.les – responsables de politiques publiques (Australie, Europe), syndicaliste, producteurs.rices – ont de même permis d'illustrer des problématiques ou de mettre à jour de nouveaux questionnements, grâce à l'insertion de leurs savoirs pratiques.

Comme l'indique le nom de l'association, CinEcoSA s'est d'abord créée autour du monde anglophone. Elle s'est cependant rapidement ouverte sur le monde entier afin de mieux saisir les dynamiques transnationales en jeu dans des phénomènes tels que la production globalement dispersée, la circulation des modèles, ou encore la multiplication des co-productions. Les phénomènes étudiés sont donc entendus dans des dynamiques transnationales, à différentes échelles, incluant la profondeur historique, sans pour autant verser dans les Transnational Studies, le national n'étant pas une échelle suffisante pour faire sens des phénomènes observés mais restant un élément majeur. Si les Media Studies, et tout particulièrement les Production Studies, nourrissent l'approche de CinEcoSA, elles ont tendance à se focaliser sur un seul pays. Les deux ouvrages phares dans le domaine des Production Studies, *Production Culture: Industrial Reflexivity and Critical Practice in Film and Television*, de John T. Caldwell (2008), et *Production Studies: Cultural Studies of Media Industries*, dirigé par Vicki Mayer, Miranda J. Banks et John T. Caldwell (2009), sont ainsi centrés sur les États-Unis. Banks, Conor et Mayer commencent à ouvrir la discussion à l'international dans *Production Studies, the Sequel* (2016), tout en conservant une approche par pays. CinEcoSA s'appuie sur l'approche des Production Studies, mais multiplie les études de cas sur des pays divers, avec une attention sur la présence de pays de toutes les régions du monde. Les chapitres de *Reconceptualising Film Policies* (2018) mettent ainsi en avant quelques études de cas concernant l'Amérique du Nord (États-Unis, Canada), terrain traditionnel des Production Studies, mais aussi de nombreuses études et entretiens portant sur l'Amérique latine (Argentine, Brésil, Colombie, Mexique), l'Europe (Belgique, Espagne, France, Italie, Pays-Bas, Portugal, Royaume-Uni, Serbie), l'Afrique (Afrique du Sud, Chad, Togo), le Moyen-Orient (Abu-Dhabi, Liban), l'Asie (Chine, Japon, Corée du Sud, Inde) et l'Océanie (Australie). Cela permet une approche comparatiste.

Le travail en réseaux *ad hoc* a donc ici aussi toute son importance, car il permet de mettre en place des collaborations par projet de spécialistes de certaines aires géographiques. CinEcoSA propose cependant d'aller au-delà du comparatisme en mettant l'accent sur les phénomènes d'échanges (inter) culturels et de circulation – circulation des films et séries télévisées, des professionnel.les et des modèles industriels. *Film Marketing into the Twenty-First*

Century (2015) met ainsi en lumière la façon dont les équipes marketing jouent sur les codes culturels à travers des choix de localisation. Yanis Tzioumakis et Lydia Papadimitriou montrent la différence de positionnement marketing de *Mariage à la grecque* (2002) et *Vacances à la grecque* (2009) aux États-Unis et en Grèce ; Cecilia Tirtaine et Joël Augros analysent, de leur côté, la façon dont l'humour anglais fait vendre les films britanniques sur le marché français ; Claudia Zavatela, cheffe du marketing dans la compagnie de distribution péruvienne Star Films, témoigne des difficultés à distribuer des films bollywoodiens au Pérou.

L'ouvrage consacre de nombreux chapitres au mille-feuille de politiques publiques qui se superposent et s'entrecroisent aux niveaux local, régional et supra-national. Carmina Crusafon et Marco Cucco étudient respectivement l'organisation de programmes de financements ibérique (Ibermedia) et européen (Creative Europe). Adoptant le point de vue des usagers, Brian Yecies montre l'avantage des co-productions informelles entre Chine et Corée, tandis que la productrice libanaise Sabine Sidawi témoigne de la difficulté de jongler entre tous les guichets et leurs temporalités et exigences respectives. Dans sa dernière partie, *Reconceptualising Film Policies* montre comment l'invention et la réinvention des politiques à l'échelle nationale passe par la circulation internationale de modèles-types de politiques publiques. Nathalie Kowalik et Philippe Meers analysent ainsi le passage des industries culturelles aux industries créatives dans le contexte de l'Afrique du Sud, tandis que Komi Ati, administrateur culturel du Directorat du cinéma national togolais montre comment la création d'un code du cinéma au Togo s'inspire des modèles existants au Burkina Faso, en Côte d'Ivoire, au Sénégal ainsi qu'au Maroc, en Tunisie ou encore en France. L'ouvrage permet de mettre en lumière l'activation de différentes modalités d'interculturalité dans des situations transfrontalières (la relation Belgique-France étudiée par Jamie Steele), à l'intérieur d'aires linguistico-culturelles (Ibermedia étudié par Carmina Crusafon), voire la différence de cultures de production au sein d'un même pays (Olivier Alexandre sur la France, Petar Mitric sur la Serbie).

L'accent sur les circulations et les phénomènes culturels transnationaux a également toute sa place dans un contexte historique. C'est l'approche développée dans *Hollywood Film in North Africa and the Middle East* (Mingant, 2022), qui démontre comment l'organisation de la distribution des films pendant l'ère coloniale est calquée sur le découpage politique : distribution à partir d'Alger pour la zone sous influence française, de Tanger pour le Maroc espagnol et enfin d'Alexandrie, le Caire voire Bombay pour la zone sous influence britannique. Le livre analyse les impacts pour le spectateur, tant sur la langue des films (version originale sous-titré en zone britannique, version doublée en français en zone française), que sur les lieux de diffusion (cinéma luxueux pour le personnel colonial et cinéma de quartier dans la médina pour les populations autochtones), ou encore la qualité de la pellicule (les pellicules arrivant déjà usagées, le son et l'image sont fortement dégradés en fin de circulation, dans les campagnes marocaines et irakiennes, ou encore au Sud de la péninsule arabique). L'ouvrage montre ainsi la façon dont contexte géopolitique et organisation industrielle déterminent l'expérience spectatorielle, façonnant à terme les imaginaires culturels.

De nombreux chapitres de *Film Marketing* et *Reconceptualising Film Policies* et communications dans les différentes manifestations organisées par CinEcoSA étudient des phénomènes transculturels, mais c'est aussi à l'échelle de chaque colloque et chaque ouvrage que se joue ce dialogue. *Reconceptualising Film Policies* a ainsi été conçu pour que les lecteurs fassent eux-mêmes le rapprochement entre les études de cas et créent eux-mêmes ce dialogue. Cette approche a bien sûr une limite, celle de ne pas pouvoir être exhaustifs et de ne pas pouvoir couvrir toutes les zones géographiques et tous les échanges existants. Certaines aires ont été moins étudiées dans les manifestations organisées par CinEcoSA, notamment l'Amérique Latine, l'Asie du Sud-Est et l'Afrique sud-saharienne et les échanges interculturels et intrarégionaux dans ces régions. Néanmoins, les ouvrages ont tâché de pallier ce manque. L'élargissement récent de l'usage de la visio-conférence permettra d'avoir des participant.es spécialistes de ces aires moins couvertes lors de prochains événements – c'est déjà le cas avec le séminaire en ligne lancé en 2021, colonne vertébrale du nouveau cycle de CinEcoSA sur les Transcultural Production Studies.

3. Transcultural Production Studies

Ce quatrième cycle correspond à des enjeux de recherche innovants, qui, de fait, sont en filigrane dans tous les projets depuis la création de CinEcoSA. L'objectif avec ce cycle est d'étudier l'évolution et la transformation des cultures de production, tant au niveau individuel qu'au niveau collectif, dans le cadre d'une industrie du cinéma mondialisée où les situations de travail interculturelles se multiplient. L'analyse porte donc sur les collaborations entre professionnel.les du cinéma en situation de travail multiculturelle, dans le cadre des coproductions, des tournages délocalisés, de la production mondialement dispersée, de la circulation des professionnel.les, des festivals et marchés. Afin d'explorer ce champ, une nouvelle équipe a été mise en place, de même qu'un nouveau format, ainsi que l'introduction d'explorations épistémologiques. Le groupe s'est élargi autour d'un noyau de chercheur.es français.es, avec huit spécialistes venant de disciplines différentes (Études cinématographiques, Études anglophones et Sciences de l'Information et de la Communication) : Joël Augros (Université Sorbonne Nouvelle), Patricia Caillé (Université de Lorraine), Bérénice Bonhomme (Université de Toulouse-Jean Jaurès), Nolwenn Mingant (Université d'Angers), Katalin Pór (Université Paris 8 Vincennes-Saint-Denis), Christel Taillibert (Université Côte d'Azur), Cecilia Tirtaine (Nantes Université) et Ana Vinuela (Université Sorbonne Nouvelle), avec une collaboration des groupes HESCALE et Création Collective au Cinéma. Le réseau autour de ce noyau est international. Il est composé de chercheur.es et de professionnel.les issus d'une douzaine de pays. L'objectif est celui d'un format souple, un réseau permettant des collaborations diverses, une constellation de rencontres. La colonne vertébrale de ce nouveau cycle est un séminaire en ligne. Comme le montrent les programmes des deux premières saisons du séminaire (2021–2022 et 2022–2023), sont mis en avant les différents lieux et acteurs/rices de l'interculturel, avec une attention particulière portée à différentes régions du monde ainsi qu'aux échanges entre différents groupes.

Outre ce séminaire, l'objectif est l'exploration épistémologique, avec une première journée d'étude interdisciplinaire en mai 2022 dédiée à l'étude du socle conceptuel du cycle. Cette journée a rassemblé des chercheur.es en histoire, géographie, sociologie, didactique, psychologie, études aréales, cinéma, travaillant tou.te.s sur des situations interculturelles. Elle a permis de faire émerger des concepts différents de ceux d'interculturel ou de transculturel, qui, finalement, furent peu utilisés. Les notions les plus souvent usitées furent celles de circulation (des personnes, des modèles et des théories) et de transition (ce qui passe en un lieu donné à un moment donné). Les deux points d'entrée qui ressortirent furent les individus (parcours de vie) et les lieux (zones de contact) et la question centrale, la transmission des savoirs et des compétences dans une industrie mondialisée. L'organisation de tables rondes dans des festivals de cinéma pour favoriser les rencontres et les collaborations entre chercheur.es et professionnel.les permettent d'étoffer les explorations épistémologiques, tout comme les journées de travail entre chercheur.es et professionnel.les sur des thématiques phares des enjeux contemporains, notamment le rôle de direction de production, la géographie des collaborations, l'apprentissage et la transmission des cultures professionnelles.

Sites et carnets de séminaire

CinEcoSA, https://www.cinecosa.com/
Création Collective au cinéma, https://creationcollectiveaucinema.com/
HESCALE, http://www.groupe-hescale.com/
Transcultural Production Studies, https://tps.hypotheses.org

CHAPITRE XII

Pédagogie critique et sociologie du cinéma : enjeux d'une transgression

Sarah Dinelli

La pédagogie critique n'a certainement pas pour but de renforcer tel ou tel domaine de recherche dans ses manifestations les plus élitistes. Elle n'a pas pour but de donner un ensemble de méthodes, comme un kit, pour mieux enseigner la sociologie du cinéma. Elle questionne l'éthique et les buts de l'enseignement. Aussi aimerais-je questionner l'enseignement et la recherche en socio-économie du cinéma d'un point de vue critique. Peut-on repérer une norme de cet enseignement ? A quoi s'apparenterait une transgression vis-à-vis de celle-ci ? Quel intérêt aurait-elle ?

Si j'étais totalement honnête avec moi-même, je n'écrirais pas cet article. Je ne passerai pas une centaine d'heures non-rémunérées à écrire un article qui sera lu par une poignée de chercheureuses, et qui aura probablement peu d'effets. Mais j'ai besoin de publier au moins quelques articles pour obtenir un poste de chercheuse titulaire. Et si mon article ou mon intervention en conférence peuvent déplacer le point de vue de quelques personnes, et faire connaître la pédagogie critique, c'est un compromis que je trouve acceptable entre mes objectifs personnels, scientifiques et politiques.

La pédagogie critique, née dans les années 1980, nous invite à prendre au sérieux le rôle de pédagogue : celui-ci doit œuvrer à la transformation sociale, à conscientiser sur les logiques de dominations sociales dans la société. Se réclamer de cette pédagogie critique est sans doute plus instinctif pour les enseignants de *cultural studies*, puisque que leurs objets de recherche induisent souvent une conscientisation sur le genre, la race, la classe, le handicap. Il est sans doute moins évident, de prime abord, de voir la pertinence d'une pédagogie critique en socio-économie du cinéma.

En effet, les approches critiques ou féministes sont peu présentes en socio-économie du cinéma, en tous les cas chez les pontes, comme Laurent Creton, Claude Forest, Emmanuel Ethis, Kira Kitsopanidou. Toutefois, des évolutions sont perceptibles chez une nouvelle génération de chercheuses (Clémence Allamand, Caroline Guiguay, Marie Pruvost-Delaspre, Chloé Delaporte, Aurélie Pinto, Marianne Alex), qui sans nécessairement toutes thématiser des sujets féministes, ont une conscience aiguë des luttes sociales actuelles. De plus en plus de masteurant·es et doctorant·es en socio-éco du cinéma et en études audiovisuelles, particulièrement sensibles à la sociologie du genre et de la sexualité, et engagés dans la lutte contre les inégalités sociales, choisissent des sujets de recherche qui correspondent à leurs intérêts, valeurs et engagements.

« Il faut enseigner avec ce que l'on est », nous dit-on souvent lorsqu'on débute. Et si donc plusieurs d'entre nous, enseignant la socio-économie, étaient justement des férus des justices sociales ? Des féministes ? Des antiracistes ? Des militant·es ? Comment cela modèle-t-il nos *éthos* d'enseignant et de recherche ? Qu'est-ce que peut apporter un enseignement critique et féministe à la sociologie des spectateurices ?

J'aimerais présenter, à travers mon expérience d'enseignement de presque dix ans à Paris 3 et Paris 8, en tant que doctorant·e puis vacataire, comment vit, s'expérimente, se pratique s'échange la socio-économie. Il s'agit de regarder l'approche *d'en bas*, dans les TD entre étudiant·es et chargé·es de cours. La thèse que je défends ici est celle qu'un enseignement critique et féministe de la socio-économie du cinéma permet d'ouvrir des perspectives non seulement intéressantes, mais aussi nécessaires au renouvellement de la discipline, notamment en ce qui concerne l'expérience des spectateurices.

1. Un terrain fertile à la transgression : parcours en terre socio-économique de l'audiovisuel

L'un des principes de la pédagogie critique est de savoir se situer et de toujours chercher à être plus conscient des enjeux de domination et d'oppression dans la société. J'aimerais ainsi commencer par revenir sur mon parcours afin de mettre en lumière ce qui m'a orienté vers une pédagogie critique, et l'émancipation par rapport à l'enseignement que j'ai reçu. Pour reprendre Andréa Dworkin, dans cette partie les auteurs cités ne le sont pas comme autorités, ils sont cités comme exemple, ou contre-exemples (Dworkin, 2019).

L'enseignement reçu : une étrangeté disciplinaire

Comme aiment à le raconter les anciens, il n'a pas été aisé d'installer la socio-économie du cinéma dans les départements de cinéma et d'art face à la prédominance de l'esthétique. Encore aujourd'hui, les collègues en socio-économie du cinéma peuvent être regardés de travers par certains de leurs collègues, ou devoir négocier leur place dans les maquettes. Paradoxalement, le caractère hybride de la discipline entre économie et sociologie, combiné à la méconnaissance un peu craintive de certains collègues, peut susciter localement des situations marquées par l'ambiguïté. Ici, la socio-économie du cinéma hébergera solidairement les *cultural studies* (encore plus marginalisées) ; là, une querelle entre historiens et esthéticiens lui cédera du terrain. En somme, le caractère bizarroïde de l'approche a du bon.

D'ailleurs, c'est cela qui m'a attiré en elle, l'étrangeté. Claude Forest qui parlait presque autant de génocide rwandais que Sylvie Rollet, Laurent Creton qui digressait avec amour sur le festival d'Auch. Ce dernier m'a convaincu par sa bienveillance et par l'attention qu'il portait aux ressentis des étudiants, au vécu des spectateurices, de lui adresser une demande pour diriger mes recherches, qu'il a acceptée. C'était un choix raisonné de direction, car Laurent Creton m'a toujours encouragée, quels que soient les chemins dans lesquels je me suis aventurée, et il n'a jamais profité, comme certains de ses collègues, de sa position (vol de travaux, intimidation, séduction).

Mon travail de mémoire était complètement enraciné dans l'approche d'Emmanuel Ethis notamment. Raphaëlle Moine, lors de ma soutenance, m'avait reproché à raison d'avoir fait un travail sur les couples au cinéma *genderblind*, sans envisager la question du genre des enquêté·es. Pas encore féministe et pas encore familière des *gender studies*, j'étais inscrit dans le paradigme d'une approche au masculin singulier.

En effet, bien que les pontes, comme Emmanuel Ethis, puissent faire des études de terrain concrètes, interroger des spectateurices, le regard qu'ils portent sur les expériences spectatorielles reste limité par l'habitude de faire passer le masculin pour le neutre. Ils m'ont toutefois transmis un intérêt pour la sociologie du cinéma, qui combiné à mon parcours d'engagement militant, m'ont permis de questionner leurs travaux, et d'interroger les pratiques d'enseignement.

Je peux donner un exemple de remise en cause. Un enseignant, dans un cours entre sociologie et anthropologie du cinéma, nous avait montré et fait analyser une scène de viol, en nous disant que le violeur redoublait de violence parce que la victime ne réagissait pas. La diffusion de cette scène était surprenante dans le cadre du cours. Dans les milieux féministes, nous utilisons des « trigger warning » avant d'évoquer ou de montrer ce type de contenu, comme je l'ai fait ici. Je m'étais en effet sentie très mal pendant et après ce cours. Cette mauvaise expérience m'a marqué, et j'essaye de m'informer sur des pratiques d'enseignement féministes pour aborder de tel sujet, afin que les étudiant·es puissent les conceptualiser sans que cela génère un effondrement personnel.

En somme, l'enseignement que j'ai reçu m'a donné l'image d'une discipline libre, pleine de possibles. Elle m'a été présentée dans son étrangeté, son caractère pluridisciplinaire, en adéquation avec des médiums eux-mêmes complexes et pluriel, à la croisée entre art et industrie. A cette transmission, mon ancrage dans le féminisme m'a apporté une capacité de remise en question de la norme qui m'a poussée à ne pas tout à fait reproduire l'enseignement de la discipline tel que je l'avais reçu, mais à le nourrir de mon engagement. L'étape d'une déconstruction intellectuelle, soit d'une relecture des ouvrages des pontes, a été nécessaire.

Une approche critique de la bibliographie

Il est intéressant, pour aborder la question de la transgression, d'aborder celle de la norme majoritaire, et donc de la littérature produite par les pontes. Elle ne reflète pas forcément leurs enseignements, mais elles donnent un aperçu du regard porté sur l'approche, des sujets abordés et des sujets tus. La repérer et la donner à voir me permet aussi de montrer que ce que nous sommes influe sur la discipline, en l'occurrence comment un point de vue masculin blanc oriente l'analyse, conduisant parfois à des interprétations douteuses, misogynes, ou faisant l'impasse sur une diversité d'expériences.

Ainsi ai-je qualifié dans ma thèse de « mysogino-farfelues » certaines analyses de Claude Forest dans son article, par ailleurs très intéressant, sur le placement en salle de cinéma. En effet, constatant que les femmes étaient plus souvent placées vers le centre de la rangée et l'homme vers l'allée, il évoque d'abord un réflexe de galanterie (les hommes laissent passez les femmes devant), ce qui parait probable. Puis il invoque une « autre hypothèse plus archaïque : la fonction primitive de protection des faibles du groupe par les forts, de la femelle par le mâle, surtout dans l'obscurité ou l'inconnu (…) En y rentrant après la femme, l'homme fait obstacle de son corps, assure une protection, évidemment objectivement inutile dans la pratique de nos salles de spectacles, mais toujours inconsciemment mise en œuvre ». Le mâle chercheur, étonnamment, ne fait pas l'hypothèse que ce serait les femmes qui décident souvent du placement – ayant souvent la charge organisationnelle de la sortie – et s'avancent ainsi en premier.

La perspective androcentrée des études sur les spectateurs ne peut, selon nous, rendre compte de la diversité des expériences. Ainsi le travail de Jean-Marc Leveratto est très inspirant pour une anthropologie du spectacle mettant au centre le corps des spectateurs, mais ce dernier reste un corps de spectateur de masculin. Dans son article très intéressant sur les techniques du corps au cinéma, tous les exemples qu'il cite d'un regard désirant, sont ceux d'hommes observant, pour ne pas dire reluquant des femmes, tel Mauss qui mate les infirmières. On comprend que le spectacle engage le corps par le désir, mais on n'en voit qu'une expression, andro et hétéro centrée.

Enfin, le travail de l'auteur auquel était inféodé mon mémoire, Emmanuel Ethis m'est apparu de plus en plus éloigné de mon éthos de chercheuse, et ce à plusieurs niveaux. Comme chez d'autres, on retrouve des traces de misogynie ordinaire (on peut citer son étude sur le choix à la caisse du cinéma qui n'envisage « la caissière » qu'au féminin). Plus significativement, si les spectateurices d'Emmanuel Ethis ont le mérite d'être souvent incarnés, d'avoir une voix, leurs caractéristiques sociales (genre, classe sociale, race) n'existent au mieux qu'en variables individuelles, qui ne prennent jamais sens dans un récit critique. C'est-à-dire qu'il y aurait de multiples expériences spectatorielles en soi, déconnectées d'un espace social autre que le fantasme parfois présent du « spectateur populaire ». Enfin, Emmanuel Ethis est en outre un bon exemple sur le plan qui nous intéresse ici, celui de l'éthique : recteur de l'académie de Rennes, puisqu'avant de se raviser sous la pression des réseaux, il avait rédigé une circulaire visant à exclure de jeunes lycéens migrants du circuit de l'apprentissage. Cela ne concerne pas la recherche, mais l'engagement politique et la prise de hautes fonctions de pouvoir et les choix qui en découlent peuvent révéler un ensemble de valeurs qui ont des répercussions dans la recherche sociologique. Étudier en effet les spectateurices dépend largement de sa propre expérience en tant que spectateurice, mais aussi plus généralement en tant que personne.

En sociologie de la famille, les productions des féministes des années soixante-dix ont été dépolitisées par des hommes qui se sont imposés dans le champ (Singly). Dans un mécanisme similaire à celui de la sociologie de la culture de droite (Heinich), les approches matérialistes et critiques peuvent être laissées de côté, par différent idéologique plus ou moins conscient. Il n'est guère étonnant que les dominants ignorent voire décrédibilisent des approches qui les remettent eux-mêmes en question, qui les situent.

L'intérêt pour les spectateurices

Les auteurs de sociologie du cinéma cités précédemment m'ont conduit à m'intéresser au vécu des spectateurices. Quand j'ai dû choisir un sujet de mémoire, j'ai su que je ne voulais pas rester qu'en bibliothèque, mais faire des enquêtes de terrain, rencontrer des gens. Emmanuel Ethis était l'un des seuls auteurs chez qui j'entendais des spectateurices non spécialistes s'exprimer, raconter leurs vies en la croisant avec les films. Cela a fait résonner en moi mon expérience du cinéma en famille. J'avais envie de faire un mémoire où ma mère – éloignée des milieux universitaire – aurait quelque chose d'aussi intéressant à dire que n'importe quel auteur cité. J'avais envie d'un sujet accessible, compréhensible par tous les milieux, ce que j'analyse volontiers en lien avec mon parcours transclasse, caricaturé par une évolution de mes pratiques en salles, du « cinéma du sam'di soir » avec blockbuster en famille, aux séances de films Art et Essai toute seule à Beaubourg.

Cet intérêt à générer aussi des réflexions sur l'éthique vis-à-vis des enquêtés, renforcées par la démarche filmée que j'ai adoptée, sur leur façon de participer à l'enquête. Comme dans certains ouvrages d'Emmanuel Ethis, on a accès dans mes travaux à la voix des spectateurices. Le film permet de les faire entendre sans autres discours que celui du montage. Il met en avant l'idée d'une co-construction, de possibles allers-retours sur le terrain.

En somme, j'essaye à la fois de m'intéresser aux expériences singulières des spectateurices, à leur vécu des séances, tout en n'oubliant pas de les situer socialement, dans une démarche proche des travaux de Bernard Lahire, auquel j'ajoute un prisme *queer*. Mes réflexions en sociologie du cinéma ne viennent pas, en majorité, des théories universitaires produites dans la discipline. Elles viennent des entretiens avec les spectateurices, mais aussi beaucoup de l'enseignement, à la fois des questions que je me pose pour enseigner, et de la pensée qui se crée en cours avec les participant·es au cours.

2. Une esquisse de pédagogie critique en socio-éco

La crise du Covid-19 a interrogé nos pratiques d'enseignement, par le distantiel mais aussi par la question de « comment enseigner » lors d'une pandémie, quand la précarité des étudiant·es et vacataires est rendue visible (pas d'accès à internet, pas d'endroit où s'isoler), quand l'on est touché par le deuil, quand on est malade, quand on la charge d'enfants, etc. C'est aussi cette dimension contextuelle qui m'a poussée à proposer cette communication.

Avec bon nombre de jeunes chercheureuses, on se rend compte que l'enseignement est souvent au cœur de nos conversations. L'organisation d'une journée d'étude avec Claire et Léa, m'a fait découvrir la pédagogie critique. Je me suis rendue compte que j'en appliquais déjà plusieurs principes, et que c'était sans doute cela qui me rendait meilleure (en tant que personne et chercheuse).

Des principes de la pédagogie critique

Je n'ai pas l'ambition d'être exhaustive. Je ne suis pas spécialiste de pédagogie critique que j'ai découverte il y a peu, peut-être comme vous actuellement en lisant cet article. Ce n'est pas une pédagogie dont les principes sont difficiles d'accès, ce n'est pas un savoir caché (qui se cache). Tapez « pédagogie critique » sur votre barre de recherche et vous aurez rapidement accès à ce que je vais vous résumer, et ce même à travers de courtes vidéos explicatives du centre Paolo Freire.

La pédagogie critique est une pédagogie qui vise à faire prendre conscience des rapports sociaux dans la société. Elle n'est pas un ensemble d'outils et de technique, ce n'est pas de la didactique, mais bien plus la définition d'une posture, d'un « agir-éthique ». Paolo Freire, chercheur, éducateur brésilien, a défini la pédagogie critique à partir de la théorie critique dans les années soixante-dix, à partir de quelques concepts, dont la conscientisation – l'enseignant doit prendre conscience des discriminations systémiques pour pouvoir en faire prendre conscience aux autres – et la cohérence : il s'agit d'être en accord avec ce que l'on pense et ce que l'on fait. La pédagogie critique prend sens dans le cadre d'une éducation populaire, qui ne se restreint pas aux murs de l'université.

Dans les années quatre-vingt-dix, les pédagogies féministes et décoloniales ajoutent à la conscientisation des enjeux de classes sociales, une conscientisation au sujet du genre et de la race. Bell Hooks, s'inspire en effet de Freire pour enrichir la pédagogie critique en en faisant une pédagogie « engagée » ou « transgressive », nourrie par le féminisme décolonial : « *Dans ma vie d'élève et de professeure, les enseignant-e-s qui m'ont le plus inspirée sont celles et ceux qui ont eu le courage de transgresser les limites qui voudraient enfermer les élèves dans une conception mécanique de l'apprentissage, conçu à la manière du travail sur une chaîne de montage* ». Elle est une femme noire de classe populaire, qui a grandi dans le contexte de la ségrégation. Elle était la seule femme noire de sa résidence universitaire, la seule femme noire de classe populaire de sa fac. L'enseignement pour elle vise clairement à la politisation, à l'empowerment (réalisation de soi). il s'agit de prendre de la distance par rapport à des puissances, se décoloniser.

A partir de son expérience d'enseignante, elle érige quelques principes. Pour elle, chacun·e doit participer, contribuer au cours, il faut « *faire entendre le son de toutes les voix* », « *que chacun·e influence la dynamique de la classe* » (Hook, 1994, p. 8). La classe ne doit pas être un lieu d'ennui, mais de vie, de joie contre l'ignorance. L'expérience est source de connaissance, aussi fait-elle réaliser des « *narratives* », des récits de soi. Il s'agit par-là de faire entendre la voix des dominés, les histoires de luttes passées sous silence.

Sans le savoir, j'ai appliqué des principes de pédagogie critique dans mes cours. Cette épistémologie du point de vue apparaît comme fondamentale pour ouvrir à la richesse d'une sociologie qualitative des spectateurices.

L'autobiographie cinématographique, le récit de soi

Afin d'avoir une prise immédiate avec l'expérience de chacun·e en tant que spectateurice, je demande aux étudiants de faire une courte « autobiographie cinématographique ». Je leur demande comment ils et elles se sont intéressées au cinéma, comment ils se sont retrouvés en Licence de cinéma. Avant de faire l'exercice, je leur donne des éléments d'analyse sociologique des parcours personnels, en expliquant les notions de socialisation primaire et secondaire, on réfléchit ensemble à la place des « déterminations » par rapport à la « passion » invoquée dans de nombreux récits. C'est une entrée personnelle dans le cours qui aide à s'incarner en tant que spectateur et en tant qu'acteur privilégié du cours.

Partir de l'expérience personnelle, permet en effet à tous de se sentir confiants dans leurs savoirs, chacun sait au moins comment lui-même va ou ne va pas au cinéma. Elle permet de parler de soi à travers la médiation du cinéma et ses pratiques. C'est donc un très bon endroit de prise de conscience ; et éventuellement de début de déconstruction en entendant d'autres récits.

Réciproquement, je leur donne des éléments pour me situer dans l'espace social, en tant que spectatrice blanche, de classe moyenne originaire de banlieue parisienne, bisexuelle, avec un fort capital scolaire. Je donne des éléments autobiographiques en fonction de leur pertinence dans le cours, avec le groupe en question.

Les cours comme lieu de déplacement des préjugés culturels

Le fait que chacun·e puisse apporter son expérience de la sortie au cinéma ouvre des espaces de partage de rapport aux sorties, à la culture, à la sociabilité selon qui l'on est et d'où l'on vient. Ainsi, le cours peut déplacer notre vision initiale de « la sortie au cinéma », peut nous éloigner de notre expérience particulière.

Cet ébranlement des préjugés peut être partagé par tou·tes les participant·es au cours, y compris l'enseignant·e. Ainsi, l'intitulé de mon cours, sur la sortie au cinéma a été remis en question par plusieurs étudiant·es souhaitant travailler sur les « non-spectateurs » de cinéma. Dans plusieurs pays, la sortie au cinéma n'a pas du tout la même centralité qu'en France. Ainsi, des élèves étrangers m'ont fait régulièrement remarquer que pour elles et eux, aller au cinéma n'avait rien d'évident. Un étudiant est venu me voir à la fin d'un cours pour me dire : « je suis venu dans votre cours parce que je ne comprends pas cet intérêt que vous avez à aller au cinéma, les Français, payer cher pour être enfermé avec d'autres gens. Moi, même si une fille m'invite, je n'y vais pas, c'est clair, je n'y vais pas. » Mon cours pouvait pré-supposer que tout·es les participant·es allaient elleux-mêmes au cinéma. Ce sont les perceptions de la sortie par des étudiant·es étrangers qui m'ont fait prendre plus en compte la question de la non-sortie au cinéma et des autres manières de consommer le cinéma.

Le moment le plus fort sans doute de toute mon expérience des cours a eu lieu à Paris 8. Un étudiant m'a demandé s'il pouvait faire un exposé en forme de témoignage à la première personne. J'ai accepté, appréciant que les étudiant·es puissent de leur propre initiative transgresser les limites données du cours. Il s'agissait d'un étudiant handicapé, qui s'était vu refuser plusieurs fois l'accès au cours car les ascenseurs de Paris 8 étaient en panne. Son exposé n'a pas dû marquer que moi. Il a décrit point par point ce que supposait pour lui d'aller au cinéma : prévoir plusieurs jours à l'avance la sortie, se renseigner sur les accès PMR des transports et de la salle, savoir si le personnel du cinéma sera formé à recevoir les personnes à mobilité réduite. Il a aussi décrit les difficultés du placement en salle, l'assignation à des places où la visibilité n'est pas optimale, les grands moments d'errance quand le personnel du cinéma oublie de lui porter assistance à la fin de la séance et qu'il attend indéfiniment.

Je me suis rendu compte que je ne cessais, à travers Jean-Marc Leveratto, de parler du corps des spectateurs, de leur incarnation ; mais que j'envisageais toujours des spectateurices valides. Cet exposé, et d'autres participation d'étudiant·es m'ont incité à déconstruire ce prisme, et de plus en plus, à m'intéresser et me former au handicap, que ce soit dans ma façon d'envisager l'expérience spectatorielle ou dans la façon même de donner cours.

3. Voies d'enseignement et pistes de recherche en socio-économie du cinéma et de l'audiovisuel

La recherche est aussi à comprendre comme recherche sur la façon d'enseigner. Dans enseignant-chercheur, ce qu'il faut mettre en valeur est le tiret, la liaison. On enseigne-cherche et cherche-enseigne. Faire davantage cette liaison ne peut que nourrir les disciplines et leur manière d'être partagées, discutées.

La voie multiformelle : le cours comme lieu de résonnance

Faire entendre toutes les voix, comme le suggère Bell Hooks, est un principe qui donne envie : qu'une classe soit le lieu où chacun·e puisse s'exprimer. La diversité des expériences spectatorielles ne peut passer que par ces possibilités d'expression. Concrètement, permettre à tous et toutes de s'exprimer, c'est aussi s'ouvrir à différents modes de communications. Je m'écarte un instant de la pédagogie critique pour donner quelques prises qui peuvent ressembler à des outils.

Ayant découvert la sociologie filmique et plus globalement la recherche-création, j'ai de plus en plus ouvert les cours à des restitutions et expériences créatives. Évidemment, parmi les possibles créatifs, je privilégie la restitution sous forme de films des devoirs de fin de semestre, car cela intéresse les étudiant·es en cinéma et audiovisuel et peut leur apporter de l'expérience pour les professions qu'ils et elles envisagent.

Mais les étudiant·es choisissent aussi de réaliser des podcasts, des émissions radios, des œuvres numériques, photographiques, dessinées. Cette diversité formelle adaptées au sujet qu'ils et elles choisissent leur permet de transmettre les idées par des moyens autres que l'écrit, ce que certain.es ont plus de facilité à faire.

Ces formes permettent aussi de faire entendre directement la voix d'autres spectateurices rencontré·es par les étudiant·es, puisqu'ils et elles choisissent souvent la forme du documentaire d'entretien (Réjane Hamus-Vallée).

Une créativité foisonnante et inspirante

En s'appropriant le cours, les étudiant·es en déplacent chaque année les lignes, et agrandissent les contours de la recherche en sociologie cinématographique et audiovisuelle. Nous proposons, ci-dessous, une typologie qui permet d'envisager différents axes de sujets de recherches, d'interrogations sur nos façons d'être spectateurices.

- Accompagnement. Débat en classe puis débat filmé sur aller au cinéma seul ou accompagné. Y aller en famille (transmission de pratiques au sein de la famille), entre amis.
- Spectateurices minoritaires. Expérience du sexisme par les spectatrices de la cinémathèque française / Les spectatrices lesbiennes, trans, et leurs représentations dans des films vus en salles / Podcast sur les pratiques des étudiants immigrés algériens de seconde génération / Film la sortie au cinéma perçue par des étudiants étrangers, venant de pays ou la sortie au cinéma n'est pas courante. Sortie au cinéma vue par des personnes sourdes (film en LSF) ; (j'ai senti une prise de confiance d'étudiantes minorisées dans le cadre du cours, qui se sentaient légitimes à parler etc.).
- Différents contextes spectatoriels. Enquête au Festival Chéris-Chéris, à La Clef pendant l'occupation (habitués cossus du quartier, militant de gauches, étudiants), aux 9 h. des Halles, podcast sur les clients du café du Louxor (socio-géographique).
- Sur les comportements et émotions dans la salle. Pleurer au cinéma, s'endormir au cinéma, parler au cinéma, manger au cinéma, s'habiller pour aller en festival. Cartes CIP / illimité (enquête participante).

La plupart de ces sujets ont un lien avec l'expérience personnelle du cinéma des étudiant·es. Les sujets évoqués ne sont pour la plupart pas traités par la recherche, alors que l'on peut s'accorder sur leur intérêt ou leur importance pour une sociologie d'enquête qualitative. Ce sont autant de pistes de recherche et autant d'expériences qui, partagées en cours, nous ont enrichis sur ce que peut représenter une sortie au cinéma, être spectateurice.

Conclusion

Les enseignements de la discipline que j'ai reçus en Licence et en Master m'ont à la fois ouvert la voie à des bizarreries anthropologico-poétiques, et en même temps pas complètement convaincue. La pédagogie critique, qui demande de faire attention à toutes les voix, à toutes les expériences, a ouvert la voie dans mes cours à une effusion d'expériences spectatorielles et de pistes de recherches.

Si cette sociologie des spectateurices peine à exister, autrement qu'à travers une figure de spectateur pâlotte, c'est que nous séparons beaucoup trop enseignement et recherche, et que nous nous séparons de notre propre situation, expérience, qu'il y aussi beaucoup trop d'hommes blancs privilégiés qui font de la recherche et imposent leurs points de vue. On part du principe qu'enseigner permet d'être un bon chercheur. Mais ce serait intéressant de se dire que chercher et se conscientiser permet d'essayer d'être un bon enseignant et donc bon chercheur.

Mon objectif, c'est bien la transformation sociale, et ce ne doit pas être un secret, une honte, un « défaut de chercheureuse ». Oui, je veux plus de justice sociale, et quand je suis en cours, cette volonté ne s'éteint pas. Cela ne fait rien perdre à la recherche. Au contraire, l'on voit que s'ouvre à nous tout un champ, celui de l'expérience des spectateurices minorisées, mais aussi celui du vécu des spectateurices, de leurs accompagnements, de leurs émotions.

Pour une approche socio-économique des dispositifs cinématographiques d'éducation populaire

Pascal Laborderie

Tout d'abord, un constat : comme le montre le dernier ouvrage publié par la CPDirSIC[73], les recherches en Sciences de l'information et de la communication placent majoritairement le cinéma dans le domaine des industries culturelles. Il existe cependant une autre spécialité des Sciences de l'information et de la communication dans laquelle le cinéma peut être considéré, celui de la médiation culturelle, qui, quant à elle, est orientée d'une manière générale vers les usages non marchands du cinéma, concernant non seulement des questions de muséologie[74] et plus généralement de valorisation patrimoniale dans des cadres éducatifs formels (espaces muséaux, dispositifs école, collège et lycée au cinéma), mais aussi vers des usages culturels et éducatifs du cinéma moins formels (festivals, plateformes numériques).

Si l'on connaît aujourd'hui assez bien le modèle socio-économique du cinéma non commercial apparu dans l'entre-deux-guerres et pérennisé jusqu'à la fin des années 1980, il n'en est pas de même concernant les nouveaux dispositifs qui ont émergé à partir des années 1990, et qui, tout en conservant des visées culturelles et éducatives, sont assujettis à un régime économico-juridique beaucoup plus contraignant, quand il ne s'agit pas tout simplement de celui du cinéma commercial. La raison en est sans doute la difficulté de cerner ce type d'activités qui nécessitent de croiser plusieurs disciplines, non seulement la socio-économie du cinéma, mais aussi les sciences de l'éducation et de la formation. À cet égard, il faut souligner les travaux précurseurs de Barbara Laborde sur les dispositifs scolaires d'éducation cinématographique

[73] Conférence permanente des directeurs·trices des unités de recherche en sciences de l'information et de la communication (CPDirSIC), 2018, *Dynamiques de la recherche en sciences de l'information et de la communication*, 3ème éd., mis en ligne en août 2019. Accès : http://cpdirsic.fr/wp-content/uploads/2019/08/dyresic-web-08-2019.pdf

[74] Barbara Le Maître et Stéphanie-Emmanuelle Louis (dir.), *Muséologie et cinéma : perspectives contemporaines, Culture et musées*, n° 43, Paris, 2003.

(Laborde, 2017) et de Christel Taillibert sur les plateformes de médiation cinématographique (Taillibert, 2020).

Un autre champ d'activités d'éducation à l'image demeure largement à explorer, celui des dispositifs cinématographiques extrascolaires mis en œuvre dans le secteur associatif, notamment les festivals de cinéma, à propos desquels nous cernerons quatre chantiers de recherche, après quoi nous illustrerons notre propos par une étude de cas, celui du festival du film arabe de Fameck, qui depuis 1990 est organisé par la Ligue de l'enseignement de Moselle.

1. Quatre chantiers pour une socio-économie du cinéma non marchand

À propos des recherches sur les dispositifs cinématographiques d'éducation populaire, il est possible d'énoncer en prospective quatre axes de recherche interdisciplinaire qui croisent les sciences de l'éducation et de la formation (quels apprentissages effectifs ces activités favorisent-elles ?), les sciences de l'information et de la communication (selon quelles modalités sémio-techniques ? pour quels publics ?) et une approche socio-économique (comment les acteurs socioprofessionnels sont-ils impliqués ? Quelles sont les retombées pour les espaces socio-économiques concernés ?).

a) Concernant les politiques publiques, un premier chantier consiste à étudier en quoi les dispositifs d'éducation cinématographique soutenus par les ministères de la Culture et de l'Éducation nationale répondent aux cadres de l'éducation artistique et culturelle (EAC) (Bordeaux, Deschamps, 2013), l'éducation aux médias et à l'information (EMI)[75] et à l'éducation morale et civique (EMC), trois grand champs éducatifs transversaux aux disciplines scolaires, qui sont aujourd'hui reconnus par l'institution scolaire et qui, s'ils ont des objectifs spécifiques, partagent une finalité commune en matière d'émancipation du citoyen. Dans cette perspective, il ne s'agit pas d'évaluer seulement les retombées économiques *stricto sensu* des dispositifs d'éducation cinématographique sur l'environnement local (en termes de développement du tourisme,

---

[75] Sonia Livingston (2004), « Media Litteracy and the Challenge of New Information and Communication Technologies », *The Communication Review*, n° 7, pp. 3–14.

par exemple)[76], mais de considérer en quoi le secteur cinématographique non marchand produit des effets en termes d'apprentissage des connaissances, aptitudes et compétences attendues dans les politiques culturelles et éducatives françaises et européennes.

b) Dans le même ordre d'idée, des recherches sur les médiations cinématographiques peuvent s'orienter, entre autres, sur les enjeux civiques des dispositifs de médiation mis en œuvre par les institutions (Éducation nationale, collectivités locales et territoriales, organismes publics) en partenariat avec les acteurs, individuels ou collectifs, des arts et de la culture, qui se situent en dehors des canaux institutionnels, au premier rang desquels les associations d'éducation populaire. Dans cette perspective, il est important d'observer comment les dispositifs cinématographiques d'éducation populaire répondent à la politique de la ville et aux questions d'égalité d'accès à la culture, dans les quartiers populaires, les zones rurales, mais aussi à l'intention de publics spécifiques, par exemple la petite enfance, les seniors ou encore les publics de migrants.

c) Ces dispositifs peuvent être considérés de deux points de vue, celui des logiques organisationnelles et celui de leurs acteurs socioprofessionnels, qui jouent un rôle majeur dans la transmission des cultures humanistes et démocratiques ainsi que dans l'adaptation de leurs activités à la diversité des territoires et des publics. Concernant l'organisation des secteurs d'activité et la professionnalisation de ses agents, il s'agit notamment d'interroger la relation entre l'école et ses partenaires associatifs, sous deux angles : sous un angle didactique, étudier la relation entre les formes scolaires et extrascolaires d'éducation cinématographique, et sous l'angle de la formation, observer les processus de professionnalisation[77] des différents acteurs du secteur, à savoir les enseignants, mais aussi les médiateurs et animateurs socioculturels, quel que soit leur statut : contrats à durée indéterminée, contrats aidés, services civiques ou bénévoles[78].

---

76 Ainsi s'est tenu le colloque international « Tourisme, arts et territoires 2021 » organisé par l'université de la Côte d'Opale les 7 et 8 octobre 2021 à Boulogne-sur-Mer.

77 Le Centre d'études et de recherches sur l'emploi et la professionnalisation, s'ancrant en cela en plein dans la politique de recherche de la Maison des sciences humaines de l'université de Reims Champagne-Ardenne, a ainsi inscrit la thématique « Médiation et territorialisation » dans son projet scientifique pour 2024–2028.

78 Pour une sociologie des animateurs socioculturels, voir Francis Lebon (2020).

d) Enfin, concernant la territorialisation de la culture et ses retombées socio-économiques, un quatrième axe concerne l'évaluation des retombées socio-économiques des dispositifs cinématographiques d'éducation populaire, menés de concert par l'État, les collectivités locales et territoriales, et la société civile. Dans cette perspective, les activités artistiques et culturelles organisées dans le cadre de dispositifs scolaires ou extra-scolaires tentent de répondre aux mutations du temps présent, notamment à trois phénomènes : la généralisation du numérique, la segmentation de ses usagers (Donnat, 2009), ainsi que l'archipellisation de la société (Fourquet, 2019). Face à cette fragmentation sociale, la reterritorialisation de la culture[79] constitue un levier pour faire société. Les ressources des « territoires apprenants »[80] peuvent ainsi résider dans leur capacité à retisser des relations entre l'institution scolaire et les divers acteurs de l'éducation informelle. Par analogie, nous proposons de recouvrir sous l'expression de « territoires éduquant à l'art et à la culture » les espaces géographiques obéissant à des logiques de reterritorialisation de la culture au moyen de la collaboration de différents acteurs (État, collectivités, partenaires privés, associations) qui favorisent l'appropriation d'activités artistiques ou culturelles par des publics déterminés d'un point de vue socio-économique.

2. Le festival du film arabe de Fameck : quelle politique, pour quelles retombées socio-économiques ?

C'est sur l'ensemble de ces questions, mais principalement sur celle de l'évaluation que portera notre étude de cas. Comment évaluer les retombées sociales et économiques d'une action culturelle telle que celle du festival du film arabe de Fameck ?

---

[79] Emmanuel Ethis et Jean-Louis Fabiani (2002) « Pour une sociologie des publics de la culture "reterritorialisée" », dans Emmanuel Ethis (dir.), *Avignon, le public réinventé. Le Festival sous le regard des sciences sociales*, ministère de la Culture et de la Communication, Paris, DEPS, pp. 273–284.

[80] Bernard Bier, 2010, « Des villes éducatrices ou l'utopie du « territoire apprenant », *Informations sociales*. n° 161(5), pp. 118–124. Accès : https://www.cairn.info/revue-informations-sociales-2010-5-page-118.htm

Un contexte socio-économique explosif

L'histoire de la création du festival du film arabe est liée au contexte socio-économique de Fameck. En 1960, pour répondre aux difficultés de logements des migrants venus travailler dans le bassin industriel de la vallée de la Fensch, une Zone à urbaniser en priorité (ZUP) est implantée dans le hameau de Rémelange, situé sur la commune de Fameck. Ce quartier, qui comptait moins de 500 habitants, devient la dorsale d'une cité-dortoir dont le nombre d'habitants dépasse rapidement les 15 000. En 1967, un centre social y est créé à l'initiative d'une association qui bénéficie du soutien de la mairie socialiste. Le quartier sera d'emblée classé quartier prioritaire de la politique de la ville, zone d'éducation prioritaire (ZEP) et zone urbaine sensible (ZUS).

Aujourd'hui, Fameck compte parmi les 15 premières villes choisies par le ministère de l'Intérieur pour tester le dispositif de zone de sécurité prioritaire. À la suite des attentats de 2015, elle accueille l'une des 25 antennes de renseignement déployées par la gendarmerie nationale dans le cadre du Plan de lutte contre le terrorisme. Dans le quartier de Rémelange, où le festival se situe, le taux d'emploi n'atteint que 41 % de la population en âge de travailler (il est de 65 % en France). La population de nationalité étrangère, dont le taux d'emploi tombe à 17 %, y est particulièrement touchée par le chômage. On ne s'étonnera donc pas si les établissements scolaires accueillent 70 % d'enfants d'un milieu social défavorisé ou très défavorisé. Le taux de pauvreté y est trois fois plus grand que la moyenne française.

La promotion de valeurs républicaines

En 1990, dans un contexte socio-économique particulièrement difficile en raison de la disparition des activités minières et sidérurgiques de la vallée de la Fensch, le festival du film arabe est créé par Mario Giubilei, un prêtre ouvrier qui s'occupe de la concierge du centre social, et René Cahen, qui milite à la Ligue de l'enseignement de Moselle au sein de l'UFOLEIS, chez les Éclaireurs de France et à la Ligue des droits de l'homme. Signalons aussi que cette création s'opère au moment même où le système éducatif se démocratise dans le secondaire et tente d'apporter une réponse à la diversité du public scolaire, dans un contexte socio-politique marqué par la montée du racisme et par l'émergence de la politique de la ville.

C'est ainsi dans un esprit d'ouverture que les fondateurs du festival ont pour objectif l'intégration des migrants et la socialisation des populations issues de l'immigration, en leur offrant la possibilité de découvrir ou de redécouvrir leurs pays d'origine au moyen du cinéma, tout en promouvant les valeurs et pratiques qui sont au cœur de la culture laïque, notamment l'exercice du débat dans le respect des libertés de conscience et d'expression.

Concernant la programmation, l'analyse des grands prix du festival montre ainsi une très nette valorisation des films défendant les droits humains depuis la création du festival jusqu'à nos jours. Par exemple, de 2015 à 2019, le Grand prix a été attribué à *I'm Nojoom, Age 10 and Divorced* (Kadhija Al-Salami, Yémen, France, Émirats arabes unis, 2014), *Clash* (Mohamed Diab, Égypte, France, 2016), *Whitered Green* (Mohammed Hammad, Égypte, 2016), *Le Déjeuner* (Lucien Bourjeily, Liban, 2017) et *Fatwa* (Mahmoud Ben Mahmoud, Tunisie, 2018).

Quelle conception de la laïcité le festival promeut-il ? Les associations d'éducation populaire laïque prônent l'apprentissage de la vie dans la communauté française, autour des valeurs et principes de la République, un apprentissage par la mise en activité, l'expérience de la mixité socioculturelle, le partage de moments de vie quotidienne et le dialogue. Ce patient apprentissage de la culture française, humaniste, démocratique et républicaine, implique non un accès à des droits inégaux pour les divers groupes socioculturels, mais une ouverture à l'expression d'identités culturelles variées, dans un esprit de tolérance et de curiosité, dans le cadre d'activités qui ne cherchent pas à satisfaire le communautarisme, mais visent à ouvrir l'esprit et à faire société. Aujourd'hui, la promotion de ces valeurs et pratiques d'éducation populaire laïque est une véritable gageure dans un bassin, qui a accueilli plusieurs milliers de travailleurs immigrés, pour ensuite être durement touché par les fermetures des mines et des usines sidérurgiques. En 2011, à Hayange, la fermeture, des hauts-fourneaux d'Arcelor Mittal en est un bien triste symbole.

Une politique culturelle et éducative adaptée à son environnement

Dans ce contexte, le festival du film arabe est un bel exemple de la manière dont on peut lutter contre le délitement social au moyen d'un levier culturel. Dans le cadre de deux observations de terrain, lors des éditions 2017 et 2018, deux grands axes de lecture de la politique culturelle du festival nous sont apparus : la lutte contre les inégalités d'accès à la culture et l'apprentissage du vivre ensemble par la pratique des mixités générationnelle, sociale et culturelle.

Concernant les diverses formes de mixité, si les séances programmées en matinée ne bénéficient pas d'une grande affluence et sont plutôt fréquentées par les jurys et les professionnels, les programmes du soir et du week-end, de même que les nombreux espaces destinés à créer du lien entre les séances, accueillent un public d'une grande diversité. Le festival propose ainsi de nombreux événements (conférences, signatures d'ouvrages), des espaces culturels (expositions temporaires, librairie) et de restauration, qui sont autant de lieux d'échange et de partage : une grande salle de restauration en forme de cantine populaire, que l'on peut voir ici dans le diaporama, un salon de thé oriental et une buvette située en extérieur, sur la frange dans laquelle la vie du festival et la vie de la cité s'interpénètrent, Et, nouveauté due à la Covid : un drive-in dans la zone de chalandise de Fameck, précisément sur le parking d'un hypermarché. Les habitants du quartier, de tous âges, femmes et hommes, de toutes catégories sociales, y croisent les professionnels du cinéma ainsi que d'autres festivaliers venus principalement de la région. C'est la raison pour laquelle le festival accueille chaque année environ 7 000 à 8 000 spectateurs, mais aussi pas moins de 15 000 festivaliers.

Concernant la lutte contre les inégalités, et tout d'abord en matière d'inégalités géographiques, le festival couvre un territoire dont le périmètre change d'une édition à l'autre. Implanté à l'origine dans trois salles, la salle Victor Hugo du centre social de Fameck, le cinéma de Serémange-Erzange et la salle de spectacle de Florange (deux cités dortoirs situées en conurbation de Fameck), il s'est ensuite développé dans la vallée de la Fensch, à Hayange notamment, puis s'est ouvert à des salles mosellanes plus lointaines (Faulquemont, Sarreguemines, Ars-sur-Moselle) pour finalement se décentraliser sur la Lorraine (Pont-à-Mousson, Nancy et Épinal).

Outre cette dimension d'aménagement d'un territoire touché par les inégalités d'accès à la culture, le festival mène aussi une politique à l'intention de la jeunesse au moyen de plusieurs dispositifs : le « prix du jury jeune » composé de lycéens, les séances de cinéma pour les établissements scolaires, les « ciné-petits-déj' » proposés aux enfants et leur famille le dimanche matin, ainsi que les « ciné-goûters » organisés le mercredi après-midi.

En ce qui concerne la politique tarifaire, le prix commun pour une séance de cinéma est de 5 € et le prix réduit de 4 € pour les moins de 15 ans, les étudiants et les demandeurs d'emplois. À titre de comparaison, en 2015, le tarif moyen du ticket d'entrée dans les salles de circuit itinérant était de 4 €,

6,38 € toutes salles de cinéma confondues, 6 € pour les salles d'Art et Essai et 5 € pour la petite exploitation des villes de moins de 50 000 habitants[81], ce qui correspond au profil du cinéma de Serémange partenaire du festival. Concernant les séances scolaires, le paiement du droit d'entrée de 3 € est intégralement pris en charge par les établissements, selon le principe de gratuité des sorties pédagogiques obligatoires.

Les séances populaires et familiales (à savoir les « ciné-petits-déj' » et les « ciné-goûters ») sont quant à elles accessibles pour la modique somme de 3 euros. Nous avons eu l'occasion d'observer trois de ces séances et de les documenter, au moyen de photos, de croquis et d'entretiens. L'analyse de cette documentation montre qu'il s'agit de séances populaires et familiales, fréquentées par les habitants du quartier, essentiellement par des femmes originaires du Maghreb, mères ou grand-mères qui accompagnent leurs enfants ou petits-enfants.

Des résultats tangibles

Revenons-en maintenant à notre problématique initiale : comment évaluer les effets socioéconomiques de ce festival sur ce territoire économiquement sinistré ? Nous nous risquerons à confronter les situations de deux agglomérations, celles de Fameck et d'Hayange, qui ont connu, toutes, le même effondrement économique, mais n'ont pas bénéficié des mêmes politiques sociales, éducatives et culturelles.

Dans le cas de Fameck, depuis les années 1980, une politique sociale et culturelle est menée de concert par les divers acteurs de la société civile, des collectivités locales et territoriales, et les divers services de l'État ; dans le cas d'Hayange en revanche, la politique sociale et culturelle est indigente. Dans cette perspective, la décision, au début des années 1970, d'implanter à Fameck un centre social au cœur même de la cité, tandis que, à la même époque, Hayange décidait d'ouvrir un centre social en périphérie, est significatif de choix politiques divergents, dont on peut voir les effets aujourd'hui.

À cet égard, le basculement en 2014 de la mairie dans les mains du Rassemblement national ne constitue qu'un symptôme du délitement social

---

[81] CNC, 2015, « La géographie du cinéma », Dossier du CNC, n° 333, pp. 15, 57 et 71, mis en ligne en septembre 2015. Accès : https://www.cnc.fr/professionnels/etudes-et-rapports/etudes-prospectives/dossier-n333--la-geographie-du-cinema_227788

de la ville. En 2016, la municipalité supprime l'aide financière du Secours populaire et tente d'expulser l'association d'un local municipal qu'elle lui louait, avant d'être débouté en 2022 après six années de combat judiciaire. Un de ses premiers gestes culturels est de rompre les liens avec la Ligue de l'enseignement, qui avait signé un bail avec la mairie qui lui louait le seul cinéma de la ville, lequel a dû fermer ses portes en 2017. La même année, au début du mois d'octobre, elle organise une « Fête du cochon », qui entre ostensiblement en concurrence avec le festival du film arabe de Fameck programmé précisément au même moment.

Les politiques divergentes des villes d'Hayange et de Fameck sont aussi appréciables en termes de résultats. Les données livrées par Pôle emploi, ainsi que les services de gendarmerie et de police, montrent en effet de très fortes disparités aussi bien en matière d'accès à l'emploi que de sécurité. Dans le quartier populaire de Rémelange (12,8 %), la part des demandeurs d'emploi chez les jeunes est bien moins importante que dans la commune (14,1 %), le Val de Fensch (20 %) et même dans la région Grand Est (16,8 %)[82]. Les violences gratuites y sont deux fois moins nombreuses qu'à Hayange. Les actes de vandalisme six fois moins nombreux[83].

Les données livrées par Pôle emploi ainsi que les services de police et de gendarmerie montrent en effet de très fortes disparités aussi bien en matière d'accès à l'emploi que de sécurité. Dans le quartier populaire de Rémelange (12,8%), la part des demandeurs d'emploi chez les jeunes (12,8%) est bien moins importante que dans la commune (14,1 %), le Val de Fensch (20 %) et même dans la région Grand Est (16,8 %), selon les données de l'OREF et de Pôle emploi (« Tableau de bord. Bassin sidérurgique », 20-12-2018).

Ces résultats sont le fruit, non pas certes du seul festival du film arabe de Fameck, ni même de la seule politique municipale, mais d'une action tous azimuts, menée sur du long terme par les collectivités locales et territoriales et les divers services publics, dont le festival constitue néanmoins le symbole. Cependant, la clé de voûte de cette action multidimensionnelle est véritablement la politique éducative, qui est menée par les établissements scolaires de Fameck en étroite collaboration avec les collectivités et les associations

82 OREF et Pôle emploi, 2018, « Tableau de bord. Bassin sidérurgique ».
83 ONRP, 2020, « Rapport de l'Observatoire national de la délinquance et des réponses pénales ».

d'éducation populaire. La scolarisation des enfants de Fameck en général et du quartier de Rémelange en particulier est ainsi relativement réussie au regard des autres communes du Val de Fensch. En 2015, les résultats au brevet des collèges y sont supérieurs (89 % de réussite) à ceux des autres communes (82 % de réussite). La même année, 5 % des enfants de la commune sont orientés en lycée professionnel (7 % des élèves du quartier de Rémelange) contre 14 % pour le Val de Fensch.

L'implantation de nombreux établissements scolaires (huit maternelles, quatre primaires, un collège, un lycée général et un lycée professionnel) et du centre social ont sans aucun doute eu des effets très positifs, non seulement sur la réussite scolaire, mais aussi sur l'insertion professionnelle des jeunes. À cet égard, le festival du film arabe, qui mobilise les employés permanents du centre social, des employés temporaires et des bénévoles, s'inscrit dans une logique de formation des habitants du quartier. Il s'inscrit de surcroît dans un type d'économie sociale très intéressants en matière d'emploi, en raison du fait que les métiers des services sont ceux qui aujourd'hui connaissent la meilleure progression dans le bassin d'emploi.

Conclusion

La culture est fréquemment taxée d'inutilité. Pourtant, ces analyses montrent en quoi et comment une activité culturelle peut peser directement et indirectement sur la vie socio-économique d'un territoire, et ce, bien au-delà des retombées de sa notoriété dans le secteur de l'hôtellerie-restauration. Le développement de recherches croisant sciences de l'éducation et de la formation, sciences de l'information et de la communication et socio-économie du cinéma peut ainsi mettre en évidence les effets pas toujours visibles des politiques mises en place de manière durable sur les territoires par les divers acteurs de l'éducation et de la culture.

Le festival du film arabe de Fameck, situé dans un quartier éligible à tous les dispositifs destinés à lutter contre le délitement social, constitue un exemple de ce qu'il est possible de faire pour favoriser l'accès des publics populaires à la culture, l'éducation et l'emploi. En réponse à la montée des communautarismes, il s'ouvre aux cultures des migrants tout en promouvant l'universalisme. Le monde de l'éducation populaire laïque adopte par là même une conception progressiste de la laïcité, dans sa définition comme dans sa mise en œuvre. Cette promotion des valeurs républicaines par la culture a-t-elle de des conséquences tangibles sur la vie de la cité ? Comment évaluer les effets socio-économiques du festival sur un territoire touché gravement par la disparition de ses activités minières et sidérurgiques ? Notre étude des politiques culturelles menées dans la vallée de la Fensch montre qu'il est possible de travailler sur les effets socio-économiques du secteur culturel non-marchand en privilégiant d'une part la comparaison des diverses politiques culturelles menées sur un même territoire et l'observation de terrain dans la durée d'autre part.

Ce dernier élément temporel nous semble déterminant quand il s'agit d'évaluer les effets sur la vie socio-économique d'une action culturelle. Cependant, en raison de la politique de contractualisation, qui a été impulsée à partir du milieu des années deux mille, les projets à caractère artistique et culturel mis en œuvre à l'école ou hors l'école sont soumis à des obligations de résultat ainsi qu'à des évaluations à court terme. Cette culture de la contractualisation est aujourd'hui adoptée par toutes les politiques publiques, ce qui rebat les cartes concernant les partenaires de la société civile qui travaillent avec les institutions publiques, avec l'Éducation nationale notamment. Historiquement bien placées, les associations d'éducation populaire, ont été surprises par ce changement, qui favorise les associations émergentes sur le modèle économique du *coworking*, plus performantes quand il s'agit de déposer des dossiers en réponse à des appels à projet. Dans ce contexte concurrentiel, qui favorise la prédation des marchés du secteur socioculturel par des organisations qui ne placent pas l'éducation au cœur de leurs priorités, et ont du reste des compétences amoindries dans le domaine, comment des actions éducatives nécessitant un travail social et culturel de terrain de longue durée, telles que nous avons pu l'observer à Fameck, pourraient-elles encore émerger aujourd'hui ?

Penser les défis et les enjeux du secteur cinématographique et audiovisuel : problématiques et nouvelles perspectives

Laurent Creton, Kira Kitsopanidou, Olivier Thévenin et Ana Vinuela

Dans une période marquée pour le cinéma et l'audiovisuel par une accélération des évolutions, un foisonnement d'innovations de toutes sortes et des transformations de grande ampleur, il est tentant de considérer que les enjeux d'adaptation et d'anticipation requièrent d'oublier ce qui fut, de mettre à distance promptement un présent relevant d'un passé fatalement marqué par les lois de l'obsolescence. L'examen des défis et des enjeux du secteur cinématographique et audiovisuel montre pourtant qu'il importe de se garder de l'amnésie et d'être attentif au temps long. La fascination qu'exercent les événements les plus récents (expansion du streaming, irruption de l'IA générative, popularité croissante des réseaux sociaux dans la bataille pour la captation de l'attention) et leur mise en scène spectaculaire participent de l'exaltation du succès flamboyant de quelques héros de la *tech* et d'une propension à la *tabula rasa* qui tendent à faire prévaloir les discours promotionnels et l'effacement des mises en perspective historique et contextuelle. Contrairement aux représentations simplistes du progrès, l'analyse des processus d'innovation montre que la réussite en la matière résulte largement de la capacité à conjuguer des éléments marqués par la permanence et d'autres qui seraient porteurs de novation.

La fin du XIXe siècle a été caractérisée, dans quelques pays placés aux avant-postes du développement de l'industrie manufacturière, par une pluralité d'inventions qui se traduiront par des innovations aux effets structurants pour les sociétés contemporaines. Après le chemin de fer, le moteur à explosion et l'électricité seront au fondement de la croissance économique du siècle suivant. De nouveaux produits et les industries correspondantes émergent, telles l'aluminium, l'automobile, l'aéronautique, la chimie ou le cinématographe. L'économie française se trouve dans plusieurs domaines à l'avant-garde de l'innovation et de l'entrepreneuriat, les expositions universelles de 1889 et de 1900 mettant son industrie à l'honneur et lui donnant une forte visibilité à l'international.

De nombreux secteurs naissent et se structurent sous forme d'oligopole à franges, quelques sociétés emblématiques faisant la course en tête et jouant un rôle-clé dans la définition des paradigmes techniques et organisationnels. Pour l'industrie cinématographique naissante, la structuration de la filière, distinguant et articulant les trois stades production-distribution-exploitation, et l'instauration du modèle économique de la location, toutes réalisées avant 1910, sont déterminantes et perdurent jusqu'à nos jours sur une échelle internationale. Par la suite, la filière cinématographique n'a cessé d'évoluer sous l'effet de nombreuses innovations techniques touchant à l'image, au son, au support de diffusion et de projection, le cadre paradigmatique s'étant perpétué pendant plus d'un siècle.

Si les évolutions de la filière cinématographique résultant d'innovations déployées au sein de son propre périmètre sont nombreuses et d'importance, ce sont pourtant des facteurs exogènes qui vont être à l'origine des plus grands défis qu'il lui a fallu relever. La mise en place à partir des années 1980, en France tout particulièrement, d'un système de coopération entre cinéma et audiovisuel offre l'exemple de l'instauration d'une régulation réussie, ce qui n'allait pas de soi. L'une des conséquences majeures du développement d'une relation coopérative, sans pour autant passer sous silence les enjeux concurrentiels, a été le fort accroissement de la participation des chaînes de télévision au financement du cinéma français et européen. En achats et préachats de films de cinéma, les dépenses des chaînes de télévision ont connu pendant plusieurs décennies une progression régulière, au point de devenir prépondérante dans leur financement.

En leur temps, la montée en puissance de la télévision, puis le développement de la vidéo, ont d'abord été perçus comme des menaces pour l'intégrité du cinéma et de sa filière, mais les processus de régulation mis en place et les stratégies des acteurs ont permis de sortir par le haut des antagonismes originels pour parvenir à faire advenir une co-existence, vertueuse pour l'essentiel, en s'appuyant notamment sur un dispositif de chronologie des médias négocié entre les partenaires, et régulièrement actualisé.

A la fin des années 2010, les phénomènes de transformation se multiplient et s'accélèrent. La crise sanitaire de Covid-19 des années 2020 et 2021, avec en France plus de trois cents jours de fermeture des salles de cinéma, a déstabilisé la filière dans son ensemble et relancé avec intensité l'interrogation récurrente quant au devenir de l'exploitation cinématographique, l'expansion concomitante des plateformes de streaming et l'accroissement d'aura des séries participant du caractère systémique des nouveaux défis.

Quand arrivent sur le marché et prospèrent les plateformes de vidéo à la demande par abonnement (VàDA), tandis que Youtube et les réseaux techno-sociaux, type Instagram ou TikTok, continuent de gagner du temps d'écran dans la vaste foire d'empoigne de l'économie de l'attention, une première option est de considérer que le cinéma en a vu d'autres, qu'il saura de nouveau s'adapter à cet environnement transformé pour y réajuster sa place. Mais ces nouveaux systèmes de production et de diffusion d'images animées sonores ne sont-ils pas à l'origine d'une rupture paradigmatique venant mettre à mal des activités qui se sont structurées par sédimentation et perfectionnements successifs ? En tout cas, la montée en puissance, extrêmement rapide et sur une échelle mondiale, de ces nouvelles offres a aggravé le caractère asymétrique des relations entre une filière relevant encore pour une part de la longue tradition des arts du spectacle et les géants de la tech devenus les principales capitalisations boursières mondiales.

Une multitude d'innovations et de nombreux défis se font jour, participant de transformations multidimensionnelles qui placent les responsables d'entreprise et les professionnels face à un niveau très élevé et accru d'exigence pour assurer, quand cela est possible, la pérennité des structures, et aussi transformer, parfois profondément, les modèles économiques et les métiers. Des chantiers de grande ampleur qui requièrent beaucoup de lucidité, de capacité à décider et d'art de susciter l'adhésion. Les pouvoirs publics et les instances de régulation sont aussi placés au défi d'évaluer avec acuité leurs modalités d'intervention, de les réajuster et d'en concevoir de nouvelles.

Compte tenu de cette situation aux effets kaléidoscopiques, il n'est pas inutile d'identifier quelques problématiques vives et des chantiers de recherche qui pourraient donner lieu à de nouveaux approfondissements. C'est ce qui est présenté, ci-après, au travers d'une série d'observations et de questionnements énoncés brièvement en forme d'ouverture.

Une multiplicité de formats, de supports et de canaux de diffusion

Le cinéma en salle a constitué et demeure le dispositif de référence de la pratique cinématographique. Pourtant, dans un contexte qui a beaucoup changé en raison de la multiplication de propositions d'images animées sonores selon divers formats via une pluralité de supports et d'outils de diffusion, les questions d'arbitrage se posent en des termes toujours plus aigus. Pour la salle, les enjeux d'attractivité sont au cœur de préoccupations vives et ont pu induire, singulièrement en France, des stratégies d'investissement ayant pour visées de réaffirmer et d'accroître les atouts distinctifs de la sortie cinématographique. La remontée de la fréquentation après la crise sanitaire est venue confirmer que les publics ont envie de cinéma, mais, compte tenu de tous les écrans à disposition et d'une foule de programmes audiovisuels aisément accessibles, se déplacer en salle pour voir un film suppose de vraiment le vouloir, d'avoir de solides motivations pour effectuer un tel arbitrage. Autre tendance notable : le marché est devenu plus polarisé. L'engouement pour un petit nombre de films s'est accru, tandis que la désaffection vis-à-vis des autres s'est aggravée. L'audience se concentre plus encore sur une poignée de films que les spectateurs ont vraiment très envie d'aller voir.

Par-delà le sempiternel adage *nobody knows*, qu'ils sont conduits, par la force des choses, à admettre, les producteurs et les distributeurs sont nombreux à se rejoindre sur ce constat : par rapport à la période d'avant crise sanitaire, pour se décider d'aller voir un film en salle, les spectateurs ont plus encore besoin d'avoir de bonnes raisons de se déplacer. Sinon, même si le film suscite a priori leur intérêt, ils considèrent que, de toute façon, il sera un jour ou l'autre accessible sur une plateforme ou programmé sur une chaîne de télévision. La tendance était à l'œuvre de longue date, mais elle s'est encore renforcée. Il en résulte un écart accru entre un petit nombre de films qui tirent leur épingle du jeu et un grand nombre d'entre eux confrontés à des parcours difficiles. A l'échelle du marché dans son ensemble, le sommet du box-office concentre une part accrue des entrées, phénomène auquel se surajoute, y compris pour les films d'art et essai, une concentration des entrées sur un plus petit nombre de films. En dépit de l'étendue de l'offre de films en exclusivité sur les écrans français – plus de 700 chaque année –, la diversité en termes de réception des films s'en trouve de facto restreinte.

Du côté de la production, la multiplicité des formats et des débouchés possibles a induit un éventail accru de propositions. Dans les mondes du cinéma, de l'audiovisuel et de l'internet, les productions sont, en nombre croissant, conçues comme des multi-plateformes sur la base de concepts susceptibles d'intéresser les téléspectateurs comme les utilisateurs de YouTube, Instagram ou TikTok, les différents supports et canaux se promouvant et s'alimentant les uns les autres pour s'adresser à de nouveaux publics et accroître leur audience globale.

Les canaux de diffusion, les supports, les formats tendent à se combiner, parfois à s'hybrider, les frontières devenant plus poreuses. Fin 2024, la sortie du documentaire *Kaizen*, qui met en scène le youtubeur Inoxtag, aux 8,7 millions d'abonnés, dans son projet de faire l'ascension de l'Everest a suscité à la fois un grand intérêt et la polémique. Réalisé par Basile Monnot, le documentaire produit par IDZ Production est sorti le 13 novembre 2024 sur près de 500 écrans de salle de cinéma, avant d'être mis en ligne sur YouTube le lendemain où il fera 13 millions de vues en vingt-quatre heures, 26 millions en six jours et 33 millions en deux semaines. Le Bureau de Liaison des Organisations du Cinéma a alors dénoncé le non-respect de la chronologie des médias par la société de distribution MK2. Il regrettait qu'aient été outrepassées les limites du visa d'exploitation temporaire obtenu pour le documentaire. Avec ses 925 séances, le film s'était en effet hissé, entre la soirée du 13 et la matinée du 14 septembre 2024, à la deuxième place du box-office hebdomadaire avec 340 000 entrées France. En réponse, Nathanaël Karmitz, président du directoire du groupe MK2, a considéré que « s'indigner du succès d'un événement en salle réunissant un public jeune (…) démontre une profonde déconnexion de ces organisations syndicales avec les réalités de nos métiers et leur changements rapides ».

En quête de nouveaux publics, nombreuses sont les sociétés de production qui s'orientent vers des formats hybrides, mêlant linéaire et non-linéaire, et pouvant trouver leur place sur une pluralité de canaux et d'écrans. Se pose toujours, avec une acuité accrue, la question cruciale de l'attractivité des programmes, en concurrence les uns avec les autres, et plus largement la concurrence entre les triplettes programme-dispositif-contexte : quel programme, sur quel écran, dans quel contexte ?

En novembre 2024, Justine Ryst, directrice générale de YouTube France, affirmait que sa société était devenue « la première chaîne de télévision en

France ». Confrontée à la controverse, elle a ensuite rectifié son propos en précisant que YouTube n'est pas une chaîne de télévision mais une plateforme d'hébergement de vidéos en ligne. L'on peut constater que bien des sociétés de l'audiovisuel utilisent YouTube dans le cadre de leurs stratégies de production et de distribution. Toutes les chaînes de télévision françaises et bon nombre de sociétés de l'industrie cinématographique possèdent une chaîne YouTube, en ayant la double visée d'y effectuer une action promotionnelle et de monétiser leurs productions en utilisant ce canal supplémentaire de diffusion.

Dans ce vaste théâtre communicationnel, les partenariats rémunérés avec des influenceurs ont aussi pris une importance croissante dans le marketing digital, se traduisant par la diffusion de vidéos créées par des youtubeurs tels que Squeezie, Hugo Décrypte ou Loris. Les distributeurs cherchent à attirer un public élargi, notamment un public jeune, en finançant la promotion des films sur ces supports. On observe que les stratégies de lancement des films se caractérisent par la montée en puissance du marketing d'influence. En dépit des montants dépensés, il est pourtant loin de garantir le succès d'un film. Les stratégies de lancement ont toujours besoin de s'appuyer sur une pluralité d'instruments conjugués, traditionnels et nouveaux : les bandes annonces, l'affichage et les réseaux sociaux, les influenceurs étant l'un des vecteurs possibles d'une stratégie de promotion.

Se pose encore plus fortement, face à la profusion des offres, la question des modalités par lesquelles certaines d'entre elles pourraient parvenir à se distinguer. L'une des pistes souvent évoquée est l'événementialisation, mais comment faire événement quand la plupart des lancements ont cette même visée ? N'en revient-on pas, même si l'on mobilise de nouveaux outils et si l'on compte sur la créativité pour faire la différence, à des rapports concurrentiels où le montant des dépenses marketing allouées reste le facteur déterminant de l'incessant combat pour capter la lumière ?

Rapports de domination, enjeux démocratiques et sociétaux

Le pouvoir accru des grands groupes de communication états-uniens placés au sommet de la capitalisation boursière mondiale, qui conjuguent puissance technologique, puissance commerciale, puissance financière et puissance idéologique, pose avec une acuité plus grande encore la question de l'évolution des rapports de force avec le secteur audiovisuel et la filière cinématographique. De nouvelles formes de vassalisation ne sont-elles pas à l'œuvre sous l'effet d'un secteur d'activité en pleine effervescence dont les modèles économiques et la culture sont structurellement monopolistiques ? L'acronyme GAFAM, souvent et longtemps utilisé pour désigner l'oligopole du web – Google (Alphabet), Apple, Facebook (Meta), Amazon et Microsoft – ne doit-il pas être actualisé en élargissant le périmètre à d'autres géants de la *Big Tech* ? D'autres acronymes ont été proposés, par exemple BAATMMAN : Broadcom, Apple, Amazon, Tesla, Microsoft, Meta, Alphabet et Nvidia, toutes ces sociétés étant valorisées en bourse, au début de l'année 2025, à plus de 1 000 milliards de dollars.

La question des positions de l'Europe dans les industries de la communication, le numérique, les plateformes de streaming, les réseaux sociaux et l'IA amène à des constats toujours plus préoccupants quant au risque d'un certain déclassement dans la compétition internationale. Les conséquences ne sont pas qu'industrielles, elles sont aussi d'ordre culturel. En France la part de marché des films français en salle a atteint 44,8 % en 2024 contre 36,3 % pour les films américains, cette inversion de la hiérarchisation habituelle ayant été réalisée à plusieurs reprises depuis 2006. Entre 2006 et 2024, en dépit de la prééminence des productions hollywoodiennes dans le sommet du box-office qui se perpétue, en termes de part de marché le cinéma français fait à plusieurs reprises quasiment jeu égal avec le cinéma américain dans les salles françaises. Pourtant, bien qu'en net progrès par rapport aux deux décennies précédentes, avec environ 40 % de part de marché en moyenne pendant les années 2006–2024, le cinéma français reste devancé par le cinéma américain qui se maintient en moyenne à 46 %. En dehors de la France, les positions du cinéma français sont nettement moins flatteuses, les nombreuses récompenses qu'il obtient dans les plus grands festivals étant loin d'être en correspondance avec ses parts de marché à l'international, qui restent relativement faibles.

Si l'on considère l'industrie de la vidéo en France en 2024, la part de marché des films français se situe à environ 25 %, contre 60 % pour les films américains. Quant au marché de la VàDA en France, en durée de visionnage, le cinéma représente environ 16 % contre 67 % pour les séries. Concernant le cinéma, le visionnage de films français se situe à environ 18 % de part de marché contre 66 % pour les films américains. Quant aux séries, c'est 64 % pour les séries américaines, contre 4,6 % pour les séries françaises. Même si quelques titres français, tels la série *Lupin* ou le film *Sous la Seine*, sont parvenus à occuper des positions de premier plan en termes de visionnement sur les plateformes de streaming, les parts de marché sont modestes, la position très dominante de Netflix, Amazon Prime et Disney+ en termes de nombre d'abonnés, participant d'un processus de diffusion sur une échelle internationale qui ne permet pas à la production française de garder les positions relativement fortes qu'elle obtient dans les salles et sur les chaînes de télévision françaises. Quelques grands acteurs ayant réussi à constituer d'immenses base d'abonnés sur une échelle mondiale surplombent nettement les entreprises dont le périmètre est national ou limité à quelques pays. Ils peuvent les mettre en difficulté, exercer des effets d'influence et peser sur les grands équilibres des marchés nationaux et du marché européen.

La question des plateformes, qui est cruciale, doit être examinée avec précaution. Comment penser les phénomènes de plateformisation, par-delà un terme unique qui recouvre des réalités très différentes ? Dans un contexte de montée en puissance accrue de grands groupes de communication et de divertissement, comment préserver les espaces, les activités et les entreprises qui relèvent de l'indépendance ? Doit-on redéfinir le sens que l'on peut donner à l'indépendance et repenser la question de sa portée effective ? Est également en question le risque d'affaissement de la démocratie représentative, de la presse et du travail de journalistes dans les processus de régulation, tandis que les systèmes numériques occupent une place croissante dans la construction des opinions individuelles et collectives.

Au rang des grands enjeux démocratiques et sociétaux : représenter la diversité sociale et territoriale, garantir l'expression pluraliste des courants de pensée et d'opinion dans un contexte de concentration des médias, assurer la régulation et définir un cadre éthique, évaluer l'empreinte cognitive des écrans. La lutte contre toutes les formes de violence, notamment à caractère sexiste ou sexuel, à toutes les étapes de la fabrication et de l'exploitation d'un film, est aussi devenu primordial dans l'exercice des différents métiers du cinéma et de l'audiovisuel. De même, les enjeux d'éco-responsabilité ont pris beaucoup d'importance pour un secteur d'activité par nature très exposé. Le secteur du cinéma et de l'audiovisuel est en effet engagé dans une pluralité de démarches visant à accélérer sa transition écologique et sa redirection, en encourageant les pratiques éco-responsables et la sobriété numérique.

Le déploiement de l'intelligence artificielle générative, avec des enjeux dont on peine à identifier toutes les dimensions, est aussi l'un des grands sujets mobilisant l'attention et les réflexions. Cela concerne tous les secteurs, mais particulièrement les activités de l'image et du son. Avec une large et rapide mise à disposition de logiciels d'intelligence artificielle générative sur une échelle mondiale à partir de la fin 2022, les usages se sont multipliés, la plupart des métiers du cinéma et de l'audiovisuel étant concernés et devant adapter, et parfois renouveler, leurs compétences. Parallèlement, de nouveaux métiers émergent (designeur d'IA, superviseur d'IA, etc.). Quels sont les enjeux de ces transformations en termes de rapports de force parmi les acteurs de l'audiovisuel et du cinéma, mais aussi entre ces acteurs et ceux du numérique spécialisés dans l'IA ? Faut-il attendre de ces dispositifs d'IA une accélération de la croissance pour les acteurs des filières de l'audiovisuel ou une évolution au bénéfice des acteurs étrangers, notamment américains ? Plus largement, ce sont les modèles économiques qui sont mis en question par les dispositifs d'IA et peuvent être contraints de se renouveler.

Face à tous ces risques de déstabilisation, nombreux sont les professionnels qui considèrent qu'il est nécessaire d'encadrer et d'accompagner les usages de l'intelligence artificielle générative, et aspirent à la mise en place d'une régulation. Il leur semble indispensable de penser les articulations avec le droit d'auteur et les droits voisins, les données personnelles et les enjeux éthiques, d'empêcher que l'IA ne pille les œuvres cinématographiques et audiovisuelles en toute impunité et sans contrepartie. Comme énoncé dans les conclusions des Rencontres Cinématographiques de l'ARP de novembre 2024, publiées sur son site : « Travaillons ensemble pour réguler au plus vite cet outil. Cela implique : une totale transparence (via un template le plus exhaustif possible et la conservation obligatoire de preuves), une rémunération équitable des créateurs et de tous les ayants droits, et un encadrement éthique de cette technologie dans notre secteur. Ne perdons pas de temps à opposer naïvement innovation, technologie et création. Ensemble, acteurs de la culture et acteurs de la tech, mettons en place les instruments pour guider le monde vers un chemin éthique de l'utilisation de l'IA, permettant son développement au service de tous sans fragiliser la créativité humaine et son écosystème. »

La remise en cause des modèles économiques d'entreprises confrontées à l'offensive de nouvelles offres est un sujet critique. L'arrivée sur le marché de nouvelles offres audiovisuelles et la montée en puissance de nouveaux entrants est de nature à créer une intensification et un renouvellement de la concurrence et la déstabilisation d'entreprises installées de longue date sur leur marché. Des chaînes de télévision telles que TF1 et M6, face à la montée en puissance des grands acteurs de la VàDA et les évolutions induites des pratiques des spectateurs, dans un contexte de vulnérabilité de leurs recettes publicitaires, créent et déploient leurs propres plateformes de streaming financées par la publicité (TF1+ et M6+). Pour comprendre l'évolution des rapports de force, l'augmentation des asymétries est aussi à considérer : TF1 et M6 ont des positions fortes sur le marché télévisuel français, alors que les nouveaux entrants déploient leurs stratégies sur le marché mondial : présent dans plus de 190 pays, Netflix est devenu en quelques années l'un des leaders mondiaux de l'audiovisuel.

La frontalité des rapports de force entre streamers pour la domination du marché mondial n'est pourtant pas la seule option stratégique. La stratégie d'ARTE pour attirer et fidéliser de nouveaux publics montre la pertinence que peut avoir une stratégie de différenciation. Dès 2002, ARTE a anticipé le développement des usages relevant d'internet en développant une offre numérique riche et diversifiée. En proposant des formats innovants, en jouant sur l'interactivité, en étant très présente sur YouTube, plateforme qui propose le visionnage d'une profusion de contenus et sert aussi de moteur de recherche, ARTE a renforcé le lien avec son audience et a su attirer de nouveaux publics. Cette stratégie lui a permis de toucher un public plus jeune et plus diversifié. Sa stratégie sur les réseaux sociaux (ses comptes Instagram et TikTok ont été créés en 2020) montre une adaptation réussie aux nouveaux modes de consommation des contenus audiovisuels, rendant ses programmes plus accessibles à un public élargi.

Les formats courts, adaptés aux usages des réseaux sociaux, ont séduit une audience habituée à une consommation fragmentée, tout en permettant de l'ouvrir sur d'autres formats. En 2024, la production de deux versions distinctes de la série *Samuel*, l'une pour les plateformes traditionnelles et l'autre pour TikTok, montre la prise en compte des codes de chaque réseau et le choix assumé d'adapter les contenus aux différents supports et aux différents publics. En explorant de nouvelles formes de diffusion et d'interaction avec le public, ARTE a su innover et tracer de nouvelles pistes pouvant être utiles au secteur audiovisuel dans son ensemble. Son positionnement singulier et sa réussite montrent qu'il n'y a pas de fatalité à ce que le secteur audiovisuel se restreigne à quelques modèles économiques dominants.

Festivals, marchés et transnationalisation des relations créatives

Les recherches sur les festivals ont également pris un tournant ces vingt dernières années avec le développement en France d'études en sciences sociales sur le sujet et l'émergence des *Film Festival Studies*. Les travaux dans ce domaine s'intéressent aux festivals et aux marchés de co-production en tant que lieux de structuration de réseaux transnationaux de production et plus largement de l'internationalisation des relations créatives entre acteurs-médiateurs de l'industrie du cinéma et de la fiction audiovisuelle. Dans le domaine de la fiction audiovisuelle, l'émergence de nouveaux rapprochements collaboratifs transnationaux peut être vue comme une réponse aux stratégies des plateformes mondialisées, faisant apparaître des formes de coopération entre acteurs traditionnels de l'audiovisuel et *streamers*. En outre, l'émergence de nouveaux pôles et territoires créatifs du cinéma et de la série audiovisuelle contribuent à rendre compte du rôle crucial des festivals dans l'expérience cinématographique et permettent d'observer tout à la fois l'organisation, les événements médiatiques, la production des singularités et les sociabilités cinéphiles. L'intérêt pour appréhender le festival comme objet d'étude en mobilisant des approches socio-économiques devrait se poursuivre en interrogeant, parmi d'autres questions, le rôle des festivals en tant qu'acteurs de la distribution numérique. Se pose aussi la question d'approfondir la connaissance de ce qui caractérise un « film de festival », objet largement façonné par le système de prix et de récompenses au sein de l'univers festivalier.

Le combat pour capter la lumière à coups de campagnes de marketing et d'événementialisation du lancement des productions se joue autant pour attirer l'attention des publics que celle des professionnels responsables de l'entrée des œuvres sur les marchés. Dans un contexte caractérisé par une surabondance de productions et la montée en puissance des plateformes de vidéo à la demande comme lieu de diffusion du cinéma, les films produits dans le régime de l'indépendance ont de plus en plus besoin des festivals pour parvenir à se distinguer. Le pouvoir distinctif du festival s'organise autour d'une série d'actions qualifiantes, d'abord au sein des marchés de projets et plus tard autour de la synergie à l'œuvre entre les festivals et les marchés de films annexés à ces manifestations. Faisant intervenir de multiples acteurs de l'intermédiation, le festival encadre toutes les opérations relatives à la valorisation, aussi bien des projets que des œuvres. Car si le festival est avant tout une manifestation dédiée à la célébration de la cinéphilie, il donne aussi un sens à l'activité des professionnels de l'intermédiation et aux espaces où ils opèrent. La sélection dans un grand festival international et, a fortiori, l'obtention d'un prix, constituent ainsi des éléments susceptibles d'envoyer un signal fort sur la valeur d'une œuvre aux acquéreurs de droits d'exploitation dans le monde entier. Ces processus concernent les films de cinéma et aussi les séries.

Le prolongement de l'activité des festivals dans l'univers numérique, sur un temps qui peut être plus long que celui d'un festival physique, témoigne de la capacité de ces manifestations à appréhender le développement rapide de la plateformisation des images animées et les nouvelles pratiques de consommation qui en découlent. Or, si la création de valeur dans le cinéma d'auteur devient de plus en plus dépendante du pouvoir prescriptif des grands festivals, la plateformisation des programmations festivalières ne serait-elle pas un facteur déstabilisateur, susceptible d'entraîner une recomposition des lignes qui divisent des activités distinctes à l'intérieur de la filière du cinéma et qui structurent la circulation internationale du cinéma indépendant ?

Socio-économie des productions audiovisuelles et globalisation éditoriale des séries

Massivement présente dans l'offre audiovisuelle, sur les antennes traditionnelles et sur les plateformes, la fiction sérielle est au cœur d'enjeux socio-économiques, socio-techniques et socio-culturels importants. Depuis une vingtaine d'années, l'écosystème des séries a connu un profond renouvellement qui est le reflet de la nouvelle place que ces productions culturelles occupent au sein des stratégies d'acteurs médiatiques nationaux et transnationaux, ainsi que de l'attention des publics pour lesquels ces productions audiovisuelles sont devenues des références tout autant culturelles que politiques. La consécration et l'anoblissement culturel des séries s'accompagnent d'une légitimité croissante de ces dernières au sein des sciences humaines et sociales. Parce qu'elles reflètent les transformations sociales, économiques, culturelles, géopolitiques et technologiques contemporaines et offrent un nouveau mode de lecture et d'expérience du monde et de ses réalités spatiales, et parce qu'elles ont la capacité de consolider ou de faire évoluer les représentations des publics du monde entier et qu'elles ont défini de nouveaux territoires narratifs et esthétiques, les séries émergent comme des objets culturels incontournables pour diverses disciplines : études cinématographiques et audiovisuelles, sciences de l'information et de la communication, sociologie, cultural studies, géographie, science politique, histoire.

La transnationalisation des streamers, qui ont massivement investi dans la production sérielle ces dernières années, engageant la série dans une accélération industrielle sans précédent, et l'intensité concurrentielle entre diffuseurs audiovisuels traditionnels et plateformes globales, invitent à mieux saisir les transformations induites par l'arrivée de ces acteurs dans ce champ de production aux enjeux transnationaux complexes et, par conséquent, à une analyse plus géopolitique de la production, de la circulation et de la consommation des séries.

Partant du constat d'un renouvellement de la fiction française et européenne ces dernières années qui se reflète aujourd'hui dans la répartition presque équilibrée entre l'Europe et les Etats-Unis des investissements des six plus grandes plateformes internationales de streaming dans la production de nouvelles séries, il convient de s'intéresser à la circulation effective des séries internationales favorisée par la multiplication des services de visionnement à la demande et stimulée par des nouvelles formes de collaborations créatives : entre streamers et diffuseurs traditionnels, entre diffuseurs publics européens, ou encore entre sociétés de production et structures de distribution internationales. Ces dynamiques interrogent l'évolution de la globalisation éditoriale de l'audiovisuel.

Dans un écosystème de la création « glocalisée » évoluant dans un marché des séries décliné simultanément sur toutes les formes d'écrans, que deviendra le rôle des diffuseurs nationaux et la fonction de programmation dans le cadre d'une nouvelle configuration géopolitique de la production audiovisuelle ? Et quelles sont les spécificités de la stratégie éditoriale de l'audiovisuel français en comparaison aux autres modèles européens (britannique, allemand, italien, scandinave, etc.) ? Entre isomorphisme et différenciation, la globalisation du marché de l'audiovisuel produit une nouvelle partition des hiérarchies de genres de séries entre homogénéisation de fiction *mainstream* et « glocale » qui circulent à l'international (pour la plupart en anglais), d'une part, et séries nationales ou de la diversité linguistique limitée aux territoires de l'Europe continentale, d'autre part. L'un des marqueurs pour mener une étude fine du secteur audiovisuel invite à interroger comment la nouvelle cartographie des formes de la globalisation des séries, loin d'une standardisation des écritures sérielles et des imaginaires, se nourrit du brassage des genres, des standards, des cultures locales et des publics.

Alors que l'avènement des plateformes et la difficulté d'appréhender ce nouveau paysage de l'audiovisuel en pleine recomposition ont entraîné un brouillage des frontières, les perspectives ouvertes par l'approche socio-économique portent notamment sur l'interdépendance des acteurs de l'audio-visuel et sur l'économie numérique qui sous-tend la nouvelle configuration de l'écosystème des productions cinématographiques et audiovisuelles.

Les questionnements qui structurent cet ouvrage invitent à prolonger des recherches menées sur la socio-économie du cinéma et de l'audiovisuel en mobilisant des cadres d'analyse et des approches en économie politique de la communication, en sociologie des groupes professionnels et en socio-économie des médias et des industries culturelles. Les contributions rassemblées dans ce volume ont comme point commun d'adopter des approches qui ne dissocient pas logiques artistiques et logiques économiques. Apparaît nettement qu'il importe de continuer à travailler leur articulation afin d'être en mesure d'aborder des problématiques renouvelées et imbriquées qui requièrent prise de recul, imagination et goût pour la balade à travers champs.

Bibliographie générale

Cette bibliographie a été établie en intégrant dans un même ensemble les références bibliographiques de tous les chapitres composant cet ouvrage collectif.

Adler Tim (dir.) (2004), *The Producers: Money, Movies and Who Really Calls the Shots*, London, Methuen.

Adorno Theodor, Horkheimer Max (1974), *La Dialectique de la Raison*, Paris, Gallimard.

Alexandre Olivier (2015), *La Règle de l'exception. Écologie du cinéma français*, Paris, Éditions de l'EHESS.

Alexandre Olivier, Noel Sophie, Pinto Aurélie (dir.) (2017), *Culture et (in) dépendance. Les enjeux de l'indépendance dans les industries culturelles*, Bruxelles, coll. « ICCA », Peter Lang.

Alexandre Olivier (2023), La Tech. Quand la Silicon Valley refait le monde, Paris, Seuil.

Allamand Clémence (2017), « Politique culturelle publique et financement de l'équipement numérique des salles de cinéma en France », in *Arts et Médias : lieux du politique ?* (dir. Collectif DAEM), Paris, L'Harmattan, pp. 27–35.

Allamand Clémence (2019), *Les acteurs de la diffusion cinématographique en salles en France au prisme du numérique : enjeux socio-économiques d'un secteur en mutation (1999–2018)*, Thèse de doctorat en Sciences de l'information et de la communication, Paris, Université Sorbonne Nouvelle.

Allard Laurence, Creton Laurent, Odin Roger Odin (dir.) (2018), *Mobiles. Enjeux artistiques et esthétiques*, Paris, revue *Théorème*, Presses Sorbonne Nouvelle.

Allard Laurence, Benkemoun Nathan, Creton Laurent, Halloy José (2026), *Les démarches d'éco-production dans le secteur cinématographique et audiovisuel : impacts socio-organisationnels, économiques et environnementaux*, Bruxelles, coll. « ICCA », Peter Lang.

Altman Rick (1992), *La Comédie musicale hollywoodienne*, Paris, Armand Colin.

Appadurai Arjun (1996, trad. 2001), *Après le colonialisme. Les conséquences culturelles de la globalisation*, Paris, Éditions Payot.

Augros Joël (1996), *L'Argent d'Hollywood*, L'Harmattan, coll. « Champs Visuels », Paris.

Augros Joël (dir.) (2019), *CinémArgent*, revue *Cinémaction*, Paris, Charles Corlet.

Augros Joël, Kitsopanidou Kira (2016), *Une histoire du cinéma américain. Stratégies, révolutions et mutations au XXe siècle*, Paris. coll. « Cinéma », Armand Colin.

Aurouet Carole, Pastre (de) Béatrice, Véray Laurent (dir.) (2025), *Revoir le cinéma muet en France (1908–1919)*, Paris, Le Sonneur.

Bächler Odile, Murcia Claude et Vanoye Francis (dir.) (2000), *Cinéma et audiovisuel. Nouvelles images, approches nouvelles*, Paris, coll. « Champs visuels », L'Harmattan.

Bachlin Peter (1947), *Histoire économique du cinéma*, Paris, La Nouvelle Édition.

Badillo Patrick-Yves, Bourgeois Dominique, Deltenre, Ingrid, Marchand Gilles (2016), *Médias publics et société numérique L'heure du grand débat*, Genève, Éditions Slatkine.

Banks Miranda, Conor Bridget, Mayer Vicki (2016), *Production Studies, the Sequel*, New York & Abingdon, Routledge.

Barnier Martin, Kitsopanidou Kira (2015), *Le cinéma 3D. Histoire, techniques, esthétique*, Paris, coll. « Cinéma / Arts visuels », Armand Colin.

Becker Howard (1982), *Art Worlds*, Berkeley/LA, University of California Press. Traduction (2006), *Les Mondes de l'art*, Paris, Éditions Flammarion.

Becker Howard (2006), *Le travail sociologique : méthode et substance*, coll. « Res socialis », Academic Press Fribourg.

Becker Howard, Faulkner Robert (2011), *Qu'est-ce qu'on joue maintenant…? Le répertoire de jazz en action*, Paris, La Découverte.

Benghozi Pierre-Jean (1989), *Le Cinéma entre l'art et l'argent*, Paris, L'Harmattan.

Benghozi Pierre-Jean & Nénert Claire (1995), « Création de valeur artistique ou économique : du Festival International du film de Cannes au marché du film », *Recherche et Applications en Marketing*, 495, pp. 65–76.

Benghozi Pierre-Jean, Chantepie Philippe (2017), *Jeux vidéo : l'industrie culturelle du XXIe siècle ?*, Paris, Presses de la Fondation nationale des sciences politiques / Ministère de la culture, DEPS.

Benghozi Pierre-Jean, Delage Christian (dir.) (1997), *Une histoire économique du cinéma français. Regards franco-américains (1895–1995)*, L'Harmattan, Paris.

Bengio Abraham, Puthod Catherine, Cochard Anne, Gomez Michel (2009), « Aide à la création : comment les collectivités territoriales peuvent-elles être subsidiaires ? », *L'Observatoire*, 2009/2 (Hors-série 2), pp. 35–39.

Benhamou Françoise (2006), *Les dérèglements de l'exception culturelle : plaidoyer pour une perspective européenne*, Paris, Le Seuil.

Benhamou Françoise (2008), *L'économie de la culture*, Paris, coll. « Repères », La Découverte.

Benhamou Françoise (2015), *Politique culturelle : fin de partie ou nouvelle saison ?*, Paris, La Documentation française.

Bessy Christian, Chateauraynaud Francis (1995), *Experts et faussaires. Pour une sociologie de la perception*, Paris, Éditions Pétra.

Betts E.-J. (2023), « The Last Airbender Netflix Series Release Date Speculation and More », The Digital Fix. available at https://www.thedigitalfix.com/avatar-the-last-airbender/netflix-live-action-series-release-date (accessed 23 February 2023).

Beylot Pierre, Le Corff Isabelle, Marie Michel (dir.) (2011), *Les images en question. Cinéma, télévision, nouvelles images : les voies de la recherche*, Bordeaux, Presses Universitaires de Bordeaux.

Bezes Philippe (2009), *Réinventer l'État. Les réformes de l'administration française (1962–2008)*, Paris, « Le Lien social », Presses Universitaires de France.

Bomsel Olivier (2010), *L'Économie immatérielle Industries et marchés d'expériences*, Paris, NRF essais, Gallimard.

Boni Marta (dir.) (2020), *Formes et plateformes de la télévision à l'ère numérique*, Rennes, coll. « PUR-Cinéma », Presses Universitaires de Rennes.

Bonnell René (1978), *Le cinéma exploité*, Paris, Le Seuil.

Bonnell René (1996, 1ère éd. en 1989), *La Vingt-cinquième image. Une économie de l'audiovisuel*, Paris, Gallimard-Fémis.

Bordeaux Marie-Christine, Deschamps François Deschamps (2013), *L'Éducation artistique, l'éternel retour ? Une ambition nationale à l'épreuve des territoires*, coll. « La Culture en question », Toulouse, Éditions de l'Attribut.

Bordwell David, Staiger Janet, Thompson Kristin (1985), *The Classical Hollywood Cinema: Film Style and Mode of Production to 1960*, New York, Colombia University Press.

Bouquillion Philippe (2008), *Les industries de la culture et de la communication. Les stratégies du capitalisme*, Grenoble, Presses Universitaires de Grenoble.

Bouquillion Philippe, Miege Bernard, Moeglin Pierre (2013), *L'industrialisation des biens symboliques : les industries créatives en regard des industries culturelles*, Grenoble, Presses Universitaires de Grenoble.

Bourdieu Pierre (1972), « Esquisse d'une théorie de la pratique », *In* Pierre Bourdieu (dir.), *Esquisse d'une théorie de la pratique. Précédé de « Trois études d'ethnologie kabyle »*, Librairie Droz, Genève, pp. 157–243.

Bourdieu Pierre (1977), « La production de la croyance. Contribution à une économie des biens symboliques », *Actes de la recherche en sciences sociales*, n° 13, pp. 3–43.

Bourdieu Pierre (1988), « Intérêt et désintéressement », cours du Collège de France à la faculté de sociologie et d'anthropologie de l'Université Lumière Lyon 2, *Cahiers du GRS*, n° 7.

Bourdieu Pierre (1992), *Les règles de l'art. Genèse et structure du champ littéraire*, Paris, Le Seuil.

Bourdieu Pierre, Wacquant Loïc (1992), *Réponses : pour une anthropologie réflexive*, Paris, Le Seuil.

Bourget Jean-Loup (2005), *Hollywood, la norme et la marge. Genres, esthétiques et influences du cinéma hollywoodien (1930–1960)*, Paris, Armand Colin.

Boutinot Amélie, Delacourt Hélène (2019), « Stratégie et industries créatives » in Sébastien Liarte (dir.), *Les grands courants en management stratégique, Paris*, EMS Editions, pp. 473–497.

Brandl Emmanuel (2009), *L'ambivalence du rock : entre subversion et subvention. Une enquête sur l'institutionnalisation des musiques populaires*, Paris, L'Harmattan.

Brannon Donoghue Courtney (2022), « Gendered Expectations for Female-Driven Films: Risk and Rescue Narratives around Warner Bros.'s *Wonder Woman* », *Feminist Media Studies*, 22.3, pp. 485–501.

Braudel Fernand (1985), *La Dynamique du capitalisme*, Paris, Arthaud.

Buchsbaum Jonathan (2017), *Exception Taken. How France Has Defied Hollywood's New World Order*, New York, Columbia University Press.

Bullich Vincent, Schmitt Laurie (dir.) (2025), *Les plateformes de vidéos à la demande en France. Au-delà de Netflix et YouTube*, coll. « Ère numérique - Lab. ELICO », Villeurbanne, Editions des Archives Contemporaines.

Caldwell John Thorton (2006), « Cultural Studies of Media Production: Critical Industrial Practices » in M. White and J. Schwoch (dir.) *Questions of Media in Cultural Studies*, Malden, MA, Blackwell, pp. 109–153.

Caldwell John Thorton (2008), *Production Culture: Industrial Reflexivity and Critical Practice in Film and Television*, Durham, Duke University Press.

Casetti Francesco (1993), *Les théories du cinéma depuis 1945*, Paris, Armand Colin.

Castells Manuel, Portes Alejandro (1989), « Worth Underneath: The Origins, Dynamics, and Effects of the Informal Economy », in A. Portes, M. Castells, L. A. Benton (dir.), *The Informal Economy: Studies in Advanced and Less Developed Countries*, Baltimore, MD, John Hopkins University Press, pp. 11–37.

Caves Richard E. (2000), *Creatives Industries : Contracts Between Art & Commerce*, Cambridge, Mass, Harvard University Press.

Cervulle Maxime, Quemener Nelly, Vörös Florian (dir.) (2016), *Matérialismes, culture et communication. Tome 2 : Cultural Studies, théories féministes et décoloniales*, Paris, Presses des Mines.

Chalard-Fillaudeau Anne (2003), « Les "Cultural Studies" : une science actuelle ? », *L'Homme & la Société*, vol. 149, no. 3, 2003, pp. 31–40.

Chantepie Philippe, Paris Thomas (2021), *Économie du cinéma*, Paris, coll. « Repères », La Découverte.

Charon Jean-Marie (2015), *Presse et numérique – L'invention d'un nouvel écosystème*, Rapport pour la Ministre de la culture et de la communication, mis en ligne le 01/06/2015.

Chiapello Eve (1998), *Artistes versus managers. Le management culturel face à la critique artiste*, Paris, Métailié.

Christopherson Susan, Storper Michael (1986), « The City as Studio, the World as Backlot: The Impact of Vertical Disintegration on the location of the Motion Picture Industry », *Environment and Planning D: Society and Space, 4 (3)*, pp. 305–320.

Cladel Gérard, Feigelson Kristian, Gévaudan Jean-Michel, Landais Christian, Sauvaget Daniel (dir.) (2001), *Le Cinéma dans la cité*, Paris, Éditions du Félin.

Colbert François (1993), *Le Marketing des arts et de la culture*, Québec, Gaëtan Morin Éditeur.

Costey Paul (2005), « L'*illusio* chez Pierre Bourdieu. Les (més)usages d'une notion et son application au cas des universitaires », *Tracés. Revue de Sciences humaines*, vol. 8, pp. 13–27.

Creton Laurent (2020, 1ère édition en 1994), *Économie du cinéma : perspectives stratégiques*, Paris, coll. « Cinéma / Arts visuels », Armand Colin.

Creton Laurent (1997), *Cinéma et marché*, Paris, coll. « Cinéma et audiovisuel », Armand Colin.

Creton Laurent (dir.) (1998), *Cinéma et (in)dépendance : une économie politique*, Paris, revue *Théorème*, Presses Sorbonne Nouvelle.

Creton Laurent (dir.) (2002), *Le Cinéma à l'épreuve du système télévisuel*, Paris, CNRS Éditions.

Creton Laurent (2004), *Histoire économique du cinéma français. Production et financement. 1940–1959*, Paris, coll. « Cinéma & Audiovisuel », CNRS Éditions.

Creton Laurent (2008), « Structures et stratégies. Une dynamique à l'œuvre », in *Cinéma et stratégies : économie des interdépendances*, Laurent Creton, (dir.), Paris, revue *Théorème*, Presses Sorbonne Nouvelle, pp. 7–12.

Creton Laurent, Dehee Yannick, Layerle Sébastien, Moine Caroline (dir.) (2011), *Les producteurs : enjeux créatifs, enjeux financiers*, Paris, Nouveau Monde éditions.

Creton Laurent, Kitsopanidou Kira (dir.) (2013), *Les salles de cinéma : enjeux défis et perspectives*, Paris, coll. « Recherches », Armand Colin.

Creton Laurent (2015), « Exploration of the Concept of Cinephilia in the Context of an Emerging Country: The Case of Tunisia », avec Ghofrane Ghariani et Mourad Touzani, *International Journal of Arts Management*, Volume 17 n° 2, V1723, ISBN : 1480–8986, 2015, pp. 33–51.

Creton Laurent (2015), « The Political Economy of French Cinema. Attendance and Movie Theaters », in *A Companion to Contemporary French Cinema*, Alistair Fox, Michel Marie, Raphaëlle Moine, Hilary Radner (dir.), London, Wiley-Blackwell Publishing, pp. 17–44.

Creton Laurent, Kitsopanidou Kira (dir.) (2016), *Crowdfunding, industries culturelles et démarche participative. De nouveaux financements pour la création*, Paris, coll. « ICCA », Peter Lang.

Creton Laurent (dir.) (2017), *Le Front populaire et le cinéma français* (dir., avec Michel Marie), Paris, revue *Théorème*, Presses Sorbonne Nouvelle.

Creton Laurent (2019), « Toscan : une certaine idée du cinéma » in *Culture, Société, Territoires. Mélanges en l'honneur du professeur Serge Regourd*, sous la direction de Lucien Rapp, Saïd Hamdouni, Didier Guignard, Toulouse, coll. « Colloques & Essais », Institut Universitaire Varenne, pp. 83–92.

Creton Laurent (2021), « Engagement cinéphilique et logique territoriale : le festival Ciné 32 Indépendance(s) et Création », revue *Loisir et Société / Society and Leisure*, Volume 44, Issue 1 (2021), Film festivals: Metamorphosis of a research object and field / Les festivals de films : métamorphoses d'un objet et d'un champ d'études, Olivier Moeschler et Olivier Thévenin (dir.), pp. 22–36.

Creton Laurent (2022), « Évolutions des marchés de la production ciné-audiovisuelle : le pitch dans le champ des adaptations littéraires », in Laurichesse Hélène, Bonhomme Bérénice (dir.), *Pitchs, Workshops, Networks. Les enjeux des marchés de projets audiovisuels*, Éditions OpenCulture, pp. 29–51.

Creton Laurent (2023), « Pathé, Gaumont et le développement du secteur cinématographique en France (1908–1919) », in *Revoir le cinéma muet en France (1908–1919)*, Carole Aurouet, Béatrice de Pastre, Laurent Véray (dir.), Paris, Le Sonneur, pp. 57–88.

Crozier Michel, Friedberg Erhard (1977), *L'acteur et le système*, Paris, Seuil.

De Valck Marijke (2014), « Supporting art cinema at a time of commercialization: Principles and Practices, the Case of the International Film Festival Rotterdam », *Poetics*, vol. 42, pp. 40–59.

De Valck Marijke, Kredell Brendan, LOIST Skadi, (dir.) (2016), *Film Festivals: History, Theory, Method, Practice*, London, Routledge.

Delaporte Chloé (2015), *Le Genre filmique. Cinéma, télévision, Internet*, Paris, Presses Sorbonne Nouvelle.

Delaporte Chloé (2019), « La médiation générique des contenus cinématographiques sur les plateformes de vidéo à la demande », *Réseaux*, 2019, n° 217, vol. 5, pp. 151–184.

Delaporte Chloé (2021), « Les marques, les médias et les prix cinématographiques. Vers une copublicitarisation de l'information culturelle », *Communication & management*, vol. 18 n° 2, pp. 41–58.

Delaporte Chloé (2022), *La Culture de la récompense. Compétitions, festivals et prix cinématographiques*, Paris, Presses Universitaires de Vincennes.

Delavaud Gilles, Esquenazi Jean-Pierre, Grange Marie-Françoise (dir.) (2001), *Godard et le métier d'artiste*, coll. « Champs visuels », Paris, L'Harmattan.

Deleuze Gilles, Guattari Felix (1980), *Mille Plateaux*, Paris, Minuit.
Derrida Jacques (1967), *L'écriture et la différence*, Paris, Le Seuil.
Dimaggio Paul (1987), *Managers of the Arts: Careers and Opinions of Senior Administrators of US Art Museums, Symphony Orchestras, Resident Theaters and Local Arts Agencies*, Washington, Seven Locks Press.
Dixsaut Claire, Laurichesse Hélène (2022), « Le pitch est un exercice d'excellence », in Laurichesse Hélène, Bonhomme Bérénice (dir.), *Pitchs, Workshops, Networks. Les enjeux des marchés de projets audiovisuels*, Éditions OpenCulture, pp. 196–215.
Donnat Olivier (2009), *Les Pratiques culturelles des Français à l'ère numérique*, Paris, Ministère de la Culture et de la Communication, Éditions La Découverte.
Drake Philip (2022), « Critical and Cultural? Production Studies as Situated Storytelling », in Paul Mcdonald (dir.), *The Routledge Companion to Media Industries*, Abingdon, Routledge, pp. 96–106.
Dubois Vincent (2012), *La politique culturelle : genèse d'une catégorie d'intervention publique*, Paris, coll. « Alpha », Belin.
Dubuisson-Quellier Sophie, Plessz Marie (2013), « La théorie des pratiques. Quels apports pour l'étude sociologique de la consommation ? », *Sociologie*, vol. 4, no. 4, 2013, pp. 451–469.
Ducas Sylvie (2013), *La littérature à quel(s) prix ? Histoire des prix littéraires*, Paris, coll. « Cahiers libres », La Découverte.
Duval Julien (2006), « L'art du réalisme Le champ du cinéma français au début des années 2000 », *Actes de la recherche en sciences sociales*, 2006, n° 161–162, vol. 1–2, pp. 96–115.
Duval Julien (2016), *Le Cinéma au XX*[e] *siècle. Entre loi du marché et règles de l'art*, Paris, CNRS Éditions.
Eao (2020) Focus 2020, *World Film Market Trends*, Strasbourg, European Audiovisual Observatory.
Elliott Philip (1972), *The Making of a Television Series: A Case Study in the Sociology of Culture*, London, Constable.
Elmer Greg et Gasher Mike (dir.) (2005), *Contracting Out Hollywood: Runaway Productions and Foreign Location Shooting*, Lanham (Md.) Rowman and Littlefield.
English James (2005), *The Economy of Prestige. Prizes, awards, and the circulation of cultural value*, Cambridge, Harvard University Press.
Erzt Myriam, Durif Fabien (2017), « Définition de la consommation collaborative et des concepts associés » in Decrop, Alain, *La consommation*

collaborative : enjeux et défis de la nouvelle société du partage, Louvain-la-Neuve, De Boeck Université.

Esquenazi Jean-Pierre (1997), « Le renouvellement d'un jeu de langage : genres et canaux », *Réseaux*, n° 81, vol. 1, pp. 103–118.

Éthis Emmanuel (2000), « La caisse du cinéma : quand il faut décider », *Communication & Langages*, n° 125, pp. 44–55.

Éthis Emmanuel (2005), *Sociologie du cinéma et de ses publics*, Paris, coll. « 128 », Armand Colin.

Éthis Emmanuel (2006), *Les spectateurs du temps : pour une sociologie de la réception du cinéma*, Paris, L'Harmattan.

Éthis Emmanuel (2015), *Pour une po(i)etique du questionnaire en sociologie de la culture – le spectateur imagine*, Paris, L'Harmattan.

Evrard Yves, Busson Alain (dir.) (2015), *Management des industries culturelles et créatives*, Paris, Vuibert.

Ezepue, Ezinne Michaela (2020 a), « Gentrification in Media Spaces: Nollywood in Perspective », *Cogent Arts and Humanities* 7(1).

Ezepue, Ezinne Michaela (2020b), « The New Nollywood: Professionalization or Gentrification of Cultural Industry », SAGE Open, 10 (3), 1–10.

Falicov Tamara (2022), « Workshops européens, sessions de pitch avec la participation de réalisateurs d'Amérique Latine », in Laurichesse Hélène, Bonhomme Bérénice (Dir.), *Pitchs, Workshops, Networks. Les enjeux des marchés de projets audiovisuels*, Éditions OpenCulture, pp. 102–123.

Farchy Joëlle (2008), « Promouvoir la diversité culturelle », *Questions de communication*, n° 13, pp. 171–195.

Farchy Joëlle (2011), *Et pourtant ils tournent… Économie du cinéma à l'ère numérique*, Paris, coll. « Médias Essais », INA Éditions.

Farchy Joëlle, Sagot-Duvauroux Dominique (1994), *Économie des politiques culturelles*, Presses Universitaires de France, Paris, 183 p.

Feigelson Kristian (dir.) (2005), *Caméra politique. Cinéma et stalinisme*, Paris, revue *Théorème*, Presses Sorbonne Nouvelle.

Feigelson Kristian (2011), *La fabrique filmique : métiers et professions*, Paris, coll. « Cinéma / Arts visuels », Armand Colin.

Feigelson Kristian, Ghermani Wafa (dir.) (2021), *Les industries des images en Asie de l'est. Entre mondialisation et identités locales (Chine – Hong Kong, Corée, Japon, Taïwan)*, Paris, revue *Théorème*, Presses Sorbonne Nouvelle.

Fichez Elisabeth (2008), « Logiques socio-économiques Mise en marché des biens culturels, d'information et de formation », Logiques sociales, edutice-00264781.

Flichy Patrice (1980), *Les industries de l'imaginaire Pour une analyse économique des médias*, Paris/Grenoble, INA-PUG.

Flichy Patrice (1995), *L'Innovation technique. Récents développements en sciences sociales. Vers une nouvelle théorie de l'innovation*, Paris, coll. « Sciences et société », La Découverte.

Forest Claude (1995), *Les Dernières séances. Cent ans d'exploitation des salles de cinéma*, Paris, CNRS Éditions.

Forest Claude (2001), *Économies contemporaines du cinéma en Europe. L'improbable industrie*, Paris, CNRS Éditions.

Forest Claude (2010), *Quel film voir ? Pour une socioéconomie de la demande de cinéma*, Villeneuve-d'Ascq, Presses universitaires du Septentrion.

Forest Claude (2013), *L'industrie du cinéma en France. De la pellicule au pixel*, Paris, La documentation française.

Foucault Michel (1994, 1ère édition en 1969), « Qu'est-ce qu'un auteur ? », *Dits et écrits.* Tome I, Paris, Gallimard.

Fourquet Jérôme (2019), *L'Archipel français. Naissance d'une nation multiple et divisée*, Paris, Le Seuil.

Fox Alistair, Marie Michel, Moine Raphaëlle, Radner Hilary (dir.) (2015), *A Companion to Contemporary French Cinema*, London, Wiley-Blackwell Publishing.

Frodon Jean-Michel (1998), *La Projection nationale. Cinéma et nation*, Paris, coll. « Le champ médiologique », Éditions Odile Jacob.

Ganti Tejaswini (2012), *Producing Bollywood: Inside the Contemporary Hindi Film Industry*, Durham, NC, Duke University Press.

Ganti Tejaswini (2020), « The Value of Surprise: Ethnography of Media Industries », in L. Patti (dir.) *Writing about Screen Media*, Abingdon, Routledge, pp. 182–185.

Ganti Tejaswini (2021a), « Blurring the Boundaries Between Hollywood and Bollywood: The Production of Dubbed Films in Mumbai », in M. Mehta and M. Mukherjee (dir.), *Industrial Networks of Indian Cinema: Shooting Stars, Shifting Geographies and Multiplying Media*, Abingdon, Routledge, pp. 209–221.

Ganti Tejaswini (2021b), « 'English is So Precise, and Hindi Can Be So Heavy!' Language Ideologies and Audience Imaginaries in a Dubbing Studio in Mumbai », in R. D. Rossoukh & S. C. Caton (dir.), *Anthropology, Film Industries, Modularity*, Durham, NC, Duke University Press, pp. 41–61.

Ganti Tejaswini (2022), « Creating That "Local Connect": The Dubbing of Hollywood into Hindi », in P. Mcdonald (dir.), *The Routledge Companion to Media Industries*, Abingdon, Routledge, pp. 329–339.

Gaudreault André (2008), *Cinéma et attraction. Pour une nouvelle histoire du cinématographe*, coll. « Cinéma & Audiovisuel », Paris, CNRS Éditions.

Gaudreault André, Marion Philippe (2013), *La fin du cinéma ? Un média en crise à l'ère du numérique*, Paris, coll. « Cinéma / Arts visuels », Armand Colin.

Gaw Fatima (2022), « Algorithmic logics and the construction of the cultural taste of the Netflix Recommender System, Media », *Culture and Society*, Volume 44, Number 4, May 2022, pp. 706–725.

Gimello-Mesplomp Frédéric (2006), « La politique publique du cinéma en France », *in* Philippe Poirrier (dir.), *Arts et Pouvoirs de 1848 à nos jours*, Paris, CNDP, coll. « Baccalauréat, histoire des arts », pp. 60–64.

Gimello-Mesplomp Frédéric (2022), « To pitch or not to pitch? » in Laurichesse Hélène, Bonhomme Bérénice (dir.), *Pitchs, Workshops, Networks. Les enjeux des marchés de projets audiovisuels*, Éditions OpenCulture, pp. 67–87.

Gimello-Mesplomp Frédéric (dir.) (2012), *L'Invention d'un genre : le cinéma fantastique français. Ou les constructions sociales d'un objet de la cinéphilie ordinaire*, Paris, L'Harmattan.

Gimello-Mesplomp Frédéric (dir.) (2012), *Les Cinéastes français à l'épreuve du genre fantastique. Socio-analyse d'une production artistique*, Paris, L'Harmattan.

Hjort Mette, Petrie (2008), The *Cinema of Small Nations*, Bloomington, Indiana University Press.

Goffman Erving (1963), *Stigmate. Les usages sociaux du handicap*, Paris, Les Éditions de Minuit.

Golding Peter, Elliott Philip (1979), Making the News, London, Longman.

Goldman William (1984), *Adventures in the Screen Trade: A Personal View of Hollywood and Screenwriting*, New York, Warner Books.

Gomery Douglas (2005), *The Hollywood Studio System: a History*, London, British Film Institute.

Graber Frédéric (2011), « Du faiseur de projet au projet régulier dans les travaux publics (XVIIIe – XIXe siècle) : pour une histoire des projets », *Revue d'histoire moderne et contemporaine*, vol. 58, n. 3, pp. 7–33.

Granjon Fabien (dir.) (2016), *Matérialismes, culture et communication. Tome 1 : Marxismes, théorie et sociologie critiques*, Paris, Presses des Mines.

Granjon Fabien, Guyot Jacques, Magis Christophe (dir.) (2019), *Matérialismes, culture et communication. Tome 3 : Économie politique de la culture, des médias et de la communication*, Paris, Presses des Mines.
Guigay Caroline (2020), *Le cinéma au prisme de la durée. Les courts métrages en France, entre institutionnalisation d'une catégorie artistique et bouleversements numériques (2000–2018)*, Thèse de doctorat en Études cinématographiques, Paris, Université Sorbonne Nouvelle.
Guy Jean-Michel (2000), *La culture cinématographique des Français*, Paris, Ministère de la Culture, DEPS.
Hammersley Martyn (1992), *What's Wrong with Ethnography?*, Abingdon, Roultedge.
Hart Keith (1973), « Informal Income Opportunities and Urban Employment in Ghana », *The Journal of Modern African Studies*, 11 (1), pp. 61–89.
Hart Keith (1985), « The Informal Economy », *The Cambridge Journal of Anthropology*, 10 (2), pp. 54–58.
Havens Timothy, LOTZ Amanda, TINIC Serra (2009), « Critical Media Industry Studies: a Research Approach », *Communication, Culture & Critique 2*.
Haynes Jonathan (2018) « Keeping Up: The Corporatization of Nollywood's Economy and Paradigms for Studying African Screen Media », *Africa Today*, 64 (4), pp. 3–29.
Hindmarsh Jon, et Alison PILNICK (2007), « Knowing Bodies at Work: Embodiment and Ephemeral Teamwork in Anaesthesia », *Organization Studies*, vol. 28, n° 9, pp. 1395–1416.
Huet Armel, Ion Jacques, Lefebvre Alain, Miege Bernard, Peron René (1978/ 2me éd. 1984), *Capitalisme et industries culturelles*, Grenoble, PUG.
Hughes William (2021), « Kevin Feige Reportedly "Angry and Embarrassed" about Disney's Handling of ScarJo », *The AV Club*, 30 July 2021.
Iordanova Dina (2002), « Les dispositifs accélérateurs de production dans les festivals de films », in Laurichesse Hélène, Bonhomme Bérénice (Dir.), *Pitchs, Workshops, Networks. Les enjeux des marchés de projets audiovisuels*, Éditions OpenCulture, 2022.
Jauss Hans Robert (1978), *Pour une esthétique de la réception*, Paris, Gallimard.
Jeanpierre Laurent, Roueff Olivier (2014), *La culture et ses intermédiaires dans les arts, le numérique et les industries créatives*, Éditions des archives contemporaines, Paris.

Jennings Ros. (2002), 'Making Movies that Matter: Christine Vachon, Independent Film Producer.' In Yvonne Tasker (dir.), *Fifty Contemporary Film-makers*. London, Routledge, pp. 353–360.
Jost François (1997), « La promesse des genres », *Réseaux*, n° 81, pp. 11–31.
Jullier Laurent, Leveratto Jean-Marc (2010), *Cinéphiles et cinéphilies : une histoire de la qualité cinématographique*, Paris, Armand Colin.
Karpik Lucien (2007), *L'économie des singularités*, Paris, Gallimard.
Kermabon Jacques (dir.) (1994), *Pathé premier empire du cinéma*, Paris, Éditions du Centre Georges Pompidou.
Kidman Shawna (2021), « The Disneyfication of Authorship: Above-the-Line Creativity in the Franchise Era », *Journal of Film & Video*, 73(3), pp. 3–22.
Kitsopanidou Kira, Augros Joël (dir.) (2012), *Tribulations numériques du Cinéma et de l'Audiovisuel à l'amorce du XXIe siècle*, Paris, revue *Mise au point.*
Kitsopanidou Kira, Soulez Guillaume (dir.) (2015), *Le Levain des médias : forme, format, média*, Paris, revue *MEI*, n° 39.
Kitsopanidou Kira, Thévenin Olivier (2024), « From Versailles to No Man's Land: French Broadcasters and the New Geopolitical Reality of the Audiovisual Industry », *French Screen Studies* 24 (2): pp. 118–34.
Kitsopanidou Kira, Mrabet Emna, Sorin Cécile (2024), *Le Film « guerilla » : au-delà de l'indépendance ?*, *Théorème*, n° 37, Paris, Presses Sorbonne Nouvelle.
Kitsopanidou Kira, Olivier Thévenin (2022), « La place du pitch en festival dans le parcours de production de la série *No man's land* : la création sérielle en question », in Bérénice Bonhomme, Hélène Laurichesse, *Pitch, Workshop, Network. Les enjeux des marchés de projets audiovisuels*, Éditions OpenCulture, pp. 52–66.
Kitsopanidou Kira (2021), « Enjeux créatifs et industriels des alliances de co-production : le cas de l'Alliance européenne et des séries *Germinal* et *Le tour du Monde en 80 jours* », *Mise au point*, n° 20, 2025
Kraidy Marwan M. (2005), *Hybridity, or the Cultural Logic of Globalization*, Philadelphia, PA, Temple University Press.
Laborde Barbara (2017), *De l'enseignement du cinéma à l'éducation aux médias. Trajets théoriques et perspectives pédagogiques*, coll. « Les Fondamentaux », Paris, Presses Sorbonne Nouvelle.
Lampel Joseph, Alan D Meyer (2008), « Configuring Events as Structuring Mechanisms: How Conferences, Ceremonies, and Trade Shows

Constitute New Technologies, Industries, and Markets », *Journal of Management Studies*, 45, 6 September 2008.
Laurichesse Hélène (2006), *Quel marketing pour le cinéma ?*, Paris, collection « Cinéma & Audiovisuel », CNRS Éditions.
Laurichesse Hélène (dir.) (2013), *Les stratégies de marque dans l'audiovisuel*, Paris, coll. « Recherches », Armand Colin.
Le Gras Gwenaëlle, Sellier Geneviève (dir.) (2015), *Cinémas et cinéphilies populaires (1945–1958)*, Paris, Nouveau Monde.
Le Marec Joëlle (2004), « Usages : pratiques de recherche et théorie des pratiques », *Hermès, La Revue*, vol. 38, n° 1, pp. 141–147.
Lebon Francis (2020), *Entre travail éducatif et citoyenneté : l'animation et l'éducation populaire*, coll. « Questions de société », Paris, Champ social Éditions.
Lecler Romain (2017), « La grille et la palme. Deux régimes d'exportation des biens audiovisuels », *Revue Française de Socio-Économie*, vol. 19, n° 2, pp. 153–175.
Lecler Romain (2017), « Une diversité sur mesure : les conditions d'existence d'un cinéma du sud », *Sociologie*, n° 2, Vol 8.
Lesaunier Marie-Eva (2021), *Les conditions de production, de diffusion et de circulation du documentaire de création en France. Enjeux d'une mobilisation professionnelle*, Thèse de doctorat en SIC, Université Paris 2 Panthéon-Assas.
Leveratto Jean-Marc (2006), *Introduction à l'anthropologie du spectacle*, Paris, La Dispute.
Levinas Emmanuel (1981), *Éthique et infini*, Paris, Fayard.
Lobato Ramon (2012), *Shadow Economies of Cinema: Mapping Informal Film Distribution*, London, British Film Institute.
Lobato Ramon, THOMAS Julian (2015), *The Informal Media Economy*, Chicester, Wiley.
Maigret Éric (2013), « Avec et au-delà de Jenkins : ce qui circule dans le réseau », in *Networking images, Approches interdisciplinaires des images en réseau*, Paris, revue *Théorème*, Boni, Boutang, Laborde, Mérijeau, Presses Sorbonne Nouvelle, pp. 35–42.
Malinowski Bronislaw ([1922] 2014), *Argonauts of the Western Pacific*, Abingdon, Routledge.
Marie Michel (1998), *La Nouvelle Vague. Une école artistique*, Paris, coll. « 128 », Nathan.
Marseille Jacques, ÉVENO Patrick (dir.) (2002), *Histoire des industries culturelles en France. XIX*^e^ *– XX*^e^ *siècles*, Paris, ADHE.

Marx Karl ([1872] 1993), *Le Capital. Livre I*, Paris, Presses Universitaires de France.

Mary Philippe (2006), *La Nouvelle vague et le cinéma d'auteur : socio-analyse d'une révolution artistique*, Paris, Le Seuil.

Masoni Lacroix Céline, Cailler Bruno (2016), « Principes coextensifs de la fiction sérielle, de la distribution diffusée à une pratique interprétative dialogique : une nouvelle donne socio-narrative ? », *Cahiers de Narratologie, Sérialité narrative. Enjeux esthétiques et économiques*, n° 31.

Mattelart Armand (1991), *La Communication-monde. Histoire des idées et des stratégies*, Paris, La Découverte.

Mattelart Tristan (2011), *Piratages audiovisuels. Les voies souterraines de la mondialisation culturelle*, Paris, coll. « Médias recherches », De Boeck.

Mauss Marcel ([1925] 2012), *Essai sur le don. Forme et raison de l'échange dans les sociétés archaïques*, Paris, Presses Universitaires de France.

Mayer Vicki (2009), « Bringing the Social Back In: Studies of Production Cultures and Social Theory », in V. Mayer, M. J. Banks, J. T. Caldwell (dir.), *Production Studies: Cultural Studies of Media Industries*, New York, Routledge, pp. 15–24.

Mayer Vicki (2011), *Below the Line: Producers and Production Studies in the New Television Economy*, Duke University Press.

Mayer Vicki, Banks Miranda, Caldwell John Thornton (dir.) (2009), *Production Studies: Cultural Studies of Media Industries*, New York & Abingdon, Routledge.

Maynard David, Geller Theresa (2022), « Oh, the Irony: Tracing Christine Vachon's Filmic Signature », in *Reframing Todd Haynes: Feminism's Indelible Mark*. Theresa L. Geller and Julia Leyda (dir.), Durham, Duke University Press, pp. 91–110.

McClennen Sophia (2018), *Globalization and Latin American Cinema. Toward a New Critical Paradigm*, Palgrave MacMillan.

McDonald Paul, Carman Emily, Hoyt Eric, Drake Philip (dir.) (2015), *Hollywood and the Law*, Londres, British Film Institute.

Mckenna Anthony Thomas (2016), *Showman of the Screen: Joseph E. Levine and His Revolutions*. Lexington, University of Kentucky Press.

Meir Christopher (2019), « Becoming a Global Producer: Creative and Industrial Change at Post-Studiocanal RED », *Journal of British Cinema and Television*, 16.3, pp. 305–326.

Meir Christopher (2019), *Mass Producing European Cinema: Studiocanal and Its Works*, New York, London, Bloomsbury Academic.

Meir Christopher (2022), « Corporate Consolidation, Artistic Conservatism and the Persistence of Hollywood: The European Film Industry, 2006–2020 », in Gábor Gergely and Susan Hayward (dir.) *The Routledge Companion to European Cinema*, London, Routledge, pp. 274–284.

Meir Christopher (2023), « Depuis que le streaming existe ? : Gaumont and French Cinema in the Streaming Era », in Mary Harrod and Raphaëlle Moine (dir.). *Screening Postnational Frenchness in Mainstream Film and Television*, Londres, Palgrave Macmillan.

Menger Pierre-Michel (2009), *Le travail créateur. S'accomplir dans l'incertain*, Paris, Seuil/Gallimard.

Menger Pierre-Michel (2018), *Le talent en débat*, Paris, Presses Universitaires de France.

Mensah Karin (2023) « An Investigation into How Netflix Decides What TV Shows to Cancel and What to Renew », *The Tab.*

Metz Christian (1975), « Le film de fiction et son spectateur », *Communications*, n° 23, pp. 108–135.

Miège Bernard (1989), *La société conquise par la communication*, Grenoble, Presses Universitaires de Grenoble.

Miège Bernard (1997), *La Société conquise par la communication*, tome 1 et tome 2, Grenoble, Presses Universitaires de Grenoble.

Miège Bernard (2004), *L'information-communication, objet de connaissance*, Bruxelles, INA-De Boeck.

Miège Bernard (2007), *La société conquise par la communication, tome 3 - Les Tic entre innovation technique et ancrage social*, Grenoble, Presses Universitaires de Grenoble.

Miège Bernard (2015), *Contribution aux avancées de la connaissance en Information et Communication*, INA-Éditions.

Miège Bernard (2017, 1ère édition en 2000), *Les industries culturelles et créatives face à l'ordre de l'information et de la communication*, Grenoble, Presses universitaires de Grenoble.

Miège Bernard (2020), *La numérisation en cours de la société*, Points de repère et Enjeux, Grenoble, Presses universitaires de Grenoble.

Miège Bernard et alii (1980), *La production du cinéma*, Grenoble, Presses universitaires de Grenoble.

Miège Bernard, Pajon Patrick (1990) « La syntaxe des réseaux », *Médias et communication en Europe* (dir. : Bernard Miège), Grenoble, Presses Universitaires de Grenoble.

Miège Bernard, Pajon Patrick, Salaün Jean-Michel (1986), *L'industrialisation de l'audiovisuel : des programmes pour les nouveaux médias*, Paris, Éditions Aubier, Res-Babel.

Miller Jade (2021), « VOD: Formal Challengers for Nollywood's Domestic Market », in P. Mcdonald, C. Brannon Donoghue and T. Havens (dir.) *Digital Media Distribution: Portals, Platforms, Pipelines*, New York, New York University Press, pp. 258–276.

Miller Jade L. (2016), *Nollywood Central: The Nigerian Videofilm Industry*, London, British Film Institute.

Mingant Nolwenn (2010), *Hollywood à la conquête du monde. Marchés, stratégies, influences*, Paris, coll. « Cinéma & Audiovisuel », CNRS Éditions.

Mingant Nolwenn (2022), *Hollywood Film in North Africa and the Middle East: A History of Circulation*, New York, SUNY Press.

Mingant Nolwenn, Tirtaine Cecilia (dir.) (2018), *Reconceptualising Film Policies*, London & New York, Routledge.

Mingant Nolwenn, Tirtaine Cecilia, Augros Joël (dir.) (2015), *Film Marketing into the Twenty-First Century*, London, BFI Publishing – Palgrave Macmillan.

Mœglin Pierre (2007), « Des modèles socio-économiques en mutation » *in* Bouquillion Philippe et Combes Yolande (dir.), *Les industries de la culture et de la communication en mutation*, Paris, Questions contemporaines, L'Harmattan, pp. 151–162.

Moeran Brian, Pedersen Jesper Strandgaard (2011), *Negotiating values in the creative industries: fairs, festivals and competitive events*, Cambridge University Press.

Moeschler Olivier, Thevenin Olivier (2021), « Film festivals: Metamorphosis of a research object and field » / « Les festivals de films : métamorphoses d'un objet et d'un champ d'études », *Society and Leisure*, 44 :1, 2021, pp. 1–9.

Moine Raphaëlle (2007), « L'évitement des genres : un fait critique ? », in Bertin-Maghit Jean-Pierre et Sellier Geneviève (dir.), La Fiction éclatée. Études socioculturelles, Volume 1, Paris, L'Harmattan, pp. 105–119.

Moine Raphaëlle (2015, 1ère édition en 2002), *Les Genres du cinéma*, Paris, Armand Colin.

Naficy Hamid (2001), *An Accented Cinema*, Princeton, Princeton University Press.

Neale Steve (1990), « Questions of Genre », *Screen*, 31.1, pp. 45–66.

Noesser Cécile (2016), *La résistible ascension du cinéma d'animation. Sociogenèse d'un cinéma-bis en France (1950–2010)*, Paris, L'Harmattan.

Odin Roger (2011), *Les Espaces de communication. Introduction à la sémio-pragmatique*, Grenoble, Presses Universitaires de Grenoble.
Odin Roger (dir.) (1990), *Télévisions mutations*, revue *Communications* n° 51, Paris, Éditions du Seuil.
Odin Roger (dir.) (1995), *Le film de famille. Usage privé, usage public*, Paris, Éditions Méridiens Klincksieck.
Odin Roger (dir.) (1999), *Le Cinéma en amateur*, revue *Communications* n° 68, Paris, Éditions du Seuil.
Orlean André (2011), *L'empire de la valeur. Refonder l'économie*, Paris, Éditions du Seuil.
Ory Pascal (2015), *L'histoire culturelle*, Paris, Presses Universitaires de France.
Pacouret Jérôme (2019 a), *Les droits des auteurs de cinéma. Sociologie historique du copyright et du droit d'auteur*, Paris, Institut Universitaire Varenne.
Pacouret Jérôme (2019 b), « Qu'est-ce qu'un (auteur de) film ? Prétendants au statut d'auteur et autonomisation du cinéma avant les Nouvelles Vagues (États-Unis-France) », *Biens symboliques/Symbolic Goods*, n° 4.
Paris Thomas, MASSE David (2021), « Le management des industries créatives. Un paradigme spécifique et des configurations organisationnelles variées », *Revue française de gestion*, vol. 296, n° 3, pp. 51–63.
Pasquier Dominique (2008), « Conflits professionnels et luttes pour la visibilité à la télévision française », Ethnologie française, vol. 38, n° 1, p. 23–30.
Patino Bruno (2023), *Submersion*, Paris, Grasset.
Perticoz, Lucien (2012), « Les industries culturelles en mutation : des modèles en question », *Revue française des sciences de l'information et de la communication* [en ligne], 1 | 2012.
Peten Soon-Mi, Sojcher Frédéric, Thiec Yvon (dir.) (2001), *Cinéma, audiovisuel, nouveaux médias. La convergence : un enjeu européen ?*, coll. « Champs visuels », Paris, L'Harmattan.
Peterson Richard (1986), « The role of formal accountability in the shift from impresario to Arts Manager », in Raymonde Moulin (dir.), *Sociologie de l'art*, Paris, La Documentation française, pp. 111–134.
Pinto Aurélie (2012), *Les salles de cinéma d'Art et essai. Sociologie d'un label culturel entre marché et politique publique*, Thèse de doctorat, Amiens, Université Picardie Jules Verne.
Pinto Aurélie et MARY Philippe (2021), *Sociologie du cinéma*, Paris, La Découverte.

Pór Katalin (2021), « Transferts culturels, approches transnationales, paradigmes nationaux : la problématique de circulation transnationale en cinéma » in revue *1895*/2021–2, n° 84.

Powdermaker Hortense (1950), *Hollywood, the Dream Factory: an Anthropologist Looks at the Movie-makers*, Boston, Little, Brown and Company.

Puttnam David (1997), *The Undeclared War: The Struggle for Control of the World's Film Industry*, Harper Collins, London.

Quemin Alain (2013), *Les stars de l'art contemporain. Notoriété et consécration artistiques dans les arts visuels*, Paris, coll. « Culture & société », CNRS Editions.

Rebillard Franck, Smyrnaios Nikos (2019), « Quelle "plateformisation" de l'information ? Collusion socioéconomique et dilution éditoriale entre les entreprises médiatiques et les infomédiaires de l'Internet », *tic & société* [en ligne], vol. 13, n° 1–2 | 1er semestre 2019.

Regourd Serge (2002), *L'exception culturelle*, Que sais-je ? Paris, Presses Universitaires de France.

Ricœur Paul (2003), *La mémoire, l'histoire et l'oubli*, Paris, Le Seuil.

Rosenbaum Jonathan (2000), *Movie Wars: How Hollywood and the Media Conspire to Limit What Films We Can See*, Chicago, A Capella.

Rosten Leo (1941) *Hollywood: The Movie Colony, the Movie Makers*, New York, Harcourt, Brace and Company.

Rot Gwenaële (2006), *Sociologie de l'atelier. Renault, le travail ouvrier, le sociologue*, Toulouse, Octarès.

Rot Gwenaële (2007), « Le travail dans le cinéma. Note de recherche », *Raison présente*, n° 162, pp. 7–17.

Rot Gwenaële, VERDALLE Laure de (dir.) (2013), *Le cinéma, Travail et organisation*, Paris, La Dispute.

Rot Gwenaële (2019), *Planter le décor. Une sociologie des tournages*, Paris, Presses de Sciences Po.

Rot Gwenaële (2021), « Les corps au travail sur les plateaux de tournage », in Thierry Arnal, Thierry Pillon Maité Clavel (dir.) *Le corps au travail*, New Digital Frontiers, [en ligne].

Roueff Olivier (2013), *Jazz, les échelles du plaisir. Intermédiaires et culture lettrée en France au vingtième siècle*, Paris, La Dispute.

Ruby Rich (2013), *New Queer Cinema: The Director's Cut*. Durham & London, Duke University Press.

Sarkisian Jacob (2021), « *Halston* Producer Defends Ewan McGregor's Casting… », *Insider*, 23 May 2021.

Sarris Andrew (2004), « Notes on the Auteur Theory in 1962 », *Film Theory and Criticism*, Leo Braudy & Marshall Cohen (dir.), Oxford UP, pp. 561–64.

Schatz Thomas (1988), *The Genius of the System: Hollywood Filmmaking in the Studio Era*, New York, Pantheon Books.

Scherrer Jean-Baptiste (2018), « *Le Festival et le Marché international du film d'animation d'Annecy*, un exemple de réconciliation entre la loi du marché et l'intervention institutionnelle », *Entrelacs* [En ligne], 14 | 2018.

Schlesinger Philip (1978), *Putting 'Reality' Together*, London, Constable.

Schuldt Nina, Bathelt Harald, « International trade fairs and global buzz. Part II. Practices of global buzz », *European Planning Studies*, vol. 19, n° 1, 2011, p. 1–22 in Lecler, Romain. « La grille et la palme. Deux régimes d'exportation des biens audiovisuels », *Revue Française de Socio-Économie*, vol. 19, no. 2, 2017, pp. 153–175.

Scott Richard, Rueff Martin, Mendel Peter, Caronna Carol (2000), *Institutional Change and Healthcare Organizations*, Chicago, IL, University of Chicago Press in Lampel Joseph & Alan D Meyer, « Configuring Events as Structuring Mechanisms:How Conferences, Ceremonies, and Trade Shows Constitute New Technologies, Industries, and Markets », *Journal of Management Studies*, 45, 6 September 2008.

Sigalo Santos Luc (2018), *L'administration des vocations. Enquête sur le traitement du chômage artistique en France*, Paris, coll. « Nouvelle bibliothèque de thèses », Dalloz.

Sloterdijk Peter (2005, 1ére édition allemande en 2003), *Écumes Sphères III*, Paris, Maren Sell Éditeurs.

Sonnac Nathalie (2014), « L'écosystème des médias », *Communication* [en ligne], vol. 32/2 | 2013.

Sonnac Nathalie, Gabszewicz Jean (2013, 1ère édition en 2006), *L'industrie des médias à l'ère numérique*, Paris, coll. « Repères », La Découverte.

Sonnac Nathalie (2023), *Le nouveau monde des médias : une urgence démocratique*, Paris, Odile Jacob.

Soulez Guillaume, Segur Céline, Fourquet-Courbet Marie-Pierre (2022), « Penser l'audiovisuel numérique : vers une nouvelle étape », *Questions de communication* [en ligne], 41 | 2022, pp. 293–300. URL : http://journals.openedition.org/questionsdecommunication/28648 ; DOI : https://doi.org/10.4000/questionsdecommunication.28648

Spicer Andrew (2019), « "Being European" UK Production Companies and Europe », *Studies in European Cinema*, 16.1, pp. 55–72.

Spicer Andrew, McKenna Anthony Thomas, Meir Christopher (2014), « Introduction », in *Beyond the Bottom Line: The Producer in Film and Television Studies*, Andrew Spicer, A.T. McKenna, Christopher Meir (dir.), 1–24. London, Bloomsbury.

Steiner Philippe, Vatin François (2009), *Traité de sociologie économique*, Paris, Presses universitaires de France.

Taillibert Christel, Vinuela Ana (2021), « Festival Scope, a festival-on-demand platform: Online enhancement of the gatekeeping power of film festivals », *Loisir et Société / Society and Leisure*, Routledge Taylor & Francis Group, Volume 44, Issue 1.

Thévenin Olivier (2021), « Le Festival de Cannes et la montée du cinéma d'auteur à l'ère de la mondialisation », *Loisir et Société / Society and Leisure*, Routledge Taylor & Francis Group, Volume 44, Issue1.

Thévenin Olivier (2024), « Retour sur l'expérience de la Quinzaine des réalisateurs : le festival comme objet de connaissance socio-anthropologique » in *Films, festivals et mondes contemporains : pour une anthropologie du visuel*, J. Amiot-Guillouet, P. Feenstra, J. Savelli (dir.), Peter Lang, pp. 75–95.

Thomas François, Bluher Dominique (dir.) (2005), *Le court métrage français de 1945 à 1968 : de l'âge d'or aux contrebandiers*, Rennes, Presses Universitaires de Rennes.

Thussu Daya Kishan (2007), « Mapping Media Flow and Contra-Flow », in D. K. Thussu (dir.), *Media on the Move: Global Flow and Contra-Flow*, Abingdon, Routledge, pp. 11–32.

Tomlinson John (1991), *Cultural Imperialism*, London, Continuum.

Tremblay Gaëtan (1997), « La théorie des industries culturelles face aux progrès de la numérisation et de la convergence », in *Sciences de la société*, n° 40. Industries culturelles et "société de l'information", pp. 11–23.

Tremblay Gaëtan, Lacroix Jean-Guy, en collaboration avec Menard Marc et Regnier Marie-Josée (1991), *Télévision Deuxième dynastie*, Québec, Presses universitaires du Québec.

Vachon Christine, Edelstein David (1998), *Shooting to Kill: How an Independent Producer Blasts Through the Barriers to Make Movies that Matter*, New York, Avon Books.

Van Damme Stéphane (2004), « Comprendre les Cultural Studies : une approche d'histoire des savoirs », *Revue d'histoire moderne & contemporaine*, 2004/5, n° 51–4 bis, pp. 48–58.

Verdalle Laure de (2006), *De la RDA aux nouveaux Länder*, Paris, MSH.
Verdalle Laure de (2021), *Aux côtés des artistes. Producteurs de cinéma et administrateurs du spectacle vivant*, Paris, Sorbonne Université Presses.
Vernier Jean-Marc (2004), « L'état français à la recherche d'une politique culturelle du cinéma : de son invention à sa dissolution gestionnaire », in « Cinéma français et Etat : un modèle en question », *Quaderni*, n° 54, pp. 95–108.
Vezyroglou Dimitri (dir.) (2014), *Le cinéma : une affaire d'État 1945–1970*, Paris, Travaux et documents n 35, La Documentation française.
Vinuela Ana (2022), « Un accélérateur de la marchandisation des films : le *Work in Progress* du Festival européen de films des Arcs » in Hélène Laurichesse et Bérénice Bonhomme (dir.), *Pitchs, Workshops, Networks : les enjeux des marchés de projets audiovisuels*, Éditions OpenCulture, pp. 124–145.
Vinuela Ana (2024), « Policy and Regulation of Global SVOD platforms in France » in Christopher Meir et Roderik Smits (dir.), *European Cinema in the Streaming Era: Platforms and Production*, Basingstoke, Palgrave Macmillan, pp. 3–21.
Vinuela Ana (2024), « Le "film de festival" au prisme du marché », *Cahiers de champs visuels*, n° 27, pp. 23–46.
Wasko Janet (1994), *Hollywood in the Information Age*, Austin, Texas University Press.
Wasko Janet, Erickson Mary (dir.) (2008), *Cross-Border, Cultural Production: Economic Runaway or Globalization?* Amherset/New York, Cambria Press.
Wasko Janet, Murdock Graham, Sousa Helena (dir.) (2011), *The Handbook of Political Economy of Communications*, IAMCR, Wiley-Blackwell.
Wenceslas Lizé, Naudier Delphine, Sofio Séverine (dir.) (2014), *Les stratèges de la notoriété. Intermédiaires et consécration dans les univers artistiques*, Paris, Éditions des archives contemporaines.
Zhao Elaine Jing (2019), *Digital China's Informal Circuits: Platforms, Labour and Governance*, Abingdon, Routledge.

Les auteurs

Clémence Allamand est Maîtresse de conférences à l'Université Paul-Valéry de Montpellier. Ses travaux de recherche et ses enseignements sont consacrés à la socio-économie du cinéma et de l'audiovisuel. Sa thèse de doctorat soutenue en 2019 à l'Université Sorbonne Nouvelle s'intitule *Les acteurs de la diffusion cinématographique en salles en France au prisme du passage à la projection numérique : enjeux socio-économiques d'un secteur en mutation (1999–2018)*. Spécialiste de la diffusion cinématographique (distribution, exploitation) et du passage au numérique de la filière cinématographique, elle a publié plusieurs articles, notamment « La face cachée du passage à la projection numérique : enjeux structurels et organisationnels des métiers de la diffusion cinématographique en France », *Réseaux* n° 217, vol. 38, 2019.

Bruno Cailler est Maître de conférences à l'Université Côte d'Azur (Nice), et membre du LIRCES (Laboratoire Interdisciplinaire Récits, Cultures et Sociétés). Socio-économiste des médias et des industries créatives, l'économie de la production des contenus audiovisuels et leur valorisation sur les marchés, ainsi que les stratégies d'acteurs sont ses champs initiaux de recherche. La production cinématographique, l'évolution de l'offre télévisuelle, le transmédia, les SMAD, les séries et la webproduction sont ses champs de recherche. Il travaille actuellement sur les productions numériques d'ARTE.

Laurent Creton est Professeur émérite à l'Université Sorbonne Nouvelle, membre de l'IRCAV et co-président du Conseil scientifique de l'inIdEx ICCA. Spécialiste de l'économie du cinéma et de l'audiovisuel, ses recherches portent notamment sur les marchés du cinéma, son histoire institutionnelle, les stratégies d'entreprise et ses relations avec les industries de la communication. Il a publié de nombreux articles et ouvrages consacrés à ces questions, parmi lesquels *Le Cinéma à l'épreuve du système télévisuel* (dir.), CNRS Éditions, 2002, *Cinéma et stratégies : économie des interdépendances* (dir.), *Théorème*, Presses Sorbonne Nouvelle, 2008 ; *Les producteurs : enjeux créatifs, enjeux financiers* (dir., avec Yannick Dehée, Sébastien Layerle et Caroline Moine), Nouveau Monde, 2011. Ses recherches récentes portent aussi sur les démarches d'éco-responsabilité dans les secteurs du cinéma et de l'audiovisuel.

Chloé Delaporte est Professeure en études cinématographiques et audiovisuelles à l'Université de Montpellier Paul-Valéry. Elle y enseigne au Département Cinéma, Audiovisuel, Nouveaux Médias et inscrit ses recherches au RIRRA21 (EA 4209). Ses travaux portent sur les conditions de valorisation des œuvres et des artistes au sein du champ cinématographique, en particulier sur les logiques de distinction et de légitimation. Elle a notamment étudié la catégorisation générique des films (*Le Genre filmique*, Presses Sorbonne Nouvelle, 2015), les prix et compétitions festivalières (*La Culture de la récompense*, Presses Universitaires de Vincennes, 2022) et la circulation internationale des films et des séries (*Géopolitique du cinéma*, Le Cavalier bleu, 2023).

Sarah Dinelli est enseignante en Études cinématographiques et audiovisuelles dans plusieurs universités françaises. Soutenue en 2021 à l'Université Sorbonne Nouvelle, sa thèse de doctorat s'intitule « Premiers rendez-vous et sortie en couple au cinéma. Enquête socioculturelle et filmique réalisée auprès de spectateurices de cinémas d'Île-de-France ». Co-créatrice en 2012 de *Nouvelles Vagues*, média participatif des étudiants de l'Université Sorbonne Nouvelle, elle a organisé en juin 2021 une Journée d'étude intitulée « Penser les pratiques enseignantes à l'aune des inégalités ». Diplômée de la Fémis en section montage, elle contribue aussi à la réalisation de films de cinéma.

Kristian Feigelson est Professeur émérite à l'Université Sorbonne Nouvelle. Sociologue, membre de l'IRCAV, il est chercheur affilié aux Universités Todai de Tokyo et NYU de New York. Il a publié et codirigé de nombreux ouvrages sur des questions de cinéma et audiovisuel, au rang desquels *Villes cinématographiques : ciné-lieux*, (dir., avec Laurent Creton), *Théorème*, Presses Sorbonne

Nouvelle, 2007, *Bollywood : l'industrie des images* (dir. avec Monique Dagnaud), *Théorème*, Presses Sorbonne Nouvelle, 2012, *Industries des Images en Asie de l'est (Chine, Hong-Kong, Corée, Japon, Taïwan) : entre mondialisation et identités locales* (dir. avec Wafa Ghermani), *Théorème*, Presses Sorbonne Nouvelle, 2021.

Caroline Guigay est Maîtresse de conférences à l'Université Paris 8 Vincennes Saint-Denis. Dans sa thèse de doctorat soutenue en 2020 à l'Université Sorbonne Nouvelle intitulée « Le cinéma au prisme de la durée. Les courts métrages en France, entre institutionnalisation d'une catégorie artistique et bouleversements numériques », elle s'intéresse à la fabrique des temporalités artistiques, aux politiques culturelles du cinéma ainsi qu'aux enjeux esthétiques, de production et de diffusion des courts métrages. Elle a notamment publié « Festivals et dynamiques cinématographiques transnationales », *Cahiers de champs visuels*, n° 27, 2024, et « Quand les approches matérialistes interrogent la durée des œuvres : de la fabrique de la norme du long métrage à sa remise en cause » in *Cinématérialismes. Nouvelles approches matérialistes de l'audiovisuel*, Cardin F. et *alii* (dir.), Mimésis, 2024.

Kira Kitsopanidou est Professeure à l'Université Sorbonne Nouvelle et Directrice de l'UFR Arts & Médias. Membre de l'IRCAV, elle est spécialiste de la socio-économie du cinéma et de l'audiovisuel et de l'histoire des innovations, ses analyses portant sur les stratégies d'acteurs et les processus d'innovation dans les champs du cinéma et de l'audiovisuel, la sociologie des métiers et des professions de l'audiovisuel, l'écosystème des séries et l'histoire des professions à la télévision au prisme du genre. Parmi ses publications : *Les salles de cinéma : enjeux, défis et perspectives* (dir. avec Laurent Creton), Armand Colin, 2013, Métiers et techniques du cinéma et de l'audiovisuel : sources, terrains, méthodes (avec Hélène Fleckinger et Sébastien Layerle), Peter Lang, 2020.

Pascal Laborderie est Professeur à l'Université de Reims Champagne-Ardenne. Responsable du thème « Médiations culturelles, numériques, audiovisuelles et démocratie » au sein de l'équipe de recherche « Savoirs et apprentissages en formation, éducation, médiations et médiatisations » (SAFE2M), ses recherches ancrées en Sciences de l'information et de la communication croisent le cinéma et l'audiovisuel avec les questions de médiation culturelle, d'éducation et de formation. Il a notamment publié les ouvrages *Le Cinéma éducateur laïque*, L'Harmattan, 2015, et *Éducation populaire, laïcité et cinéma. Une médiation culturelle en mouvement*, L'Harmattan, 2021.

Hélène Laurichesse est Directrice du LARA-SEPPIA (Laboratoire de recherche en Audiovisuel / Savoirs, Praxis et Poïétiques en Art) et Professeure des Universités à l'ENSAV (École Nationale Supérieure d'Audiovisuel), en responsabilité du Parcours Production du Master cinéma et Audiovisuel de l'Université Toulouse Jean-Jaurès. Ses travaux portent sur la production, le processus de création, et les stratégies des industries culturelles. Parmi ses publications marquantes, on peut citer quelques ouvrages : *Quel marketing pour le cinéma ?*, CNRS Éditions, 2006, *La stratégie de marque dans l'audiovisuel*, Armand Colin, 2013, *Pitchs, Workshops, Networks. Les enjeux des marchés de projets audiovisuels*, OpenCulture, 2022.

Paul McDonald est Professeur au King's College de Londres. Spécialiste des industries des médias, il a publié en 2022 *The Routledge Companion to Media Industries*. Il a co-édité en 2021 *Digital Media Distribution: Portals, Platforms, Pipelines* et en 2025 *Global Film Politicals*. Outre ses recherches personnelles, il a pris un certain nombre d'initiatives pour faire progresser l'analyse critique des industries des médias, avec notamment la co-édition de la série de livres International Screen Industries (2000–24) du British Film Institute, la création de réseaux de recherche spécialisés sur les industries des médias au sein de la Society for Cinema and Media Studies (SCMS) et l'European Network for Cinema and Media Studies (NECS), et l'organisation de grands colloques internationaux *Media Industries* qui se sont tenus en 2018 et 2024.

Quentin Mazel est Maître de conférences à l'Université Sorbonne Nouvelle, associé à l'IRMECCEN. Sa thèse de doctorat a porté sur l'économie des genres cinématographiques en France et il a ensuite travaillé sur l'économie des plateformes de VàDA et sur le métier d'exportateur. Parmi ses dernières publications : « À la marge du secteur cinématographique : les conséquences du crowdfunding sur le travail artistique », *Réseaux*, n° 242, vol. 6, 2003, pp. 239–272, « La passion comme convention de travail : les magazines français dédiés au cinéma fantastique », *Questions de communication*, n° 45, 2024, pp. 49–72.

Christopher Meir est Professeur adjoint au Département de communication de l'Université Carlos III de Madrid. Il a publié de nombreux articles sur les questions industrielles et l'histoire du cinéma, notamment *Beyond the Bottom-Line: The Producer in Film and Television Studies* (dir. avec Andrew Spicer et A.T. McKenna), la monographie *Mass Producing European Cinema: Studiocanal and Its Works*, et *European Cinema in the Streaming Era: Policy, Platforms, and Production* (dir. avec Roderik Smits). Il a également publié de nombreux articles et chapitres de livres sur les producteurs de films et les sociétés de production, notamment des articles sur Gaumont et EuropaCorp.

Bernard Miège, socio-économiste, a débuté comme chercheur contractuel, notamment au Ministère de la Culture, avant de rejoindre l'Université. Cofondateur à Grenoble du Gresec, il a assumé diverses responsabilités pédagogiques et scientifiques propres à la discipline des Sciences de l'information et de la communication, ainsi qu'institutionnelles en tant que président d'université. Il a publié 21 ouvrages, dont plusieurs ont été traduits dans diverses langues, ainsi que de nombreux articles, principalement sur l'industrialisation de la culture, de l'information et des communications ainsi que sur l'épistémologie de l'information – communication. Dernier ouvrage publié : *La numérisation en cours de la société : points de repère et enjeux*, Presses universitaires de Grenoble, 2020.

Nolwenn Mingant est Professeure en Histoire et Cultures des États-Unis à l'Université d'Angers, spécialiste de l'histoire de l'industrie du cinéma hollywoodien, autrice de *Hollywood à la conquête du monde* (CNRS Éditions, 2010) et *Hollywood in North Africa and the Middle East: A History of Circulation* (SUNY Press, 2022), et codirectrice de *Film Marketing into the Twenty-First Century* (avec C. Tirtaine et J. Augros, Palgrave, 2015), *La Circulation des films : Afrique du Nord et Moyen-Orient* (avec A. Benchenna et P. Caillé, 2016) et *Reconceptualising Film Policies* (Routledge, 2018). Elle a co-fondé le groupe de recherche CinEcoSA, ainsi que les projets de recherche MENA Cinema et Transcutlural Production Studies. Elle est engagée dans un nouveau projet intitulé ReCorD, Regards et Corps Genrés dans les productions audiovisuelles.

Gwenaële Rot est Professeure des universités à Sciences Po, membre du Centre de sociologie des organisations (CSO/CNRS). Historienne des sciences sociales, sociologue du travail, elle étudie les mutations du travail dans différents mondes de production dont celui de l'industrie cinématographique et audiovisuelle. Elle a notamment co-dirigé avec Laure de Verdalle, *Le cinéma. Travail et organisation*, Paris, La Dispute 2013 et publié *Planter le décor. Une sociologie des tournages*, Paris, Sciences Po, 2019, ainsi que l'ouvrage collectif *Travailler aux chantiers*, Paris, Hermann 2023. Avec François Vatin, elle mène une recherche au long cours sur l'art et l'industrie à l'époque des Trente glorieuses. Ils ont notamment publié *Reynold Arnould. Une poétique de l'industrie*, Presses de Nanterre 2019, *Le poème mécanique de Raymond Gosselin*, Illustria, 2024.

Olivier Thévenin est Professeur à l'Université Sorbonne Nouvelle et chercheur au CERLIS. Ses recherches, s'enracinent dans des analyses socialement situées des pratiques et des représentations culturelles et médiatiques, et portent sur la culture et la communication, le cinéma, l'audiovisuel, les festivals et les industries culturelles, ainsi que sur les mutations liées au numérique, dans les usages sociaux des médias et les pratiques culturelles. Parmi ses publications : *Sociologie d'une institution cinématographique : la SRF et la Quinzaine des réalisateur*, L'Harmattan, 2009, *Film festivals: Metamorphosis of a research object and field* (dir. avec Olivier Moeschler), *Loisir et Société / Society and Leisure*, 2021.

Cecilia Tirtaine est Maîtresse de Conférences en civilisation britannique à Nantes Université, spécialiste de l'industrie et de l'économie du cinéma britannique. Elle est membre co-fondateur du groupe de recherche CinEcoSA (Cinéma, Économie & Sociétés Anglophones) et a co-créé le projet de recherche Transcultural Production Studies. Elle a dirigé les ouvrages *Reconceptualising Film Policies* (dir. avec Nolwenn Mingant), Routledge, 2018, et *Film Marketing into the Twenty-First Century* (dir. avec Nolwenn Mingant et Joël Augros), BFI Palgrave, 2015. Ses recherches portent sur l'industrie du cinéma britannique, les politiques de l'audiovisuel, le marketing cinématographique et les liens entre cinéma et tourisme au Royaume-Uni.

Laure de Verdalle est sociologue, directrice de recherche au CNRS et membre du laboratoire Printemps (CNRS / UVSQ-Paris Saclay). Ses travaux portent sur le travail et les organisations culturelles. Elle a conduit des recherches dans les mondes du cinéma et du théâtre pour interroger les formes de collaboration et les modèles productifs qui permettent aux projets de films ou de spectacles de voir le jour. Elle s'est notamment intéressée à l'articulation des logiques artistiques et économiques dans les dynamiques de délibération autour des projets de création. Parmi ses publications : *Le cinéma. Travail et organisation* (dir. avec Gwenaële Rot), La Dispute, 2013, *Aux côtés des artistes. Producteurs de cinéma et administrateurs du spectacle vivant*, Sorbonne Université Presses, 2021.

Ana Vinuela est Maîtresse de conférences HDR à l'Université Sorbonne Nouvelle et chercheuse à l'IRCAV. Ses recherches portent sur les politiques audiovisuelles et sur l'organisation et les stratégies des acteurs des industries cinématographiques et audiovisuelles, avec un intérêt particulier pour l'écosystème industriel autour de la coproduction et la circulation du cinéma d'auteur transnational. Parmi ses publications : *EuropaCorp, une major française ?* (dir. avec Gaspard Delon), *Cahiers de Champs visuels* n° 18–19, 2020, « Policy and Regulation of Global SVOD platforms in France » dans *European Cinema in the Streaming Era: Platforms and Production*, Christopher Meir et Roderik Smits (dir.), Palgrave Macmillan, pp. 3–21, 2024.

ICCA

Industries culturelles, création, numérique
sous la direction de Philippe Bouquillion et François Moreau

Sous l'égide du LabEx ICCA, *Industries Culturelles et Création Artistique*, devenu en janvier 2025 inIdEx ICCA, cette collection réunit les résultats de recherches consacrées aux différentes industries culturelles, traditionnelles comme le cinéma, la télévision, la musique et l'édition, ou plus récentes comme la vidéo et le jeu vidéo. Elle privilégie une perspective interdisciplinaire pour étudier les dispositifs de médiation et de promotion, les pratiques de consommation et les mutations induites par des mouvements de fond comme la mondialisation et la numérisation, qui bouleversent aussi bien les processus de création des contenus que les modes de financement et de distribution de la production.

ICCA
Industries culturelles, création, numérique

Titres parus dans la collection

Vol. 15 – Laurence Allard, Nathan Ben Kemoun, Laurent Creton et José Halloy, *Les démarches d'éco-production dans le secteur cinématographique et audiovisuel. Impacts socio-organisationnels, économiques et environnementaux*, 2026.

Vol. 14 – Laurent Creton, Kira Kitsopanidou, Olivier Thévenin et Ana Vinuela (dir.), *Approches socio-économiques du cinéma et de l'audiovisuel en France : objets, méthodes, perspectives*, 2026.

Vol. 13 – Olivier Alexandre et Monique Dagnaud (dir.), *Numérique : le travail réinventé*, 2023.

Vol. 12 – Vanessa Ferey, Françoise Mardrus et Juliette Bessette (dir.), *À la recherche du musée*, 2022.

Vol. 11 – Valérie-Inés de la Ville, Gilles Brougère and Pascale Garnier (Eds.), *Cultural and Creative Industries of Childhood and Youth. An interdisciplinary exploration of new frontiers*, 2021.

Vol. 10 – Hélène Fleckinger, Kira Kitsopanidou et Sébastien Layerle (dir.), *Métiers et techniques du cinéma et de l'audiovisuel : sources, terrains, méthodes*, 2020.

Vol. 9 – Mélanie Boissonneau et Laurent Jullier (dir.), *Cinéphilies et sériephilies 2.0. Les nouvelles formes d'attachement aux images*, 2019.

Vol. 8 – Christiaan De Beukelaer, *Développer les industries culturelles. Leçons de Palimpseste de la Pratique*, 2018.

Vol. 7 – Maya Bacache, Marc Bourreau et François Moreau (dir.), *Les musiciens et la transformation numérique. Un nouvel équilibre*, 2018.

Vol. 6 – Philippe Bouquillion et François Moreau (eds.), *Digital Platforms and Cultural Industries*, 2018.

Vol. 5 – Philippe Bouquillion, Julie Peghini et Catherine Servan-Schreiber (dir.), *Artisanat et design. Un dessein indien ?*, 2018.

Vol. 4 – Gilles Brougère et Sébastien François (dir.), *L'enfance en conception(s). Comment les industries culturelles s'adressent-elles aux enfants ?*, 2018.

Vol. 3 – Emmanuelle Savignac, Yanita Andonova, Pierre Lénel, Anne Monjaret et Aude Seurrat (dir.), *Le travail de la gamification. Enjeux, modalités et rhétoriques de la translation du jeu au travail*, 2017.

Vol. 2 – Sophie Noël, Aurélie Pinto et Olivier Alexandre (dir.), *Culture et (in)dépendance. Les enjeux de l'indépendance dans les industries culturelles*, 2017.

Vol. 1 – Laurent Creton et Kira Kitsopanidou (dir.), *Crowdfunding, industries culturelles et démarche participative. De nouveaux financements pour la création*, 2016.

Kolibri 360 GmbH
Ferdinand-Jühlke-Straße 7
99095 Erfurt, Deutschland
produktsicherheit@kolibri360.de

Druck:
CPI Druckdienstleistungen GmbH
im Auftrag der
Kolibri 360 GmbH
Ferdinand-Jühlke-Str. 7
99095 Erfurt